大赢家的悲哀

美国与战后的国际秩序

畅征◎著

中国人民大学出版社
·北京·

目　录

第一篇　全球战略

美国的全球战略，概言之，就是美国精心策划的一套美国称霸世界的战略与策略。从杜鲁门到奥巴马都说要领导世界，实际上是要独霸世界。美利坚合众国，原为13州的英国殖民地，如何一跃取代日不落帝国，又整垮苏联，成为世界唯一超级大国，现在虽不能说是唯一超级大国，但仍是超强的超级大国，这有何秘方，值得探寻。它手中的法宝（胡萝卜加大棒）和旗帜（民主、自由、人权），也值得分析研究。

第二篇 四国关系

美国与俄、日、中三国的关系，是美国与大国关系中最特殊、最具有代表性的一种复杂的关系。俄、中两国都是美国在反法西斯战争中的战友，都为战胜法西斯和建立战后国际秩序做出了重大贡献，但美国战后翻脸不认人，同苏联打了40多年冷战，至今对俄罗斯还未放手。对中国的关系是，坏坏好好，好好坏坏，可谓曲折前行，我们正谋求构建新型大国关系。美国同日本的关系，则是认敌为友，它解除了日本的武装，却没有执行罗斯福总统的遗言："日本军国主义必须像德国法西斯主义一样被彻底铲除。"相反，它是在重新扶助日本走军国主义道路。这是否是在养虎为患，令世人担忧。

第三篇 局部战争

美国成为唯一超级大国后，从1991年到2011年的20年间，就打了五场战争，即海湾战争、科索沃战争、阿富汗战争、伊拉克战争和利比亚战争。平均每四年打一仗，而且阿富汗战争和伊拉克战争又是同时进行的，所以哈佛大学教授斯蒂芬·沃尔特提出："美国是否打仗成瘾？"这五场战争，唯有海湾战争还有点合法性。不合法、不义之战，使美国原形毕露。它公然叫“联合国靠边站”，公然践踏《联合国宪章》的宗旨和原则，滥用武力，干涉别国内政。这是十足的霸权主义。正如美国的亲密盟友英国所说的：“美国现在不是（如果它曾经是）世界的灯塔。”

第四篇　综合论述

美国对二战以及战后建立的以联合国为核心的国际秩序，是做出了重大贡献的。但是，它成为唯一超级大国后，因霸权主义作祟，以致其软硬实力俱损。正如习近平主席所指出的：“穷兵黩武……不是人类和平之策。”

绪　论*

有人说，19 世纪是英国世纪，20 世纪是美国世纪。这话有点道理，但不够准确。因为在 20 世纪的国际舞台上并非只有美国一个抢眼的角色。美国原为英国的殖民地，到 19 世纪末它已成为一个强大的国家。1885 年，美国的工业总产值已超过英国。1900 年，它的钢产量是英、法两国产量的总和。同年，美国的铁路长度已超过了欧洲。整个 19 世纪，美国一直把英国视为最大的挑战和主要威胁。美国依据 1823 年的门罗主义，到 1902 年把英国的势力赶出了西半球。1904 年，西奥多·罗斯福（1858—1919）总统为门罗主义补充了“罗斯福推论”，他希望美国能像英国掌握着 19 世纪一样掌握 20 世纪。美国立国以来所实行的“孤立主义”已逐渐被“世界主义”所代替。

20 世纪上半叶爆发的两次世界大战，对美国是挑战，更是机遇，是它取代英法两国，登上西方超级大国宝座的阶梯。其策略是：坐山观虎斗，该出手时就出手。回顾这百年来的历史，可以说，美国是两次世界大战的大赢家，但它成为超级大国之后，言而无信，穷兵黩武，就显得很悲哀。

一、美国是两次世界大战的大赢家

（一）美国在第一次世界大战中的主要收益

第一次世界大战是欧洲列强为重新瓜分世界而进行的一场大搏

---

* 此篇绪论笔者作于 2015 年 10 月 5 日。

斗。一方是德、奥、意组成的同盟国，另一方是英、法、俄形成的协约国。从1914年7月开始，到1918年11月结束，历时4年零4个月，先后有30多个国家、15亿多人口卷入了人类历史上第一次真正的世界大战。双方伤亡3 000多万人，耗费2 080亿美元，约为战前德、法、英三国国民收入的总和。

美国是协约国中的后来者。它在双方恶战近三年、战局明显有利于协约国时，才在1917年4月6日正式对德国宣战。9个月之后，美国总统威尔逊就提出了他的实现和平的“十四点计划”。计划强调，“公开的和平条约应该公开达成”“各国应排除经济方面对和平造成的障碍”，并建议战后“成立国际联盟”。这一硬一软，动摇了同盟国的斗志，促使德国不得不于1918年11月11日在停战协定上签字，宣布投降。

美国远离战场，其经济发展不仅无损，而且得益。美国军火商和金融银行家都发了战争财，仅欧洲协约国向美国的借款就高达100亿美元。美国是一战中的最大受益者，强化了它的大国地位，提高了它的国际影响力。“十四点计划”是美国第一次提出并试图构建的一种新的国际体系与国际秩序的主张。1919年1—6月，在巴黎召开了“和平会议”，参加“和会”的有来自27个国家的70名代表，其中的头面人物，是美国总统威尔逊、英国首相劳合·乔治、法国总理克里孟梭。会议签订了《凡尔赛和约》，通过了《国际联盟盟约》，形成了一战后帝国主义的凡尔赛体系，成立了国际联盟。但是，美国既不认可凡尔赛体系，也不参加自己倡导的国际联盟，而是要分庭抗礼。1921年11月至1922年2月，美国在华盛顿召开了有美、英、法、日、意、比、荷、葡、中九国参加的会议，通过了《九国公约》，肯定了美国的“中国之门户开放”政策，形成了一战后的凡尔赛—华盛顿体系。这是美国为取代英法世界霸主地位而迈出的重要一步。事实说明，一战的真正赢家不是英法等协约国，而是美利坚合众国。

（二）美国在第二次世界大战中大获其利

第二次世界大战不能说是两个帝国主义军事集团之间的战争，它是由中、苏等反法西斯国家组成的同盟国与妄图统治世界的德、意、日法西斯国家组成的轴心国的大决战。它比一战打的时间更长，规模更大，场面更惨烈。战火燃遍了四大洲两千多万平方公里的土地，有60多个国家和地区、约20亿人口卷入了战争，军民伤亡人数9 000余万，财产损失达4万多亿美元。原苏联是欧洲的主战场，付出了牺牲2 700万人左右的惨重代价。中国是亚洲主战场。中国人民抗日战争开始最早、持续时间最长、条件最艰苦、付出的牺牲也同原苏联人民一样最惨重，以伤亡约3 500万人的巨大民族牺牲和6 000多亿美元的经济损失，为世界反法西斯战争胜利做出了巨大贡献。同盟国取得的胜利，是人类正义战胜邪恶、光明战胜黑暗、进步战胜反动的伟大胜利。

美国在二战开始时的政策和一战开始时一样，是坐山观虎斗，而且有1935年的《中立法》为依据。它是因为日本在1941年12月7日偷袭珍珠港，被迫卷入反法西斯战争的。12月8日，罗斯福总统发表对德、日宣战的讲话中说："我们本不想卷入，可是现在我们卷入了。我们将用我们所能得到的一切去进行战斗。"美国在第二次世界大战中是局部地区主要是夏威夷群岛的珍珠港遭到了攻击，太平洋舰队受重创。其本土远离欧亚两大战场，可以说是毫发无损，美国的伤亡人数也无法与中苏两国相比。美国是后来居上，是美、苏、中、英四大战胜国中的最大赢家。

其一，美国的国际影响力扩大。从1942年1月《二十六国宣言》的发表，到1944年7月《布雷顿森林协定》的通过，再到1945年4—6月《联合国宪章》的起草并通过等一系列的重要会议，都是在美国举行的。战后形成的国际体系和国际秩序，基本上是反映了美国的愿望和要求，它通过在联合国、国际货币基金组织和世界银行等机构的运作，有形无形地加强了美国对国际事务的影响力和控制力。联合国总部在纽约，国际货币基金组织总部和世界银行行址都在华盛顿。欧洲中心已被美国中心取而代之。

其二，美国的经济地位提高。在二战中，美国经济不仅未削弱，而且大为增强。它在资本主义世界工业生产中的比重从 1937 年的 42%上升到 1948 年的 53.4%；其出口比重也由 14.2%上升到了 32.4%；美国的黄金储备，已从 1935 年的 101.43 亿美元增至 1948 年的 244 亿美元，占资本主义世界黄金储备的 74.5%；到 1945 年二战结束时，美国的国民生产总值占全世界国民生产总值的 35%。所谓的“布雷顿森林体系”，就是以美元为中心的货币体系。美元已取代英镑成为许多国家主要的储备货币。

其三，美国的军事实力增强。美国军费开支之多，无人能比；装备之精良，无人能比；部署范围之广，无人能比。美国已是头号的军事强国，是它首先拥有了原子弹。于是，美国第 31 任总统胡佛就声称：“目前，我们，只有我们掌握着原子弹，我们能够把自己的政策强加给全世界。”

其四，美国独占了发达国家日本。独占日本是美国打冷战、打热战可以利用的资产，是个无价之宝，是它力图操控的一艘“不沉的航空母舰”。

我国大思想家老子说：“祸兮福之所倚，福兮祸之所伏。”美国 70 多年来的历史也证明了这条真理。日本偷袭珍珠港是祸，美国打败日本法西斯并占领日本则是福。但是，大胜利滋长了美国的霸权主义。它首先拥有原子弹，就想以此号令天下。前总统胡佛宣称，要“把自己的政策强加给全世界”。由于美国通过冷战，搞垮了苏联，又打赢了海湾战争。前总统尼克松就说：“我们必须抓住时机”，“按照我们的形象重新塑造世界”。“9·11”事件后，小布什就声称：“我们的军队必须非常强大，强大到足以让潜在敌手放弃为超过或与美国抗衡而进行任何加强军事实力的行动。”这就是说，美国要以武治天下，要独霸全球。因为美国的霸权主义作祟，其言而无信，霸道傲慢，穷兵黩武，以致受挫，也就显得很悲哀。

二、美国战后陷入的两大困局

（一）穷兵黩武失民心，软硬实力俱受损

苏联解体，美国成为唯一超级大国之后，从 1991 年开始到 2011 年的 20 年间，先后发动了五场战争，即海湾战争、科索沃战争、阿富汗战争、伊拉克战争和利比亚战争，平均四年打一仗。因此，哈佛大学教授沃尔特说，美国“打仗成瘾”。这五场战争，只有一场在欧洲，其余都在大中东的伊斯兰世界，其中，阿富汗战争特别是伊拉克战争最为世人诟病。

2001 年“9·11”事件后，小布什宣布“美国进入战争状态”。因为制造“9·11”恐怖袭击事件的本·拉登受到了阿富汗塔利班政权的庇护，小布什就以“新十字军东征”为旗帜，于当年的 10 月 7 日发动了有北约和非北约国家参加的阿富汗战争。这场定名为“持久自由行动”的反恐战争，一直到 2014 年 12 月 8 日联军才正式结束作战任务，共打了 13 年多。这是美国有史以来最漫长的海外作战。耗费 1 万亿美元，美军牺牲官兵 2 200 余人。作战任务结束后，2015 年 1 月 1 日启动代号为“坚定支持”的非作战任务，2016 年底美军将彻底离开，现在已准备延期。

小布什想要打击的目标是伊拉克，而不是阿富汗，所以阿富汗战争稍有进展，他就大造“伊拉克威胁论”。为对伊拉克动武，他编造了两条理由：一曰：伊拉克拥有大规模杀伤性武器；二曰：萨达姆与本·拉登有勾结。2002 年 1 月 29 日，他抛出了“邪恶轴心论”，把伊拉克列为“三邪”（伊拉克、伊朗和朝鲜）之首。6 月 1 日，又提出了他的“先发制人论”。小布什说，伊拉克有大规模杀伤性武器，安理会作出 1441 号决议，派专家小组去进行核查，萨达姆也接受检查，但小布什等不得。联合国不为他动武开绿灯，他就喝令“联合国

靠边站”。法、德两国领导人反对他动武，他就把他们打入“旧欧洲”之列。他不顾包括美国人民在内的世界各国的反对，在 2003 年 3 月 20 日，绕开联合国对一个主权国家伊拉克发动了一场“非法的战争”。名为“伊拉克自由行动”，实为美国侵略自由行动。因为他的主要目的是除掉萨达姆，故称“倒萨之战”，又称“斩首行动”。2003 年 12 月 13 日，活捉了萨达姆。2006 年 12 月 30 日，萨达姆被绞死。但是，美军直到 2011 年 12 月 15 日才撤出伊拉克。12 月 31 日，伊拉克举行盛大仪式，庆祝美军撤离。这场不法不义之战，打了 8 年多，耗资超 2 万亿美元，有 4 474 名美军官兵为此丧命，3.2 万人受伤。美国国防部长罗伯特·盖茨在他卸任前警告说：“经过十年战争，美国军队疲惫了，美国人民更加疲惫。”“今后任何国防部长如果建议总统再向亚洲或中东或非洲派遣大批美国地面部队，都应该检查一下脑子是否正常。”

据美国经济学家估算，阿富汗和伊拉克两场战争的总开支超过 3 万亿美元，它是 2008 年爆发金融危机的一个重要原因。现在的美国已由二战结束时的债权国变成了债务国。2011 年 1 月，美国的经济总量是 15.17 万亿美元，美国政府欠债超过了 15.22 万亿美元，到 2015 年 9 月，美国的债券总额已达 18.1 万亿美元。穷兵黩武，不仅使美国硬实力受损，其软实力也受伤严重。美国前国家安全顾问布热津斯基认为，“进攻伊拉克是美国最大的外交失败，削弱了美国的可信度”。美国国家安全问题专家卡普兰说：“布什总统的愚蠢加速了美国影响力的衰落。”日本信州大学教授久保亨于 2015 年 9 月 18 日在谈论日本可能通过安保相关法案时，提到了 1931 年 9 月 18 日“日军自导自演”的柳条湖爆炸事件。他认为，美军对伊拉克动武和当年日本关东军制造九一八事变的做法如出一辙。久保教授指出：“当年日本关东军栽赃中国军队炸毁南满铁路，并以此为借口出兵占领了满洲。”“美国以伊拉克拥有大规模杀伤性武器为由发动伊拉克战争，但实际上这是美军的谎言。”美国经常打出的人权、民主和自由三面旗帜，在阿富汗和伊拉克战争中已经被它自己撕碎了。2006 年 7 月 3

日，英国《每日电讯报》在一篇文章说："美国现在不是（如果它曾经是）世界的灯塔。"

美国在伊斯兰世界打杀了几十年，这里的情况是变好了，还是变坏了？答案大概是后者，而非前者。伊拉克一位学者说："美国是造成伊拉克乱局的根本原因。"现在出现的难民潮，也不能说与美国打的几场战争无关。德国东方基金会副主席米夏埃尔·吕德思认为，"此次难民危机爆发的主因之一，是西方对西亚北非国家进行的军事干预，美国要对此次难民危机负重要责任"。2015 年 9 月 15 日，国际援助机构警告说，"美国在重新安置战乱地区难民问题上辜负了其作为世界领导者的历史角色，这将削弱美国的外交影响力"。

（二）认敌为友敌不友，日本右翼想复仇

二战后，在国际关系方面，有变友为敌的，也有变敌为友的。美日关系似乎不太像变敌为友，姑且将其表述为"认敌为友敌不友"，可能更切合实际。如上所述，美国独占日本，"是个无价之宝"。它想使日本成为自己称霸世界的一个得心应手的工具。

1941 年 12 月 7 日，日本偷袭珍珠港，使美日关系变友为敌。美国付出巨大牺牲之后，打败了日本，占领了日本。在 1947 年 3 月杜鲁门挑起对苏冷战之前，美国是把日本作为死敌对待的。大批美军进驻日本，看住了它；一部"和平宪法"，管住了它。使日本军国主义难以死灰复燃。但是，由于国际形势的发展变化，美国为了遏制苏联，平衡中国，它的对日政策，就由压制变成了扶植。

1. 美国对日本的两次大松绑

第一次是冷战开始到苏联解体。1945 年 7 月 25 日，杜鲁门总统在日记中说，日本野蛮、邪恶、残忍且狂热，所以他决定对日本投放原子弹。冷战开始后，他就不顾一切地一再为日本军国主义的"遗族"松绑。首先，他把罗斯福总统的遗言置于脑后，没有将日本军国主义"像德国法西斯主义一样被彻底铲除"。甚至使东京审判半途而废，该判罪的不判。甲级战犯岸信介不仅不判罪，释放后，还当上了

日本首相，成了美国的“盟友”。判了罪的人，根据1950年3月7日盟军的第5号指令，全部释放。从1950年10月到1952年8月，有18万左右的军国主义分子解除“整肃”。其次，杜鲁门不执行他主持发表的《波茨坦公告》，未强制日本无条件投降，而是顺从日本，保留了天皇体制。天皇体制，是以天皇为核心的军国主义与封建主义相结合的帝国体制。保留天皇制，就是保留了日本军国主义的精神支柱和政治基础。不仅如此，还保留了日本军国主义的国旗（太阳旗）、军旗（旭日旗）和国歌（《君之代》）。日本军国主义的国家机器并未彻底打碎，只是把日本帝国，改成了日本国。再次，杜鲁门置《联合国宪章》中有关日本的“敌国条款”于不顾，不顾反法西斯战争同盟四大国中的中、苏两国的反对，在没有受害最严重的中国参加的情况下，美国拉拢一些国家，私自同日本达成交易，于1951年9月8日签订了《旧金山和约》。它违反了1942年1月26个反法西斯国家签订的《联合国家共同宣言》。宣言明确规定：“每一政府保证与宣言签字国政府合作，并不与敌国缔结单独之停战协定或和约。”最后，美国政府自己违反麦克阿瑟审定的“和平宪法”。宪法规定：“不保持海空军及其他战力”，“永远放弃以国家权利发动的战争与武力威胁或行使武力”。但日本政府在美国的允许下，于1954年将1952年设立的“保安厅”更名为“防卫厅”，并将“保安队”改为“自卫队”，组成了陆上、海上和航空自卫队。实际上，就是陆、海、空三军。1960年1月，又将1951年9月签订的《日美安全保障条约》修订为《新日美安全条约》，实行所谓“共同防卫”。这表明被解除武装的日本又武装起来了。原定“保安队”不得超过10万人。1972年3月，日军总兵力已达29万多人。

第二次是1995年至2015年。这20年是国际局势大变化的20年，其中，美日关系以及日本政局都有变化。1995年的日本首相是村山富市，他在日本投降50周年纪念日当天发表了著名的“村山谈话”。2015年的日本首相是不怕称他是“右翼军国主义者”的安倍晋三，是他在国会强行通过了被民众称为“战争法”的安全保障相关法案。

如果说，第一次大松绑侧重于政治的话，那么，第二次大松绑就是侧重于军事，就是在为复活军国主义开路，就是要使日本自卫队突破本土自卫（“专守防卫”）走向对外扩张（“借船出海”），跟着美军打遍全球。其具体措施，就是两次修订《日美防卫合作指针》，把“旧指针”变为“新指针”。

第一个“新指针”是指 1997 年 9 月 23 日美日两国正式批准的《日美防卫合作指针》。这个“指针”修改了 1978 年 11 月美日签订的防卫合作指针。因为这个“旧指针”是为防卫苏联进攻日本而制定的，属于“专守防卫”。苏联解体了，威胁消除了。美日就开始琢磨亚洲问题。1995 年李登辉访美，破坏了中美关系的基础，出现一场危机。同时，朝鲜半岛也不平静。于是，美日两国就于 1997 年 6 月 17 日在夏威夷举行“防卫合作会议”，并提出了一个“中间报告”。将局势分为：和平时期、日本出现“不测”、周边出现“不测”三种情况。9 月 23 日双方批准的“新指针”，确定了指导原则和 41 项协议。为落实“新指针”，日本内阁在 1998 年 4 月 28 日批准了与“指针”相关的“周边事态措施法案”和“自卫队修正案”。1999 年 5 月左右，日本众参两院通过了“新指针”的相关法案：《周边事态法》《自卫队法修正案》《日美物资劳务相互提供协定修正案》。最值得关注的是《周边事态法》。它规定，在日本周边地区“发生武力纷争”、发生“内乱”“内战”等情况，日本可向美国提供后方支援，进行搜索、救援、检查船舶等。“周边”包括何处，日本一直含糊其辞。有人说，是俄罗斯、朝鲜半岛、中国台湾。日本《每日新闻》发表的地图中包括择捉岛、小笠原群岛、冲绳、韩国、中国台湾等。中韩两国表示坚决反对，认为这是日本军国主义分子为强化日美军事合作和扩大日本在亚太地区军事作用所采取的步骤，是日本在东北亚谋取霸权。总之，这个“新指针”是日本自卫队突破“专守防卫”的一大举措，是美国对日本扩大自卫队活动范围的松绑。

第二个“新指针”就是2015年4月27日美日外长和防长在纽约举行的“2+2”会议磋商敲定的《日美防卫合作指针》。这次修订是由日本政府积极推动并主导修订的。其一，是安倍晋三看到美国推行“亚太再平衡”战略，为他实现军事大国梦想提供了一个难得的良机，必须紧紧抓住。其二，是安倍在2014年7月通过内阁决议，修改宪法解释，宣布了“解禁集体自卫权”。随后，又用“防卫装备转移三原则”取代了“武器出口三原则”。其三，是安倍急于利用加强日美同盟关系来参与和干预国际事务，以显示日本的大国作用等。2015年“新指针”的特点：首先，解除了对日本自卫队行动的地理限制，取消了1997年“指针”确定的“周边事态”，允许日本的武装力量在全球扮演更具进攻性的角色。其次，放宽了日本自卫队使用武力的条件，允许“自卫队”在本国未受到攻击的情况下，也可以根据盟国或友国的需要行驶“集体自卫权”。再次，加强了日美军事一体化。将实现平时、“灰色”状态和战时的无缝合作。最后，“新指针”已使日本战后奉行的“专守防卫”政策消亡，使“和平宪法”第九条被掏空，同时，它也是美国对安倍采取的一系列违宪措施的全面松绑。安倍内阁为落实“新指针”并使之成为法律，于5月15日，把包括11个具体法案的安保法打包为“安全保障相关法案”，提交众议院审议。其核心内容是解禁集体自卫权后，扩大日本自卫队在海外的军事行动。安倍靠执政党在众议院的多数席位，不顾会场内外千百万人的强烈抗议，7月16日在非执政党退场的情况下，众议院强行通过了被民众称为“战争法”的“安全保障相关法案”。9月19日，安倍坐镇参议院，不顾法学家、史学家、抱着孩子的妈妈们、绝食的学生们抗议，再次靠执政党的多数席位，通过了“安全保障相关法案”。美国对日本如此“民主”通过的“安保法”表示“热烈欢迎”。中方则“郑重敦促日方切实汲取历史教训，认真倾听日本国内和国际社会的正义呼声，重视亚洲邻国安全关切，坚持和平发展道路，在军事安全领域慎重行事，多做有助于促进本地区和平稳定的事，而不是相反”。

2. 日本右翼势力对美国的不尊与敌意

古人云：人无远虑，必有近忧。美国为一己之私，战后未对日本军国主义进行认真清算，随后又对右翼势力一再松绑，这就等于是在养虎为患。随着日本经济和军事实力的恢复与发展，日本右翼势力越来越壮大，越来越疯狂。这里仅列举三个代表性人物的表现，以供参考。

（1）岸信介。岸信介原姓佐藤，是其后日本首相佐藤荣作的胞兄、安倍晋三的外公、日本右翼势力的教父。九一八事变后，1936—1939 年，任伪满洲政府实业部总务司司长、产业部次长等职，人称“满洲之妖”。1941 年任东条英机内阁商工大臣，曾作为东条内阁的代表签署过太平洋战争的“开战诏书”。1943 年 10 月接任东条内阁国务大臣兼军需省次官。1945 年被定为甲级战犯关进巢鸭监狱。他被捕时曾扬言：“圣战之名定当流传来世。”但他未和东条英机一样处以绞刑。1948 年获释，1952 年解除“整肃”。1957 年任自民党总裁，并出任日本首相。1960 年 1 月，他同美国签订《新日美安全条约》，成为美国的“盟友”。同年，他就为东条英机等七名被远东国际军事法庭判处绞刑的甲级战犯翻案，封他们为“殉国七士”，即“为国牺牲的英雄”，并为之立碑题字。1978 年，靖国神社为 14 名甲级战犯设立“灵位”，成了日本右翼分子常去参拜的“神”。因此，安倍内阁中的文部科学大臣下村博文就在 2013 年狂妄地宣告：“1946 年至 1948 年在东京举行的战时罪行审判的裁决无效。”

（2）石原慎太郎。石原慎太郎是日本众议员，曾长期担任东京都知事。1989 年初，他与索尼公司董司长盛田昭夫合著了《敢说不的日本》一书，后来写了《日本就是敢说不》《敢坚决说不的日本》。作者认为，日美关系应是完全平等的，强大的日本已无须美国保护，应该重新修订《日美完全保障条约》，美国必须为驻日美军基地缴纳租金；日本不但应有独立于美国的世界战略，也有权为国家利益进行军事集结；美国已是残阳夕照，拥有强大经济和科技实力的日本，“已逐渐取代美国的地位”；在亚洲开发方面，日本应比美国担负更大的责任；日本将在10年内掌握超导实用技术，成为世界经济的中心和先锋。美国人认为，此书已把日本人的愤怒与高傲公之于世，对美国犹如当头一棒，动摇了40多年来美日“特殊关系的基础”。美国前国务卿基辛格也认为，石原使用的语言、表达的情绪太过分了，是日本新民族主义的表现，令人难以接受。

（3）安倍晋三。安倍是现任日本首相，也是第一个战后（1954年）出生的日本首相，但他的思想基本上是岸信介的军国主义思想，即“圣战之名定当流传来世”。安倍晋三，诡计多端。在战后日本首相中，组建第三届内阁的只有6人，安倍成为第7人。因小泉纯一郎坚持参拜靖国神社，中日关系跌入低谷，自民党为改善中日关系，推举安倍为自民党总裁，安倍于2006年9月接替小泉，首次登上相位。他上台之前宣布，不会作为首相“正式参拜靖国神社”。他上台后，出访的第一个国家就是中国。他说，中国是“最重要的合作伙伴”。他在10月访华时，同中国建立了“战略互惠关系”。2007年9月，他以“胃肠紊乱”为由，宣布辞职。后来，因民主党执政无方，安倍于2012年重登相位，在他的19名内阁成员中，有14人属于“大家一起参拜靖国神社国会议员会”成员。安倍认为：“身为一国领袖，参拜靖国神社不是理所当然吗？”因此，2013年12月26日，在他第二次担任首相一周年时，安倍不听美国副总统拜登的劝告，不顾中韩等国反对，悍然参拜了供奉有14名甲级战犯的靖国神社。结果如何？结果美国只能是表示“感到失望”，但日本并不接受美国的表态。自民党总裁特别助理萩生田光一在2014年1月18日反驳说，奥巴马政府的举动，是“吹毛求疵”。

从表面上看，安倍晋三是亲美、媚美，但他骨子里却是仇美、恨美。2012年“二进宫”以来的言行，对美国多有不尊，可说是怀恨在心。其突出表现有四恨：（1）恨美国投放的两颗原子弹。2007年7月4日，安倍以首相身份发表谈话称：“美国在长崎、广岛投放原子弹，夺走了很多生命……日本不能原谅投放原子弹的心情没有改变。”（2）恨美国操纵的东京审判。安倍于2013年3月12日在众议院公然对东京审判提出质疑，他说，这是“战胜国一方做出的裁决”。2014 年 2 月 8 日，《东京新闻》发表了一篇访谈录，题目就是《参拜靖国神社实质上是反美》。(3) 恨美国对日本的军事占领。从 1945 年 8 月至 1952 年 4 月 28 日《旧金山和约》生效，这 7 年时间安倍称为“占领时代”，日本内无治权，外无主权。安倍在 2013 年 3 月 12 日召开内阁会议做出决定，把 4 月 28 日定为“主权恢复日”。理由就是要让年轻人记住这个屈辱的年代。他说，现在“越来越多的年轻人不知道曾丧失主权，被占领过 7 年”。纪念日那天，安倍身着迷彩服，头戴坦克帽，三呼“天皇陛下万岁!”给人们留下了一个印象：日本又回到了战前的帝国主义时代。(4) 恨麦克阿瑟将军强加给日本的一部“和平宪法”。安倍说，现行宪法是“盟军总司令部的外行人士 8 天内鼓捣出来的”。第 9 条规定，日本不能拥有军队，不能发动战争，他发誓要修改这部宪法，要取掉头上的“紧箍咒”。现在已通过了“安全保障相关法案”，下一步就是正式修宪了。废了“和平宪法”，也就达到了安倍的目的：日本“改变占领时代形成的体系”，成了“正常国家”。

安倍晋三所向往的“正常国家”，就是回归日本投降前的军国主义时代。当年东条英机打出的旗帜是：建立“大东亚共荣圈”。其进军路线图是：先征服中国，再征服世界。也就是《田中奏折》中写的：“欲征服中国，必先征服满蒙；欲征服世界，必先征服中国。”时代不同了，安倍的说法、做法也不能不有所变化。现在，他把建立“大东亚共荣圈”改版成了建立“大亚洲自由与繁荣之弧”，包括全亚洲和澳大利亚等，这说明他比东条英机的野心更大。他把“征服中国”，改版成为建立“包围中国的联盟网络”，通过包围、牵制、遏制，搞垮中国。日美搞的新《日美防卫合作指针》，就是要加强“遏制力”。他说，日本为世界“做贡献”的“一个重要途径是在亚洲对抗中国”。安倍声称，日本是“亚洲地区的领导者”。他不仅要当亚洲的领导者，还要当世界的领导者。希特勒是拳击地球仪表明称霸世界之野心。安倍比希特勒站得高，他是“俯瞰地球仪”，表明要称霸全球。安倍在 2013 年 2 月访美时，对奥巴马说："日本不是，也永远不会是二流国家，我要让日本重新强大起来，强大到足以做出更多的贡献来让世界变得更好。"2 月 27 日，日本《产经新闻》就此发表文章称："追随美国便万事大吉的时代已经过去。在某种意义上，日本必须领导美国。"

一个"要把民主推广到全世界"的美国，为何对成千上万男女老幼不避风雨地反对安倍晋三强行通过的"安全保障相关法案"视而不见，不仅不批评它违反宪法，违背民主制度，而且还表示"热烈欢迎"？又为什么对日本政要或公开或暗示的反美言行听之任之？如安倍任命的日本广播协会负责人说："美国发起的战后审判日本领导人活动是为掩盖美国的战争罪行。""我们没有犯下战争罪，都是美国瞎编的。"又如 2014 年日本向联合国教科文组织总部寄去申请书，为二战末期驾驶"零"式战机对美国军舰进行自杀式袭击的"神风特攻队"申遗。再如，2015 年 4 月，日本外相在联合国《不扩散核武器条约》审议大会上，邀请世界各国领导人去日本访问被美国原子弹摧毁的广岛和长崎两个城市。还有，2015 年 5 月大阪公办博物馆国际和平中心，撤下原来的展品，换上有关美国空袭这座日本第二大城市、很多地区夷为平地的展品。在日本投降 70 周年前夕，即 8 月 29 日，日本将二战以来建造的最大战舰，满载排水量 2.6 万吨的准航母命名为"加贺"号。"加贺"这个名字原来属于一艘二战期间的航母。它参加了 1941 年 12 月 7 日袭击珍珠港的行动，在 1942 年 6 月的中途岛战役中被美军击沉。现在它又重新出现了。这是有意向美国示威。如此等等。美国国会研究所在 2014 年 2 月 20 日发表的一份报告中说："安倍对历史的看法可能与美国人对美国在二战中的角色以及随后占领日本一事的看法存在冲突。"报告强调指出："安倍在强化同盟关系的同时，也在恢复历史仇恨。"然而，奥巴马总统却在日本投降日 2015 年 9 月 2 日说，战后美日关系"步入了新纪元"，"昔日的敌人成为坚定盟友"。这实在令人费解。一个强大的战胜国，竟然允许战败国日本对美国肆意羞辱谴责，反攻倒算，岂不是很悲哀吗？希望美国政府能重视扎克里·凯克发表在《国家利益》双月刊网站 2015 年 1 月 21 日的那篇文章，题为《史上五个最不靠谱的盟友》。列为首位的“盟友”，就是日本。文章说，“最初美国发现越来越强大的日本有很多可爱之处”，于是就对它关爱有加，“最终爆发了珍珠港事件”。

这本书的主题，是美国与战后的国际秩序。为什么定名为“大赢家的悲哀”，这篇绪论说明了原因。因受水平所限，这个说明以及全书内容，都难免有不当之处，希望专家学者和广大读者给予批评指正。为准确把握、深刻认识第二次世界大战的惨痛教训，特引用习近平主席 2015 年 5 月 7 日发表在《俄罗斯报》上的《铭记历史，开创未来》文章中的一段话作为这篇“绪论”的结束语。习主席说：“第二次世界大战的惨痛教训告诉人们，弱肉强食、丛林法则不是人类共存之道。穷兵黩武、强权独霸不是人类和平之策。赢者通吃、零和博弈不是人类发展之路。和平而不是战争，合作而不是对抗，共赢而不是零和，才是人类社会和平、进步、发展的永恒主题。”

1 全球战略

美国的全球战略，概言之，就是美国精心策划的一套美国称霸世界的战略与策略。从杜鲁门到奥巴马都说要领导世界，实际上是要独霸世界。美利坚合众国，原为 13 州的英国殖民地，如何一跃取代日不落帝国，又整垮苏联，成为世界唯一超级大国，现在虽不能说是唯一超级大国，但仍是超强的超级大国，这有何秘方，值得探寻。它手中的法宝（胡萝卜加大棒）和旗帜（民主、自由、人权），也值得分析研究。

美国的强势外交
——走向唯一超级大国之路*

强势外交是相对均势外交而言的。如果说均势外交是17世纪以来欧洲特别是英国所奉行的一种外交政策的话，那么，强势外交则是美国立国以来一贯坚持的一种外交政策。尽管美国历任总统大多鄙视和反对均势外交，但他们并未根本否定均势外交原则，而且美国某些政要还对均势外交运用得相当成功，如20世纪70年代尼克松和基辛格主导而成的美中苏大三角，就是他们运用均势外交的一个杰作。但是，从美国外交的全部历史来看，均势外交是从属于它的强势外交的，是为其强势外交服务的。

美国的强势外交，是以美国的国家利益为指针，以其经济实力为基础、军事实力为后盾的强国外交、强制外交、强权外交。如果说英王威廉三世提倡均势外交之目的在于阻止法国一国独霸欧洲的话，那么美国推行强势外交就是在追求一超独霸世界，就是美国哥伦比亚大学斯蒂格利茨教授说的“试图将美国的统治强加给世界”。

美国的强势外交是如何形成的？它在美国走向唯一超级大国的进程中究竟发挥了什么作用？值得认真分析研究。

一、美国强势外交的形成

美国的强势外交是在特殊的地理环境和历史条件下形成的。人所

---

* 载《领导科学》，2008（22），54～55页；2008（23），51～54页；2008（24），45～46页。

共知，美国是个偏居于欧亚大陆之外的北美国家。这里原为印第安人的家园，1492 年哥伦布发现新大陆后，欧洲殖民主义者纷纷侵入，印第安人被屠杀、被同化、被逐西迁。到 1732 年，英国已在北美东海岸建立起 13 块殖民地。英属殖民地经过 1775 年至 1783 年的独立战争，摆脱了英国的殖民统治，建立了美利坚合众国。此后，又经过 1861 年到 1865 年的南北战争，北方联邦政府军打败了南方联盟政府军，解放了奴隶，实现了国家统一，为美国资本主义大发展扫清了道路。

美国和英国、法国等老牌帝国主义国家相比，属于后起之秀，具有明显的后发优势：美国是在欧洲宗教改革和文艺复兴之后诞生的新国家，又搭上了工业革命的快车，还具有一部光荣的反殖民主义斗争史。它不仅吸收了欧洲各国的新思想、新技术，而且有一尊“自由照耀世界之神”，吸引了许多前来寻自由、求发展的人才，美国研制原子弹的三个主要科学家都是欧洲移民。美国偏居一隅，远离欧亚大陆，可以避免卷入欧洲列强的纷争，其门罗主义和孤立主义又便于它蓄积力量，伺机而动。美国在国际事务方面，吸纳了英、法、德等国许多政治家和外交家的政策理念，如德国“铁血宰相”俾斯麦的实力政策就颇受推崇。

独立战争一结束，美国政府就开始谋求在美洲、在世界舞台上有一席之地。在扩张政策鼓舞下，一场大规模的“西进运动”开始了。美国通过经济和军事手段，大肆掠夺领土。美国第 5 任总统詹姆斯·门罗宣称，美国必须成为强国，必须西进开拓领土；领土范围决定国家的资源、人口、自然环境的优劣，决定国力的强弱。

在南北战争开始之前，美国就趁英法交战之机，于 1803 年用 1 500万美元从拿破仑手里购得了面积 200 多万平方公里的路易斯安那。1819 年，又以先占领后购买的方式强迫西班牙把佛罗里达给了它。1846 年，它以战争相威胁，迫使英国放弃了北纬 49 度线以南的俄勒冈地区。通过 1845—1848 年的美墨战争，美国吞并了新墨西哥、加利福尼亚等州的大片土地。1867 年，美国用 720 万美元从俄罗斯手中购得了阿拉斯加。到 1912 年，美国“西进运动”宣告结束。此时，美国已由 13 个州扩大为 48 个州。第二次世界大战后，美国又在远离本土的阿拉斯加和夏威夷两地建州。这就形成了今日美国 50 个州的局面。

美国可以说是地域辽阔、资源丰富，而且从南北战争结束以来，美国国内没有出现过大动荡，政治机制稳定，法律制度完善，科学技术发达，经济增长迅速。到 1885 年，美国工业生产值已超过当时的工业强国英国。1890 年，美国的生铁产量超过了英国。1900 年，美国的钢产量是英法两国产量的总和。同年，美国的铁路长度已超过了欧洲。到 19 世纪末，美国所消耗的能源是德、法、奥、意、俄、日的总和，已成为世界最强大的国家。而此时，北美的加拿大还是英联邦的一个自治领地，南美的墨西哥、巴西、阿根廷等国虽然早已独立，但仍然十分落后。因此，名闻世界的政治家、外交家亨利·基辛格博士在其《大外交》一书中，谈到美国为什么不需要均势外交时写道：“美国所处的是近乎真空的大陆，毗邻的是弱国，又有两大洋将虎视眈眈的强权隔离在外。由于美国没有面临需要与之抗衡的对等势力，自然不太可能全力投入应付平衡权力的挑战中。”

在 19 世纪，美国所需要的是：巩固在美洲的霸主地位，确定美国的势力范围，把欧洲列强特别是英国的势力赶出西半球。为此，门罗总统在 1823 年 12 月 2 日致国会咨文中阐明了美国的基本对外政策，即门罗主义。他宣称，旧大陆和新大陆社会制度不同，必须各自保持明确的势力范围，欧洲不得涉入美国事务，并对欧洲各强权国家提出警告：新崛起的美国为维护西半球不可侵犯的地位将不惜一战。门罗宣言是美国在西半球掌握统治权的理论基础，也是美国强势外交初步形成的一个标志。

整个 19 世纪，美国一直把英国视为最大的挑战和主要威胁，所以他设法要把英国的势力赶出西半球。1895 年，美国国务卿理查德·奥尔尼根据门罗主义向英国提出警告：如今美国在本大陆已是最高主权，其命令对其势力范围内的臣属来说等同于法律。到 1902 年，英国已经放弃在美洲寻求重要地位。1904 年，西奥多·罗斯福总统为门罗主义补充了“罗斯福推论”。他声称，一旦某个拉美国家公然经常为非作歹，美国可以干涉其内部事务，“行使其国际警察权”。其行为准则是：“说话要温和些，但手中应握有大棒。”这就是美国“大棒政策”的由来，后来又形成了所谓的“胡萝卜加大棒”政策。这种政策，不仅常用于拉美，而且运用于全世界。西奥多·罗斯福承认，美国不是一个榜样，而是一个强权。他希望美国能像英国掌握着 19 世纪一样塑造 20 世纪。

二、美国强势外交在两次世界大战中的表现

有人说，19 世纪是英国世纪，20 世纪是美国世纪。这话有点道理，但不全面。说它有点道理，是因为美国这棵树确实非同一般，此树近百年来长得很快、很壮、很大，以致严重影响并遏制了旁边和下边树木的生长。

20 世纪上半叶爆发的两次世界大战，对美国来说，是挑战，更是机遇，是其取代英法两国，登上西方超级大国宝座的阶梯。历史证明，美国外交政策中的孤立主义，并不是真的要完全与世界隔绝，而是要以最小的风险和成本参与国际事务。美国在这两次世界大战中，纵横捭阖，取得了巨大成功。其基本策略是：坐山观虎斗，该出手时再出手。这就是俾斯麦所说的“保有行动自由，随机善用彼此关系间之优势”。这也可以叫作“鹬蚌相争，渔人得利”。

第一次世界大战，是资本主义进入帝国主义阶段后，欧洲列强为重新瓜分世界而进行的一场大搏斗。一方是德、奥、意组成的同盟国，另一方是英、法、俄形成的协约国。从 1914 年 7 月开始，到 1918 年 11 月结束，历时四年多，参战国有 30 多个，卷入战争的人口超过 15 亿，死伤 3 000 余万人，双方的经济损失近 2 080 亿美元。

当时美国的在任总统是理想主义者伍德罗·威尔逊，他不仅在局外观战，而且向交战双方出卖军火，大发战争财。在双方经过三年厮

杀，已经精疲力竭时，在协约国经过 1916 年底的松姆河大战已显示出优势时，美国才决定参加胜利在望的协约国一方，并于 1917 年 4 月 6 日正式对德宣战。同时，美国又以和平调停者自居，在双方之间进行斡旋，力求按它的意图结束战争，建立战后国际秩序。为此，威尔逊在 1918 年 1 月 8 日提出了实现和平的“十四点计划”。这是美国第一次提出并试图构建的一种新的国际体系与国际秩序主张。

1919 年 1—6 月，在法国巴黎召开了所谓的“和平会议”，会议根据“十四点计划”内容，成立了国际联盟，但是美国并没有加入国际联盟，参与英法主导的凡尔赛体系。美国为了确保在远东的利益，于 1921 年 11 月至 1922 年 2 月由美国国务卿休斯主持召开了华盛顿会议，通过了《九国公约》，肯定了美国的“中国之门户开放”政策，终于形成了一战后的凡尔赛—华盛顿体系。这是美国为取代英法世界霸主地位而迈出的重要一步。

协约国军总司令、法国元帅福煦对《凡尔赛和约》看得很透。他说：“这不是和平，这是休战 20 年。”从巴黎和会召开到 1939 年 9 月 3 日英法对德宣战，正好是 20 年。第二次世界大战比第一次规模更大、时间更长、场面更惨烈、伤亡更多，共有 60 多个国家和地区的 20 多亿人口卷入了战争，伤亡人数达 9 000 多万。挑起这场战争的罪魁祸首，是欧洲的德国和亚洲的日本。这两个法西斯国家之所以能兴风作浪、为非作歹，不能说与美国没有关系。

1941 年珍珠港事件之前，美国一直在纵容日本。1904 年日本向俄国发动进攻时，美国总统西奥多・罗斯福虽然宣布保持中立，却偏向日本。当日本击溃俄国舰队时，他高兴地说：“我对日本的胜利极为兴奋。”在 1919 年巴黎和会和 1921 年华盛顿会议上，美国都是支持日本掠夺中国领土的，它对 1931 年的九一八事变和 1937 年的七七事变无动于衷，听之任之。

至于一战后的德国，美国更是对其关爱有加。当时，英国要迫使德国赔偿战争的一切耗费，甚至声称要“榨干德国”。美国反对这种做法。它认为，德国赔偿问题应建立在德国支付能力基础之上，其目的在于夺取英法对欧洲的控制权。于是，美国相继提出了“道威斯计划”和“杨格计划”，其主旨是减少德国赔偿和延长赔偿期，其做法不是“榨干德国”，而是向德国大量输血。根据“道威斯计划”，从1924年到1929年，德国约付出10亿美元就获得了20亿美元的贷款，这就使德国能很快地重新武装起来，再次发动战争。1939年9月1日，德国突袭波兰，第二次世界大战全面爆发。此后，德国法西斯开始横扫欧洲大陆。1939年9月3日，英法对德宣战。1940年6月，法国向德国投降。1940年6月22日，苏德战争爆发，此时英国已处于危难之中。其间，美国一直坚持它在1935年8月通过的《中立法》，允许交战国向美国购买武器弹药。罗斯福强调，“美国仍将是中立的”，“我不惜一切努力使我国处于战争之外”。

1940年9月27日，德、意、日三国正式形成法西斯军事轴心。三国同盟条约签订的第二年，德国就发动了侵苏战争，日本发动了太平洋战争。当希特勒进攻苏联时，哈里·杜鲁门还幸灾乐祸地说：“让它们去相互残杀，杀得愈厉害愈好。”直至1941年12月7日，日本偷袭珍珠港，重创美军，使之伤亡4 500多人后，美国才被迫参战。1945年5月8日，德国无条件投降。同年8月15日，日本宣布投降，第二次世界大战宣告结束。二战后形成的国际体系和国际秩序，基本上反映了美国的愿望和要求。美国通过联合国、国际货币基金组织和世界银行等机构的运作，有形无形地加强了其在国际事务中的控制力和影响力，美元已取代英镑成为世界货币。在第二次世界大战中，德日失败了，英法削弱了，它们降为二等国家；美国是大赢家，它与苏联成为新崛起的两个超级大国，它成了西方世界的真正霸主。

三、美国在冷战中推行的强势外交

中国有句古语：得陇望蜀。美国的所作所为则是得13州望美洲，得美洲望西欧，得西欧望全球。二战后，美国称霸全球的愿望更加强烈。二战前其奉为圭臬的孤立主义似乎已销声匿迹，世界主义（全球扩张主义）却有甚嚣尘上之势。美国第 31 任总统胡佛在其《论美国的道路（1945—1948）》一书中称："目前，我们，只有我们掌握着原子弹，我们能够把自己的政策强加给全世界。"从美国的哈里·杜鲁门总统到小布什总统，无不以世界领导者自居，都强调"美国负有领导世界的责任"。理查德·尼克松在其《抓住时机》一书中说："我们是历史航程中的领航员。""如果美国不领导，由哪个国家来领导呢?"

但是，并非所有国家都买美国的账，都拥护并服从美国的领导。它的欧洲盟友法国的戴高乐将军就十分怀疑美国的诚意，他始终没有忘记美国在两次世界大战中对法国存亡所持的态度。1959 年美国艾森豪威尔总统访问巴黎时，曾开门见山地问时任法国总统戴高乐："你为什么怀疑美国会将其命运与欧洲命运视为一体?"戴高乐则客气地回答说：第一次世界大战期间，经过三年的浩劫之后，美国才出兵援助法国；第二次世界大战时，更是在法国遭纳粹占领后，美国才参战。若是在核时代，这两次美国的介入都太迟了！所以，戴高乐始终不愿意把法国统合在美国的麾下。在他的领导下，法国 1960 年成功研制了原子弹，1966 年退出了北约。他说，一个没有政治实体、没有经济动力、没有防卫能力的欧洲，"注定要成为那个自身有政治、经济和国防的强大西方国家——美利坚合众国的附庸"。

最不买美国账的是苏联、中国等社会主义国家。苏联在二战中付出了巨大牺牲，也取得了伟大胜利。苏联成了欧亚大陆头号政治军事强国，成了战后两个超级大国之一，并于 1949 年 8 月打破了美国的核垄断。不仅如此，在苏联的影响和支持下，世界上出现了十几个社会主义国家，形成了社会主义阵营，推动了亚非拉地区民族解放和民族独立运动的蓬勃发展。因此，美国政要认为，苏联是他们称霸全球的最大障碍，要除去它，单凭武力有困难，也没有必胜的把握。于是，他们绞尽脑汁造出了一个新概念、新名词：冷战；又提出了一个新战略：冷战战略；并构筑了一套新机制：军事遏制、政治对抗、经济封锁、组织包围。

冷战是与热战相对而言的。它是以美国为首的资本主义国家对以苏联为首的社会主义国家进行的除直接武装进攻之外的一切敌对活动。其基本特征是：通过军备竞赛（主要是核军备竞赛）进行武力威慑与和平演变。这就是所谓的“没有硝烟的战争”。基辛格博士说，冷战“是美国人定制的产品”。大量事实也证明，冷战主要是由美国挑起的，而苏联则是被动应战。冷战开始的主要标志是“杜鲁门主义”的出笼。1947 年 3 月 12 日，美国第 33 任总统哈里·杜鲁门在国会发表了被称为“杜鲁门主义”的国情咨文，声称“世界各国的自由人民都在期盼我们的支持”，“伟大的责任已经降临到我们的头上”。这是美国冷战政策的指导思想和理论支柱。“杜鲁门主义”的基点是强调实力，强调构建“实力阵地”。杜鲁门的策士之一迪安·艾奇逊在他的《实力与外交》一书中说：“实力在建立一个可行的非共产主义世界体系的伟大战略上占有重要地位。”“自由世界需要更大的实力。”“最有实力的国家就控制着最后的决定权。”

为此，杜鲁门政府采取了两项重大的战略性举措：第一，从经济入手，笼络欧洲。时任美国国务卿马歇尔于 1947 年 6 月提出了一个“欧洲复兴计划”，即“马歇尔计划”，想趁欧洲战后经济困难之机，以“美援”为手段，打开西欧门户，控制西欧。第二，建立美国指挥的军事集团。1949 年 4 月 4 日，美国、加拿大、英国、法国、荷兰、比利时、卢森堡、丹麦、挪威、冰岛、葡萄牙、意大利 12 国在华盛顿签订了《北大西洋公约》，同年 8 月条约生效，北约组织成立。苏联为应对美国的挑战，1949 年 1 月根据所谓的“莫洛托夫计划”，与东欧各社会主义国家组成了“经互会”。1955 年 5 月，苏联和东欧国家在华沙签订《友好合作互助条约》，6 月 4 日华约组织成立。从此，就形成了两大军事集团对峙的局面。

冷战的主战场在欧洲。以美国为首的北约和以苏联为首的华约，都在欧洲部署了包括核武器在内的各种先进武器，战略核力量握在美苏两个超级大国手中，截至 1982 年，美国拥有核弹头 9 000 枚，总当量近 40 亿吨；苏联拥有核弹头 7 124 枚，总当量约 50 亿吨。后来，双方拥有核弹头的当量都超过万亿吨，可以几次毁灭地球。在陆军方面，华约力量大于北约，而在海、空军力量方面，华约则弱于北约。但就整体实力而言，双方旗鼓相当。因此，虽然在欧洲也出现过战争危机，实际却是只有两军对峙，没有两军交火，40 年内欧洲无战事。但是，与欧洲毗邻的西亚和东亚却是战火连年。

在西亚，自 1948 年 5 月以色列国诞生后，便产生了难解的阿以矛盾和延续不断的巴以冲突，从 1948 年到 1982 年，共发生了五次中东战争，其中或多或少都有美苏争夺中东的背景，因此就有了“代理人战争”之说。这五场战争的结果是：英法在中东的地位基本上已被美国取代，苏联的影响也由盛转衰，美国的势力则大为增长，而中东地区的矛盾却更为复杂。美国对以色列的偏袒，也使得它与阿拉伯人的矛盾不断加深。

在东亚，美国为抗拒所谓的“共产主义扩张活动”，避免“中苏联手赤化全球”，间接参与一场并直接发动了两场大规模的局部战争，动用了除原子弹以外的一切杀人武器。美国间接参与的一场战争是指 1946—1949 年的中国的解放战争，在这场战争中，美国出钱出枪帮助蒋介石打内战，给他造成了一个“不祥的结局”，同时也给中国制造了一个至今未解决的台湾问题。美国直接发动的两场战争是指 1950—1953 年的朝鲜战争和 1961—1973 年的越南战争。对于朝鲜战争，美国人承认是“在错误的时间、错误的地点、同错误的敌人打了一场错误的战争”，是“美国陆军史上最大的失败”。越南战争是美国至今尚未治愈的伤痛，1983 年在华盛顿建立的“越南墙”上刻有 58 132 名美军死亡者的姓名。这三场战争都与美国遏制中国有关，结果是美国三战皆输。

19 世纪的英国外交大臣和首相帕默斯顿说过，没有永恒的盟友，也没有永恒的敌人，只有永恒的利益。基辛格很赞赏这句话。他从上述三场战争中了解了共产党领导的新中国，也看到了中苏之间存在的深刻矛盾。他积极地推动尼克松总统访华，打开了美中关系的大门，形成了美中苏大三角，从而使国际格局发生了重大变化，也显示了他的外交才能。尼克松在 1972 年 2 月访华时说：“这是改变世界的一周。”这一改变，对中美两国、对世界都有利。

中美关系改善，美军撤出越南，特别是苏军入侵阿富汗，使美苏两霸的国际地位发生了急剧的变化，终于在 20 世纪 90 年代初，东欧剧变、苏联解体。

一般都认为，美国赢得了冷战的胜利。其主要收获是：(1) 未用一枪一弹就打垮了主要敌手苏联；(2) 欧洲和日本等西方主要盟国在美国的“保护伞”下成了跛足之人，或曰“经济巨人，政治矮子”。但是也有人说，美国并没有赢得冷战的胜利，而是苏联输了冷战。基辛格说，“从来没有一个世界强权未经交战失利，就如此迅速、彻底地四分五裂”。他说，戈尔巴乔夫“摧毁了共产党”，“推动了把他送上权力宝座的那种制度的覆亡”。

苏联输了，但它和德、日在二战中的失败不能相提并论。它没有向美国无条件投降，美国也没有对其进行军事占领，更没有对其领导集团进行审判；它的工业设施没有遭破坏，军队也未瓦解；它的继承者俄罗斯仍是联合国安理会五个常任理事国之一，仍然拥有可摧毁美国的大量核武器。只是由于华约组织的解散，苏联一分为十五，其综合国力和国际影响力大为削弱，已由一个名副其实的超级大国降为二三流国家。苏联解体，两极格局终结，美国成了世界唯一的超级大国。

四、美国在后冷战时期的强势外交

对戈尔巴乔夫和老布什宣布冷战结束以来的这个时期该如何定位，现在有两种提法，即“冷战后”和“后冷战时期”。前一种提法给人的印象是：它与冷战时期根本不同，犹如二战后和二战前之不同一样。相比之下，后一种提法较为切合实际。第一，冷战的发动者美国的国际战略思维基本未变，仍然是冷战思维；第二，执行冷战政策的主要组织机构北约并未因华约的解散而解散，相反，它已由当年的16国扩大为目前的28国，而且还要继续扩大；第三，冷战矛头所指的主要国家至今没有成为美国的盟友，它们仍然在受遏制、受制裁、受包围；第四，老布什时期所鼓吹的“世界新秩序”早已偃旗息鼓，束之高阁。实际上，美国在苏联解体后这18年来在一定程度上还在继续进行着它在冷战中未完成的计划。

苏联解体了，美国的身价提高了。“美国的经验因而鼓舞美国人去相信，美国在世界各国中是唯一不可撼动的强国”（基辛格语）。现实情况使得美国政要比过去更傲慢、更迷信武力、更忘乎所以，其典型的狂妄之举，莫过于“9·11”事件后抛出的“全球打击计划”。据《华盛顿邮报》在2005年5月15日刊发的《不仅仅是最后一招》一文介绍，小布什总统在2003年1月的秘密指示中，将“全方位”全球打击明确定义为“制造快速的、范围宽广的、精确的动态（核武器和常规武器）和非动态（太空和信息行动）效果，从而确保美国的利益不受威胁”。

“全球打击”就是要以武力治天下。欧亚大陆是美国大棋局中最重要的地区，因此，美国要称霸全球，必先控制欧亚。从1989年底到2003年3月不到14年的时间内，美国就在欧亚大陆发动了形式不同的四场大规模局部战争，即海湾战争、科索沃战争、阿富汗战争和伊拉克战争。这四场战争都是美国拉别人入伙进行的不对称的战争。

1991年1月17日打响的海湾战争，对美国而言，可以说是老布什在合适的时间、合适的地点打了一场合适的战争。所谓合适的时间，是说1991年初东欧各社会主义国家已改旗易帜，苏联正在解体，无暇也无力干预中东事务，只能作为“胁从者”给美国以支持。所谓合适的地点，是说美国早就对世界油库所在地中东垂涎三尺，苦于没有机会进去。萨达姆1990年8月2日出兵占领科威特，给美国提供了一个千载难逢的机会。所谓合适的战争，是说它师出有名（反侵略），得到了联合国的认可，组成了由28国参加的联合军队，而且目标有限，不推翻萨达姆政权，不占领、不分裂伊拉克，只是“解放科威特”，仅用72小时就解决了问题，42 天后班师，获得了巨大的政治、经济胜利。但是，由于美国大兵践踏了沙特阿拉伯等国的土地，因而进一步激化了阿拉伯人民与美国的矛盾，致使恐怖主义势力借此而发展壮大。

南斯拉夫社会主义联邦共和国和波兰、匈牙利等国不同，它是不结盟的社会主义国家，也未如波兰等国那样速变。因为不愿跟美国走，所以就被美欧国家逐步地一分为五。1999 年 3 月 24 日开始的科索沃战争，是以美国为首的北约搞垮南斯拉夫联盟的最后一战，也是美国推行强势外交的一个典型。科索沃问题本质上属于南联盟内部问题，但克林顿政府和北约国家不以各国主权平等的精神和平解决争端，而是以武力相威胁，并炮制出了一个“人权高于主权”的谬论，为其动武提供借口，而且以“制止种族清洗”为名，绕开联合国，悍然对一个主权国家进行了 78 天的狂轰滥炸，倾泻了 2.2 万吨炸弹，造成约 3 500 人无辜死亡，迫使南联盟军警从其管辖的科索沃撤出。令中国人无比愤怒的是，美国在 5 月 7 日竟然向有明显标志的中国驻南使馆发射 5 枚导弹，造成我馆毁人亡。这是一起公然违反国际法的严重事件。科索沃战争不仅搞散了南联盟，也激化了俄美矛盾。2008 年 2 月 17 日，科索沃单方面宣布独立，美国带头支持其独立，而且小布什总统于 3 月 19 日批准向科索沃提供军事援助。这必将和巴以冲突一样再造出一个科塞冲突，并使之长期化，也必将对地区和全球的和平稳定产生恶劣影响。

南联盟已被肢解，不肯做美国和北约“伙伴”的米洛舍维奇也已进入海牙联合国战争罪行法庭受审致死。对美国来说，似乎它在欧洲的任务已经完成。就在美国正寻找新的打击目标、进行新的战略部署时，“9·11”事件发生了。

这一事件对美国是个打击，也是个讽刺。一个超强的国家，一个正在追求“绝对安全”的国家，竟然不能给其国人以安全。小布什总统说：“这是一场国家悲剧。”但它也为美国提供了一个靶子——恐怖主义。于是小布什就以反恐作为其“新十字军东征”的旗号，大打反恐战争。同时，这一事件也为美国的战略东移提供了机会。

美国认定，“9·11”事件是“基地”组织头目本·拉登所为，而他又受到了阿富汗塔利班政权领导人奥马尔的保护，因此，小布什总统决定对阿富汗开战，摧毁塔利班政权，消灭本·拉登和奥马尔。由于美国获得了国际社会的同情和支持，又有阿富汗反塔利班的北方联盟军的配合，而且有巴基斯坦、俄罗斯以及中亚国家提供方便，战争进行得很顺利。从 2001 年 10 月 7 日进行第一次大轰炸到 11 月 13 日北方联盟军攻入阿富汗首都喀布尔，只用了 1 个月零 6 天，就基本摧毁了塔利班政权。然而，时至今日，塔利班势力非但没有被消灭，且有东山再起之势。现在，美国不仅不能撤兵，还得继续增兵，由于自己兵源不足，只能求助于盟国。目前，美国与德国等盟国之间在增兵问题上已发生严重分歧。在阿富汗战争中出现的最值得关注的问题是，由 4 万多人组成的北约部队第一次进入了南亚地区，美军也借机进驻了中亚国家。

在阿富汗战争初见小胜时，美国就对这个贫瘠的山地之国失去了兴趣。它最感兴趣的是“抓住时机”控制中东，独霸全球。小布什不考虑普京给他攻打阿富汗时提供的帮助，在 2001 年 12 月 13 日单方面宣布退出 1972 年美国与苏联签订的《反弹道导弹条约》，坚持继续建立导弹防御系统，继续推进北约东扩，继续在原苏联地区搞“颜色革命”。2002 年 1 月 29 日，小布什抛出了他的“邪恶轴心论”，并把伊拉克列为“三邪”（伊拉克、伊朗、朝鲜）之首。同年 9 月 20 日，小布什在其《国家安全保障战略》报告中声称，“我们的军队必须非常强大，强大到足以让潜在敌手放弃为超过或与美国抗衡而进行任何加强军事实力的行动”，宣布美国将采取“先发制人”的政策。一个德国人曾就此发表言论，把小布什与希特勒相提并论。美国麻省理工学院学者乔姆斯基认为，该文件或许是“我们这个时代最有威胁性的文件”。日本媒体认为，它是“布什主义”出台的标志。什么是“布什主义”？其支持者诺曼·波德霍雷茨说：“布什主义”是以干涉为目标的外交政策，它不再是遏制和威慑，而是主动打击。

美国军力强大，兵布全球，却偏偏要说别人在威胁其安全。编造各种“威胁论”成了美国在后冷战时期推行强势外交的一大特征。自海湾战争以来，伊拉克一直被制裁、遭轰炸，它根本无能力、无机会制造大规模杀伤性武器，但这还是成了美国入侵伊拉克的借口。同时，为了把伊拉克纳入反恐之列，美国就说萨达姆与“基地”组织有联系。这就是美国对伊拉克开战的两大“理由”。

在对伊动武问题上，美国的强势外交做派发展到了极点，对美国国内成千上万人反战的呼声，小布什总统充耳不闻；国际核查小组要继续进行核查，他等不得；联合国不批准他动武，他就让联合国靠边站；法德两国不支持他动武，他就把法德打入“旧欧洲”之列。小布什还亲自敦促安哥拉、喀麦隆、智利、几内亚、墨西哥、巴基斯坦等国领导人支持伊战决议，并要求有关国家召回不服美国施压的驻联合国代表。小布什和布莱尔执意对伊拉克动武，于是就拉拢一些愿意跟他们走的人，组成了一个所谓的“自愿联盟”。

从 2003 年 3 月 20 日开始的伊拉克战争，到 2008 年 3 月 20 日已经满 5 年了。这场战争对伊拉克人和阿拉伯世界来说，是大灾难；对美国这个超级大国来说，是大耻辱。2008 年 3 月 19 日，英国《独立报》的一篇文章说，伊拉克战争是一场以谎言开始、以谎言继续的战争。“最著名的谎言是关于伊拉克拥有大规模毁灭性武器的说法。”美国兵来了，萨达姆死了，伊拉克人并没有获得民主和自由，更没有获得繁荣、幸福和安宁。现在，伊拉克恐怖活动几乎是天天发生，目前已有 420 万人流离失所，66 万人无辜丧生。克林顿时期，根据《奥斯陆协议》建立的巴勒斯坦民族权力机构已被分裂，阿拉伯世界的团结也因伊拉克战争和美国的“大中东民主化计划”而大为削弱，中东地区更加混乱。

如何评价伊拉克战争对美国的影响，现在已经展开了讨论。美国前国家安全顾问布热津斯基认为：“进攻伊拉克是美国最大的外交失败，降低了美国的可信度。”他还强调指出：“我们不能用刺刀把民主带给人家。”美国国家安全问题专家卡普兰说：“小布什总统的愚蠢加速了美国影响力的衰落。”总之，21 世纪的开端对力图称霸全球的美国来说并非吉兆。2001 年的“9·11”恐怖袭击事件，挫伤了美国，激怒了美国，以致小布什总统采取疯狂对疯狂的方式，发动了反恐战争。而这两场战争特别是伊拉克战争，使美国原形毕露，失去了耀眼的光环，从而使其身不由己地从其站立的顶峰滑落下来。

五、结束语

纵观美国立国以来推行强势外交的历史，不难发现：美国这个超级大国是自私的、好战的。

美国领导人常常标榜自己代表了全人类的利益，而不肯公开承认他们本身有自私性。美国的自私性，概括起来就是它在追求的一个“独”字。第一，独大。只能自己大，不许别人大。美国有 50 个联邦州不算大，别人只有 6 个联邦共和国就算大。南斯拉夫社会主义联邦共和国被肢解，是典型的一例。它越大越好，别国越小越好。这是老牌帝国主义“分而治之”政策的延续。第二，独富。只能自己富，不许别人富。在美国不甚富裕时，它要别人为它“开放门户”；它富了，就设法“关锁门户”。它现在用各种形式的贸易保护主义限制贸易自由。第三，独强。只能美国强，不许别国强。它已有最先进的矛，又在打造最先进的盾；它握有 4 500 枚进攻型战略核弹头，又研制出了反掩体的“钻地弹”；它可以每年拿出 6 000 多亿美元（超过世界军费总额的一半）搞军备，别人用它的零头搞军事现代化，它就指责是“超过了自卫的需要”；它从陆地到海洋以至太空，到处都有军事力量存在，却偏要说别人在“威胁美国的安全”。这是“只许州官放火，不许百姓点灯”。第四，独好。美国标榜自己是各国的样板、人类的灯塔，比任何国家都好；它的政治制度、意识形态、宗教信仰、文明和价值观应推行于全世界；不承认世界的多样性，挑动文明冲突。这是只许一花独放，不许百花争艳。第五，独霸。坚持单边主义，反对多边主义；违反国际法，破坏联合国的权威；力图使 60 多亿人都跟着美国走。它一路走来，取代了英国，瓦解了苏联，成了唯一的超强的超级大国、全球帝国，美国总统即世界国王，遍布全球的军事基地成了当今时代的美国殖民地，由 20 多个国家组成的北约军事集团成了美国指挥的世界警察。

上述“五独”，是相互联系、互为条件的。“独富”“独强”是美国世界权力的核心，是其推行强势外交的基础。如何争得“五独”？如何维持“五独”？唯一法宝就是战争。因此，美国历任总统都崇尚武力，酷爱武器。美国靠武力起家，靠贩卖军火致富。美国不限制居民拥有武器也与此有关。

世人皆知，美国的独立和统一靠战争。自南北战争以来，美国在国外发动和参与了多少次战争，很难统计清楚。但是，一个不争的事实是，美国通过 20 世纪的两次世界大战，变成了世界超级大国；通过 40 多年的以核军备竞赛为主要内容的冷战，又夺得了世界唯一超级大国的宝座。美国为研制大规模杀伤性武器和各种先进武器究竟花了多少钱，贩卖军火又赚了多少钱，谁也说不清。但是谁都知道，美国是最先发明和唯一使用过核武器的国家，而且至今不肯承诺不首先使用核武器。谁都知道，美国是军备竞赛的挑动者，在冷战中因此而得益，而且现在还想故伎重演。2008 年 2 月 12 日，中国和俄罗斯在日内瓦向裁谈会共同提出“防止在外空放置武器、对外空物体使用或威胁使用武力条约”草案后，便立即遭到了美国的拒绝，它“反对任何形式的军事控制协议”。谁都知道，世界上购买美国武器的国家最多，但也不是谁想买就能买到的，反正美国是世界第一大军火商，武器不愁卖。由于美国黩武，所以它成了如加利福尼亚大学资深教授查默斯·约翰逊说的“异常庞大的军工产业复合体怪兽”。早在 1990 年，美国的军工产业资产总额已占了本国制造业资产价值的 83%。

美国靠战争获益，也因战争受伤。越战的伤痛稍愈，又在伊拉克战争中受伤。美国是否会衰落，是否在衰落？这个问题已争论了多年，现在又因伊拉克战争而争论得更加热烈。小布什总统说：“我们并没有走向衰退。”查默斯·约翰逊教授说：“美国作为‘唯一的超级大国’的短暂瞬间已经结束。”美国外交学会会长理查德·哈斯认为：

“美国统治世界的时代正走向终结。”美国《新闻周刊》在 2007 年 12 月 12 日发表的一篇文章中，甚至提出：“我们要适应这个‘后美国’世界。”我国的专家学者大多认为，美国不会很快衰落，在一个相当长的时期内，还没有哪个国家能够取代美国的地位，而且美国也绝不会轻易让出它已有的权力。

美国的掌权者与美国学者的观点不一致，他们与其他国家尤其是发展中国家的想法更是南辕北辙。我们希望和平、稳定、发展，希望建立一个和谐的世界。而他们却在处心积虑地制造矛盾，挑起冲突，引起混乱，以便乱中渔利。美国也讲和平，是要实现美国强权下的世界和平。作为唯一超级大国的美国，其自私、好战本性难改。伊拉克战争尚未收场，便已在谋划下一步的行动。

中国有句俗语：跳得高，摔得重。美国作为唯一超级大国，跳得不低，摔得也不轻，但并未伤筋动骨。美国仍然是举世无双的超强的超级大国；仍然会按其既定的国际战略行事，推行强势外交；仍然不会与小国、弱国平等相处，不会不干涉他国内政。美国不会像中国一样宣布不首先使用核武器，永远不称霸。因此，建设持久和平、共同繁荣的和谐世界，仍需要全世界人民长期不懈的努力。

美国的全球战略与外交政策*

美国的全球战略与外交政策是个大题目，因时间关系，这里只能就其战后的全球战略与外交政策做一个扼要的说明，也就是从冷战开始到冷战结束这段时间，即从杜鲁门开始到克林顿执政时期的美国的全球战略与外交政策做一个概括的介绍。

---

* 节选自 1998 年 5 月“国际问题”讲座讲稿。

一、杜鲁门的遏制战略与老布什的超越遏制战略

自杜鲁门以来，美国的历届总统都提出要“领导世界”，也就是要称霸世界。从 1945 年到 1992 年，美国称霸世界的全球战略，大致可分为三个阶段：第一阶段从战后初期到 20 世纪 60 年代末，是美国称霸世界的全球战略的确立时期。第二阶段从 20 世纪 60 年代末到 80 年代初，这是美国称霸世界的全球战略的调整时期。第三阶段从 20 世纪 80 年代初到 90 年代初，这是美国称霸世界的全球战略的进一步发展阶段。遏制战略、尼克松主义、超越遏制战略，反映了这三个阶段的核心内容。

（一）遏制战略

遏制战略是以苏联为主要敌手，以强大的军事实力为后盾，拉拢发达国家和发展中国家，建立政治军事联盟，采取冷战和热战、和平的与非和平的方式，对社会主义国家和共产主义运动实行围堵、瓦解以至消灭，从而实现其称霸世界之目的。

美国第 33 任总统杜鲁门是遏制战略的制定者和推行者。他在 1947 年 3 月发表的国情咨文，确定了美国遏制苏联等社会主义国家，控制西欧和发展中国家，称霸世界的战略原则。这就是所谓的“杜鲁门主义”。同年 6 月，美国国务卿马歇尔提出“欧洲复兴计划”，即“马歇尔计划”，向西欧各国提供了 131.5 亿美元的经济援助。1949 年他又提出了“开发落后地区”的“第四点计划”，同年 4 月，建起了北约组织。这就确定了美国在西方的盟主地位，并开始了东西方对中间地带的争夺。1950 年美国发动朝鲜战争，冷战与热战并用。“马歇尔计划”对美国称霸全球意义重大，所以克林顿在“马歇尔计划”50 周年时宣布“美国永远不会放弃欧洲大陆”。

由于美国在朝鲜战场上的失败，杜鲁门的继任者艾森豪威尔和肯尼迪在遏制苏联等社会主义国家方面，更注重和平手段，即和平演变。

（二）尼克松主义

尼克松主义是美国第 37 任总统尼克松对美国称霸世界的全球战略的一种构想。

尼克松于 1969 年 1 月就任总统。此时，美国在越南战场的败局已定，美国经济出现第一次“滞胀”现象，苏联的扩张势头正旺，日本、西欧和第三世界已经崛起，中苏矛盾已变为中苏冲突等。这都构成了尼克松主义出现的条件。

尼克松主义的出现，主要是以 1969 年 7 月的《关岛声明》和 1970 年 2 月的《70 年代美国的对外政策：争取和平的新战略》为标志的。尼克松仍以苏联为主要对手，把中国视为“潜在威胁”；要求改善对华关系，谋求从印支脱身；对西欧和日本实行以伙伴关系为核心，分摊负担和责任；对苏联实行以实力为基础，建立“现实威慑力量”；以谈判、对话为手段，在美、中、苏“大三角”中推行“均势外交”。这就是以“伙伴关系”“实力”“谈判”为三大支柱的“新的和平战略”。这是他对肯尼迪“和平战略”的新发展。

1971 年 7 月，尼克松在一次讲话中，提出了“美国、欧洲、苏联、中国和日本强大而健全，互相平衡，而不互相作对，从而形成一个稳定的均势”的观点。这就是他的富有远见的五大中心说。他已承认美国的地位在下降，世界在走向多极化。尼克松 1972 年 2 月访华，揭开了中美关系的新篇章，改变了国际社会的政治结构。

尼克松主义是美国霸权地位衰落的产物，是美国统治集团采取收缩战线、确保其全球霸主地位的一种政策。尼克松主义不是从第三世界脱身的战略，而是加强在第三世界存在的战略。可以说是以退为进。

（三）超越遏制战略

超越遏制战略是美国第 41 任总统老布什的“发明”，是自杜鲁门以来美国实行的“遏制战略”“和平战略”在新形势下的一个发展。所谓新形势，就是东欧和苏联出现了剧变的苗头。如果说，遏制战略是强调外部的军事威慑的话，那么，超越遏制战略就是强调攻心战术、和平瓦解。它的出笼，标志着和平演变战略已成为美国对付社会主义国家的主要战略。

1989 年 1 月 20 日，老布什宣誓就任美国总统。5 月 13 日，他在得克萨斯农业和机械大学的讲话中，首次提出了他的“超越遏制”论。他说：“现在是超出遏制阶段而为 90 年代制定一项新政策的时候了。”美国现在的目标，远不是像过去那样遏制苏联，给苏联的扩张建立军事、经济和政治的壁垒和抵消力，而是走出遏制，谋求“苏联重新成为国际社会的一员”，“回到世界秩序中来”。这就是说要争取苏联加入资本主义社会营垒。为此，他对苏联提出了五点要求：裁减军队；支持东欧国家“自决”；通过外交途径解决地区争端；实现政治多元化，尊重人权；协力解决环境保护等全球性问题。戈尔巴乔夫对此基本照办。1989 年底，老布什又做了两件事：一是同戈尔巴乔夫一起宣布了冷战的结束；二是入侵巴拿马，活捉了巴领导人诺列加。

1990 年，老布什提出了“开创美洲事业新倡议”。1991 年美国组成 28 国联军打败了萨达姆，把其称霸世界的战略推上了一个新高度。

二、克林顿的全球战略与外交政策

克林顿是冷战结束后上台的第一位美国总统。他在 1992 年的大选中用发展经济的口号击败了以海湾战争胜利者自居的老布什，1993 年 1 月入主白宫，并连任 52 届和 53 届美国总统。他作为唯一超级大国的总统，其国际战略仍然是称霸全球，即“参与扩展战略”。具体而言，可以概括为如下三条：

(一) 把经济问题置于中心地位

他上台伊始，就强调“像激光束一样”把精力集中在经济问题上。他要在全球、多边和双边三个层次上促进世界贸易的“自由化”，扩大美国商品在世界市场的占有额。

为此，美国支持关贸总协定“乌拉圭回合”谈判和建立世界贸易组织；稳步推进北美自由贸易区的建立、亚太经合组织的发展、美洲自由贸易区的酝酿和《跨大西洋新纲要》的启动；推出“新兴大市场战略”，把中国、印度、巴西等列为开辟市场的重点，以加强双边经贸关系。近年来，美国对外出口额大幅度增长，1995 年达 7 865 亿美元，居世界第一位。

(二) 把推销美国的“民主”和“价值观”作为基本内容

美国认为，“扩展民主和自由市场国家的大家庭有助于维护美国所有的战略利益——从促进国内繁荣到对付全球威胁”。为此，美国实行区别对待的方针：加强与“其他民主国家”的合作，寻求它们的支持；给予“新兴民主国家”以优惠待遇；对中国、古巴、朝鲜、伊朗、伊拉克、利比亚等进行制裁。1996 年 3 月和 6 月先后通过的《赫尔姆斯—伯顿法》和《达马托法》就是一例。

(三) 把保持军事优势、加强军事联盟作为后盾

近年来，美国每年军费支出都在 2 600 亿美元以上，比世界上 10 个军事强国的军费开支之和还多，早已搁置的“星球大战计划”已启动，新武器在研制，新战略在探索。美国全球战略的重点仍然在欧洲。1994 年 1 月，克林顿明确指出：“欧洲仍然是美国利益的中心所在，我国安全的核心仍在欧洲。”美欧关系、北约东扩和美俄关系，是美国欧洲决策的三个支柱。这里的 10 万大军不会减，北约领导权不会交。但是亚太地区的分量在加重。1993 年 7 月，克林顿首次出

访的地区是亚洲，1995 年 2 月，美国发表《东亚及太平洋地区安全战略报告》，1996 年 4 月，美日签署了《美日安全保障联合宣言》，7 月 2 日同澳大利亚签订军事合作协议。在日本和韩国驻扎的 10 万美军是不会轻易撤走的。它在中东、拉美和非洲都有扩张之势。

另外，把“伙伴关系”作为新的外交形式。如上所述，“伙伴关系”一词是尼克松首先提出的。现在已被克林顿推广开来，成为许多国家间发展关系的一种新形式。“伙伴关系”用于非盟国之间，是美国在 1993 年上半年提出北约东扩遭俄罗斯反对后，在当年 10 月美国向北约理事会首次提出关于北约同原华约国家建立“和平伙伴关系”的建议。这种关系，既不同于对抗关系，也不等于联盟关系，既可合作，亦可竞争。后来，原华约的东欧各国和包括俄罗斯在内的原苏联各国都成了北约“和平伙伴关系”国。1997 年下半年江泽民主席访美时，双方也达成一致：“努力建立面向 21 世纪的建设性的战略伙伴关系。”显然，“伙伴关系”对不同国家来说，内涵是不同的。总的来说，克林顿的“参与扩展战略”是有进展有收获的，但并不顺利，《赫尔姆斯—伯顿法》与《达马托法》都遇到了困难，在中东推行的“西和巴以”“东遏两伊”政策也大打折扣。现在公开骂美国霸权主义和强权政治的既有发展中国家，也有发达国家，而且声浪越来越高。

在冷战时期，美国推行的是艾奇逊的“实力外交”。冷战后，美国人认为，“‘人权’是现今时代具有吸引力的政治观念”，于是就竭力推行“人权外交”。以人权为工具，干涉别国内政。

把人权问题纳入国际关系，并上升到外交政策高度的是美国的第 39 任总统吉米·卡特。他上台伊始，就提出用人权外交代替尼克松—基辛格的现实外交。他说：“对于人权所负有的义务，是美国对外政策中的基本信条。”而且说：“强调人权原则是美国对外政策的灵魂。”此后，这也真的成为里根、老布什和克林顿外交政策中的“信条”。这也就成了当前国际政治斗争中的一个突出问题。

美国对人权问题的观点和态度，与绝大多数国家相矛盾，也不符合《联合国人权宣言》的精神。这主要是：

（1）对解决人权问题所持态度不同。广大发展中国家，主张对话与合作，反对对抗，而美国则不然，它每年发布一个《人权报告》，随意指名攻击许多发展中国家，经常把日内瓦召开的人权会议变成其审判法庭。

（2）标准不同。发展中国家认为，分析评价人权问题，应该坚持同一个标准，而美国实际上用的是“三重标准”：一是美国人权问题不容外国干涉；二是美国对其盟友的人权问题，不论是好是坏，一律不闻不问；三是对于拒绝跟着美国外交战略转的国家，则以人权为由粗暴干涉人家的内政。

（3）看待人权问题的侧重点不同。发展中国家认为，独立权、生存权和发展权是最重要的，这是其历史经验总结。而美国等西方国家只重视个人的人权，而不重视集体的人权。

（4）谈论人权问题的目的不同。无数事实证明，美国政府推行“人权外交”的真实目的，并非真正关心别国的人权处境，关心贫困人口脱贫，而是关心少数“持不同政见者”，是以“人权”为借口，通过经济渗透、施压，最终把社会主义国家和第三世界国家均纳入美国领导的资本主义体系之中。一句话，美国的人权外交不过是它推行霸权主义和强权政治的工具而已。

美国的人权外交是错误的。每年发布的《人权报告》是不符合事实的，是有政治偏见的，也是不负责任的，因此遭到了广大发展中国家的批判。1990 年以来，美国指挥少数国家在日内瓦人权会议上干涉中国内政的图谋已连续八次遭到失败。

1998 年 3 月 13 日，美国宣布将不支持每年提出的一项批评中国人权状况的议案。应该说，这是明智之举，也是它推行人权外交的一次重大失败。

奥巴马外交与布什主义*

贝拉克·奥巴马在2008年的大选中，高举“变革”大旗，先后战胜民主党和共和党的竞争对手，登上了世界唯一超级大国美国的总统宝座。同时，他也是美国建国200多年来的第一位黑人总统。2007年2月10日，奥巴马正式宣布参选美国总统时就声言，要翻开美国历史“新的一页”。2008年11月4日，奥巴马当选为美国第44任总统时又宣布：“美国的变革时代已经到来。”①

在国际问题方面，奥巴马有300多位专家为其出谋划策，并拟订了一个富有战略性的外交政策计划。这个计划深得已厌倦了战争、恐怖主义和小布什牛仔作风的美国公众的心，因而也就大大提高了人们对奥巴马的期望。2008年11月5日，英国《卫报》发表了一篇文章，题为《奥巴马的胜利对美国外交政策意味着什么》。文章认为，奥巴马的政策代表着“与布什时代的决裂”，并强调说，奥巴马“全球观”的核心思想“从根本上颠覆了布什主义”。实践是检验真理的唯一标准。奥巴马执政一年来的实践，或许能说明奥巴马的外交政策究竟是“颠覆”了布什主义，还是“修补”了布什主义。

一

远的不说，自第二次世界大战结束以来，美国的历任总统几乎都

* 畅征：《奥巴马外交与布什主义》，载《领导科学》，2010（2）。

① 路透社华盛顿，2008-11-05。

有自己的主义，如杜鲁门主义、艾森豪威尔主义、尼克松主义、里根主义、布什主义以及奥巴马主义等。但是，不论他们是属于民主党还是共和党，也不论他们的“主义”之间有何种差异，他们都有一个共同点，即坚持美国要领导世界、称霸全球。杜鲁门说，美国负有领导世界的责任。尼克松甚至认为，当今世界的领导者，非美国莫属。奥巴马当选总统后也强调，要恢复美国的“全球领导地位”。

在2008年美国大选中，共和党的总统候选人约翰·麦凯恩之所以败选，主要是因为他放不下“布什主义”这个包袱；奥巴马之所以能胜选，是因为他要针对小布什的错误政策进行“变革”，要重塑美国形象。

布什主义是“9·11”恐怖袭击事件后，在美国发动的阿富汗反恐战争中形成的。2002年1月29日，小布什在他首次发表的国情咨文中，提出了他的“邪恶轴心论”。6月1日，小布什在对西点军校毕业生的讲话中，又提出了他的“先发制人论”。9月20日，小布什公布了长达35页的《国家安全保障战略》报告，这可以说是“布什主义”的代表作。该报告宣称：“我们的军队必须非常强大，强大到足以让潜在敌手放弃为超过或与美国抗衡而进行任何加强军事实力的行动。”报告强调，要在“恐怖分子所构成的威胁还没有完全形成前对其采取先发制人的政策”，而且还强调，“如果有必要单独行动，也将毫不犹豫”。美国麻省理工学院学者乔姆斯基认为，该文件或许是“我们这个时代最有权威性的文件”。日本媒体说，该报告标志着“布什主义”的出台。①

小布什与以往的历任总统不同，他不是只有一个“主义”，而是“创立”了两个“主义”。他在2005年连任总统后，又推出了一个“新布什主义”，其要点是“推进民主、铲除暴政”。这是他在武力推翻塔利班和萨达姆政权后对“布什主义”的发展，就是不仅要把阿富汗和伊拉克塑造为“美式民主制”的样板，而且要把“美式民主制”推广到“世界每个角落”。为此，小布什政府不仅大力煽动“颜色革命”，而且大力推行其“大中东民主计划。”

① 参见畅征：《略论美国的强势外交（二）》，载《领导科学》，2008（23）。

“布什主义”的核心思想，是突出两大目标和两种手段。这两大目标就是：第一，确保美国唯一超级大国的霸主地位，不允许任何国家和任何人对美国构成威胁和挑战；第二，力图用各种手段把“美式民主制”推行于全世界。所谓两种手段：一是单边主义，即不受联合国和国际法律准则约束，不听一切组织和个人的谏言而任意行动；二是先发制人，即以超强的军事力量任意打击不跟美国走、不听美国话的国家和组织。

伊拉克战争是“布什主义”的一次全面试验，其结果不是大胜利，而是大失败。由于小布什执意推行“单边黩武”政策，使美国失旧友、结新仇，四处碰壁、陷入困境，损兵折将、国力见衰。日本《钻石》周刊的文章说，在小布什执政的 8 年时间里，美国与世界其他国家的关系“跌落到二战后 64 年来的最差水平”。小布什在国内的支持率也由“9・11”事件时的 90%以上，降到了离位前的不足 30%，成为自尼克松以来民意支持率最低的离任总统。

二

奥巴马可谓临危受命。他既要全力应对因美国次贷危机引发的全球金融危机，又要全力解决小布什留下的一系列外交难题，诸如从伊拉克撤军、阿富汗战争、伊朗和朝鲜的核问题、重建盟友关系以及美俄关系等，其中最重要的是重塑美国的国际形象和解决“重中之重”的阿富汗战争问题。

面对危机，面对挑战，奥巴马信心十足。他在就职演说中说：“我们战胜恐惧选择了希望，摒弃了冲突和矛盾而选择了团结”他对美国人说：“我们要相信，我们一定会渡过难关。”如何应对挑战、解决难题？一是选强将，组成团队；二是确定行之有效的方针政策。

奥巴马内阁被认为是“全明星阵容”的团队：参议员希拉里・克林顿出任国务卿，参议员约翰・克里出任参议院外交委员会主席，加上奥巴马总统，形成了美国外交政策领域新的“三巨头”。当选为副总统的参议员小约瑟夫·拜登，原为参议院外交委员会主席，其强项之一是熟悉对外政策和国家安全问题，自然也就成了奥巴马政府外交政策的重要决策者之一，正是他首次向世界阐述了美国新政府的外交政策基调。因此，美国外交学会会长理查德·哈斯认为："奥巴马可能比其前任更擅长外交。"①

过去，美国政府一直由国防部长出席慕尼黑安全会议。但是，2009 年却打破惯例，破格由副总统拜登率团出席了于 2009 年 2 月 6 日至 8 日举行的第 45 届慕尼黑安全会议。拜登在 2 月 7 日的演讲中说："我代表美国新政府来到这里，新政府已决心不仅与欧盟，而且与世界其他国家确立相互关系的新基调。"他强调，美国的新外交政策将与小布什政府的单边政策决裂，将增加与外部世界的"接触""倾听""磋商"，表示美国将"重启"与俄罗斯的关系，愿与伊朗就核问题直接对话。他呼吁欧洲国家加强在阿富汗的行动，向阿富汗派遣更多军队，并强调了在解决阿富汗问题中与巴基斯坦合作的重要性。②

拜登的"基调"演讲，是对奥巴马外交政策和外交风格的权威性宣示。如果说小布什政府的外交政策是单边主义，那么奥巴马政府的外交政策则将是多边主义；如果说小布什政府的外交风格是傲慢，那么奥巴马政府的外交风格则是谦逊。小布什政府实行"新保守主义"的"单边黩武"政策被认为是"愚蠢的"。无节制的动武叫"蠢实力"(dumb power)，它疏远朋友，导致美国道义沦丧，使美国的"全球形象从唯一超级大国和好人变成邪恶帝国和人权践踏者"，"使美国声称捍卫的自由光辉黯淡下来"③。所以，希拉里·克林顿接任国务卿后，一再使用"巧实力"（smart power）这个概念。她强调，新一届政府必须诉诸"巧实力"，打开美国外交新局面，并呼吁"建立一个多伙伴世界"④。

---

① 美国外交学会网站，2009-01-20。

② 参见《人民日报》，2009-02-09。

③ 美国《时代周刊》网站，2009-11-26。

④ 美国《华盛顿邮报》网站，2009-07-16。

“巧实力”是哈佛大学教授、美国前助理国防部长约瑟夫·奈在2003年提出的一个名词。他在2004年出版的《软实力：世界政治的成功之道》一书中将其系统化为一种外交理论。他说，“硬实力是使用强制和酬劳的手段。软实力是通过吸引力获得期望结果的能力”，美国需要“真正的巧实力”，需要把“硬实力手段和软实力手段结合起来的高明政策”①。

为美国“整容”，修复被小布什政府破坏的美国的国际形象，是奥巴马政府面临的首要任务。于是，奥巴马和希拉里从2009年2月开始了他们的“倾听之旅”“环球之旅”，以表明其善意和理念。用希拉里国务卿的话说，就是用“巧实力”动用一切可以动用的手段，捍卫美国安全，推进美国利益，维护美国在全世界的领导地位，概言之，是“三个D”，即Defense（国防）、Diplomacy（外交）、Development（发展）。有人指责她漏掉了一个D，即Democracy（民主）。但是，也有人猜测这可能是她对小布什政府所奉行的基于“民主”的干涉主义政策的批判，她是将民主理念“巧妙地”融入“发展”这个理念之中。②

美国国际形象破损最严重的地方，是伊斯兰世界。众所周知，小布什政府发动的反恐战争是在“新十字军东征”的旗号下进行的。这是旧恨引新仇，是在挑动“文明冲突”。虽然小布什曾更正说“这将是一场反对恐怖主义极端分子的战争，而不是对伊斯兰教的战争”，但实际上还是把反恐与反伊斯兰画了等号。因为小布什政府打的两场战争都是在伊斯兰世界进行的，成千上万的无辜牺牲者都是穆斯林；小布什政府的“政权更迭”和“大中东计划”也是针对伊斯兰世界的。为改善同伊斯兰世界的关系，消除那里日益增强的反美情绪，希拉里在2009年2月的亚洲之行中，刻意访问了印尼，她是要向这个全球穆斯林人口最多的国家示好。4月上旬，奥巴马访问了连接西方

① 美国《外交》，2009年7—8月号。

② 参见《读卖新闻》（日本），2009-05-25。

和伊斯兰国家的桥梁——土耳其。他在土耳其大国民议会上的讲话中表示，要在“共同利益和相互尊重”的基础上，与伊斯兰世界广泛接触，消除误解。6 月上旬，奥巴马访问了在伊斯兰世界中颇具影响力的两个国家——沙特阿拉伯和埃及，并在开罗大学向全球 15 亿穆斯林发表了 40 分钟的讲话。他说，“我来开罗是为了谋求美国与全球穆斯林的新开始”，“周而复始的怀疑与不和必须终结”。法新社认为，这是个“具有里程碑意义的演讲”，白宫采取了“史无前例的公关”。①

在欧洲，小布什政府为了对伊拉克动武，不惜分裂欧盟，将反对者法、德两国打入了“旧欧洲”之列。奥巴马在竞选总统时，就注意了与欧盟关系的改善。2008 年 7 月，他在柏林市中心发表演说，用“和平”理想感召听众，希望消除美德之间的冲突。他当选总统后，通过参加伦敦 G20 峰会和北约成立 60 周年等活动，细心聆听了各国对美国的意见，也说明了他的国际战略。2009 年 4 月 5 日，他在布拉格呼吁建立一个“无核武器的世界”，被世界媒体称为“革命性的爆炸消息”。英国《金融时报》在 4 月 11 日发表了署名文章，题为《强人的终结和谦逊者的新时代》。文章说，奥巴马“给世界带来了一种不同的作风”，“他是聆听者而非说教者，是调解者而非指挥者”。文章还引用《纽约时报》的话说：“而今，谦卑取代傲慢，成为华尔街的默认模式。”

此外，美国新政府在美洲、亚洲和非洲也都有积极的表现。但是，美国国内对奥巴马言行的评价却很不相同，甚至是截然相反。有人说他是维护国家利益，有人说他在损害国家利益；有人说他是社会主义者，有人说他是帝国主义者。最典型的例子，是美国《华盛顿邮报》网站在 2009 年 4 月 16 日和 9 月 23 日先后发表的两篇同名文章《奥巴马主义》，而两者的论断则几乎是对立的。

第一篇文章的作者是 E. J. 迪翁。文章认为，“奥巴马主义是现实主义的一种体现，它敢于施展美国的力量，但牢记这种力量的运用必须受到现实和自我认识的约束。”文章说，“奥巴马主义与上届政府的

① 参见畅征：《美国打了八年的阿富汗战争如何收场》，载《领导科学》，2009（26）。

做法不同的是，它信奉美国外交政策中一项更为悠久的传统”，“它与富兰克林·罗斯福、哈里·杜鲁门和老布什的传统是一致的”，“奥巴马主义承认美国虽然是一个建立在高尚原则上的强国，但并不完美”，并认为“（奥巴马）总统正在引导美国的外交政策进入一个新的方向”。

第二篇文章的作者是美国安全政策中心主任弗兰克·加夫尼。文章开门见山地说：“挖盟友墙脚，长敌人气焰，损美国利益。在美国安全政策方面，可以用上述几句话来诠释奥巴马主义。”加夫尼认为，奥巴马在处理中东问题、核裁军问题、世界经济体系调整问题上的做法都不正确。他对奥巴马放弃在波兰和捷克部署反导系统尤为不满，认为这是“奖赏了俄罗斯的行为，破坏了北约的信心与团结，毁损了美国的信誉”，并指出：“可以预见奥巴马的累积效应：美国的朋友减少，敌人增多，确保国家安全的选择减少。”这就是加夫尼对奥巴马主义所做的结论。

当美国人正在对奥巴马主义进行激烈争论时，又传来了奥巴马荣获诺贝尔和平奖的消息。2009 年 10 月 9 日，挪威诺贝尔委员会宣布，将 2009 年诺贝尔和平奖授予美国总统奥巴马，认为奥巴马“对加强国际外交和各族人民之间的合作做出了杰出贡献”。这一决定，在国际舆论中是赞同者少、质疑者多。尽管如此，奥巴马还是在 12 月 7 日宣布再向阿富汗增兵 3 万后，又于 12 月 10 日到挪威首都奥斯陆领取了诺贝尔和平奖的奖章、证书和奖金。美国《华盛顿邮报》在 12 月 10 日的评论中说，这是个“讽刺”，它“减损了总统的声誉”，因为“在推动国际和平方面，奥巴马没有做出任何成就”。

三

现在看来，奥巴马在外交事务方面，与其前任相比，确实有很大不同：他的风格不是傲慢，而是谦逊；他不坚持单边主义，而是注重双边和多边的对话与磋商。这就是他的“变革”中的“变”字。这个

“变”并不是对其前任的方针政策一概都变，而是有变有不变——变的是方式方法，是变“蠢”为“巧”；不变的是美国的国际战略与基本外交政策。实际上，还是“萧规曹随”。

首先，美国60多年来一直坚持偏袒以色列的政策，奥巴马没有变。虽然他与以色列总理内塔尼亚胡有分歧、有争议，但他也明确表示，与以色列的关系“不可摧毁”。“两国方案”，即犹太国家以色列与一个独立的巴勒斯坦国并存，是其前任小布什提出的，奥巴马也认为“两国方案”是推动“重启中东和平进程的最佳方案”。2009年10月21日至11月5日，美以两国举行了代号为“杜松眼镜蛇”的联合军事演习。这是美以两国迄今为止举行的最大规模的军演。国际舆论认为，此举是要向伊朗和哈马斯宣示：美国与以色列之间的战略关系是坚实的。

其次，美国实施近半个世纪的对古巴的制裁政策，奥巴马政府没有变。2009年4月，奥巴马曾宣布将放宽对古巴的贸易制裁政策，但是9月14日他仍然签署命令，继续对古巴实行贸易禁运。自20世纪60年代以来，美国总统每年都会签署命令，把对古巴的贸易禁运延长一年，奥巴马继续照办。不仅如此，美国联邦预算2009年还公开拨出5 500万美元，用于在古巴的破坏活动。因此，古巴领导人劳尔·卡斯特罗在12月20日表示：“敌人跟以前一样活跃。”美联社12月21日电称，这暗示他的政府与奥巴马政府之间所谓的“蜜月期”已经结束。①

最后，小布什政府把印度从制裁对象变为盟友的政策，奥巴马政府也没有变。印度在1974年进行了第一次核试验。1998年它又连续进行了五次核试验，因而受到了包括美国在内的国际制裁，陷入半孤立状态。但是，小布什政府竟然在印度拒不签署《不扩散核武器条约》的情况下，于2005年与之达成了核能协议，并在2008年正式签

① 近年来美古关系已有变化。2015年7月双方首都重开大使馆。2016年3月20日至22日，奥巴马访问了古巴。这是88年来美国总统首访近邻。

署了该协议，从而结束了长达 34 年的针对印度的核贸易制裁，实际上等于美国承认了印度是一个拥有核武器的国家。同时，小布什政府还宣布，印度是“美国的朋友”，是“天然的伙伴”。奥巴马上台后，美印关系继续深化。他一方面宣称要建立“无核武器世界”，并坚持对朝鲜和伊朗实行制裁；另一方面又坚持实施与印度的核协议，而且他在 2009 年 4 月的伦敦会议上告诉印度总理辛格，他将把发展美印关系列为“优先课题”。2009 年 4 月 26 日至 5 月 3 日，美、日、印三国举行了联合军事演习。7 月 17 日至 21 日，美国国务卿希拉里·克林顿打破美国访印必访巴的惯例，对印度进行了为期 5 天的访问，双方决定建立一个战略对话平台，并签署了《新技术保护协议》《终端用户监督协议》《民用核合作协议》等多项合作协议，从而使印度获得了“神圣三项”技术，即民用核技术、航空航天技术和超级计算机技术。11 月 22 日至 25 日，奥巴马高规格地接待了辛格。奥巴马说，美印两国是“天然盟友”。他称印度是“崛起的、负责任的全球大国”，鼓励印度“在帮助塑造一个稳定、和平和繁荣的亚洲的过程中发挥领导性作用”。美国宣布，战略合作是美印关系的重要支柱，将向印度提供价值 180 亿美元的大额军售合同。

这是奥巴马上台后，对三个地区、三个国家不改变前政府所实行的具体政策的三个实例。为何如此？根本原因是他没有改变美国的大战略，没有改变美国整体的外交政策。现在看来，奥巴马的全球战略还是：操控全球，重心继续东移。

（一）操控全球

苏联解体后，美国成了唯一的超级大国。21 世纪伊始，小布什政府以反恐为名发动了两场战争，加上 2008 年下半年开始的金融危机，使美国的硬实力和软实力遭到了损伤，但这只是皮肉之伤，美国的“胡萝卜”还很多，“大棒”仍然很厉害，其国内生产总值约占全世界的 22%，其年度军费开支仍然是世界第一。美国仍然是无可匹敌的超级强国，所以奥巴马称霸全球的野心并无收敛之意。就整体而言，他对美国的全球战略不仅没有改变，而且还有所加强；不是收缩，而是扩张。凡是小布什政府有所放松或丢失的地方，他都要强化和收复。他的指导思想实际上还是小布什在 2002 年 9 月发表的《国家安全保障战略》中强调的不允许任何“潜在敌手”挑战美国的领导地位。奥巴马不反对全球化，却在竭力抵制多极化，他是想用“多伙伴世界”来取代“多极化世界”概念。所谓“多伙伴”，就是要各国、各种力量都成为美国的“伙伴”，都听从美国的指挥，要美国独领风骚、独霸全球。英国《金融时报》2009 年 12 月 5 日发表了一篇文章，题为《为何奥巴马不希望一个多极世界?》。文章指出：“在长时间高估美国的实力之后，低估美国的实力将是一个错误。一个更大的错误是认为，由于奥巴马的魅力，美国已经放弃保持作为控制者的努力。”文章认为：“美国的目标是为国际行动挑选特别伙伴，以更好地维持在所有领域的领导力。”

奥巴马如何“挑选特别伙伴”，如何操控全球，以维持美国“在所有领域的领导力”，值得观察。仅就他一年来的言论和全方位外交活动来看，除亚洲需要单独论述外，在欧洲、美洲和非洲已给人们留下了各具特色的印象：巩固冷战时期和后冷战时期美国在欧洲取得的成果，努力“重启”与俄罗斯的关系；以软硬两手政策遏制古巴、委内瑞拉等左派势力在拉美地区的扩张，以稳定美国的“后院”；以亲情感人，用“压力与激励”（希拉里语）政策加强美国在非洲的政治、经济和军事存在。

（二）重心继续东移

重心东移，是说美国的战略重心由欧洲转向亚洲。在美国人看来，世界上最具有战略价值的地区是欧亚两大陆，他们一直把欧亚大陆视为争夺全球霸权的“大棋局”，认为主宰了欧亚大陆，就等于控制了世界上最先进、最重要、最发达的三个地区中的两个地区。因此，掌控欧亚大陆就成了美国最重要的地缘政治目标。所谓“重心继续东移”，是说奥巴马上台后还在继续为实现这一战略目标而努力。

从近百年的历史来看，美国控制欧亚大陆的步骤是先欧洲后亚洲。20 世纪，美国的战略重点在欧洲。经过两次世界大战和 40 多年的冷战，西欧“顺从”了，华约解散、东欧剧变、苏联解体了，南斯拉夫社会主义联邦共和国也被以美国为首的北约打散了，美国“在欧洲的活儿已经完事了”。所以，从 1999 年科索沃战争后，美国的战略重心加速向亚洲转移。

美国操控亚洲的主要手段是战争，从态势看，也可以说是先两头、后中间。在第二次世界大战中，美国最后用两颗原子弹降伏了日本，占领了日本，至今仍在日本驻有 5 万美军。1946 年，美国支持中国打内战，并造成了棘手的台湾问题。1948 年，美国在阿拉伯地区扶植起一个以色列国，制造了阿以矛盾、巴以冲突。1950 年，美国扩大朝鲜战争，扬言鸭绿江不是把中国和朝鲜分开的“一道障碍”，威胁中国，较量的结果是美国承认朝鲜战争是美国陆军史上的最大失败，但它获得了在韩国的驻军权，目前在那里驻有近 3 万人。从 1961 年起，美国在越南发动“特种战争”，扬言要把越南“打回到石器时代”，结果陷入“越南泥潭”，牺牲 5.8 万士兵后，在 1973 年认输撤军。1991 年，美国在海湾战争中打败了萨达姆，解救了科威特。但它在这块圣洁的土地上又引起了伊斯兰极端主义的滋生与蔓延。21 世纪开端，美国以反恐为由，在 2001 年和 2003 年先后发动了阿富汗战争和伊拉克战争，除动员北约和非北约的“自愿”盟军外，美国出动 20 万大军进入了西亚、中亚和南亚。这就从根本上改变了冷战后美国的“两洋战略”，即欧、亚两大陆各驻兵 10 万人。现在，美国在亚太地区的驻军有 36.5 万人。

奥巴马承认，小布什政府发动的伊拉克战争“是错误的”。他曾宣布，上任后 16 个月从伊拉克撤军，后来又改为 19 个月，现在又宣布在 2011 年底全部撤出。但他不是无条件的。他说，美国将以“负责任的方式”撤军。所谓“负责任”，就是“不让伊拉克成为恐怖分子的避风港”。这也可能成为美国拖延时间的一个借口。

对于阿富汗战争，奥巴马则认为是“必要的”，所以他一上台，就在 2009 年 2 月 17 日批准向阿富汗增兵 1.7 万人，3 月 27 日又宣布增兵 4 000 人，使美军驻阿总人数达 6.8 万人，加上北约和非北约国家的国际安全援助部队，驻阿总兵力达 11.5 万人。奥巴马于 2009 年 12 月 1 日再次宣布，将在未来几个月向阿富汗再增兵 3 万人，并希望北约国家能增兵 5 000～10 000 人。阿富汗不像伊拉克那样有丰富的石油资源，但其战略地位重要，巴格拉姆空军基地对控制东亚、南亚和中亚来说尤为重要。美国著名学者乔姆斯基说："现在，随着奥巴马让这场战争升级，如下事实变得更加清楚：美国驻军是为了'北约'的声誉和美国的全球影响力。"[①] 2009 年 12 月 3 日《洛杉矶时报》发表题为《奥巴马的蠢行》的文章说，"在清理布什烂摊子的伪装下，奥巴马选择继续布什的政策"，"他要在阿富汗付出更多鲜血和财富"，"奥巴马挽救阿富汗的希望看来也不大"。

法新社在 2007 年 2 月 18 日的一篇报道中说，当世界的注意力集中在伊拉克和阿富汗战争时，五角大楼正悄悄地加强美国在东亚的军事力量。美国国防部在 2006 年 2 月发表的《四年防务评估报告》中强调："美军将把重点放到太平洋。"报告提出，要将美国 11 艘核动力航母中的至少 6 艘以及 60%的核潜艇部署到太平洋地区。2006 年 8 月 16 日，五角大楼负责人宣布，年底前将驻太平洋"宙斯盾"战舰的数量增加到 6 艘。据美国《檀香山广告报》2007 年 11 月 21 日的报道，美国陆军计划在未来三年向夏威夷增兵 7.4 万人。美国国防部长盖茨在 2008 年 5 月 31 日说，计划投资 150 亿美元扩建关岛基地，以保证空军力量的调配和接纳核动力航母的能力。这个只有 15.5 万人口的地方，在 5 年内将有 2.5 万军人及家属进驻，它将成为美军在太平洋的中心。

由此可见，宣称要"开辟新的和平时代"的奥巴马，也同其前任们一样在谋求美国统治下的"和平"。奥巴马对外政策的第一大原则是，确保美国有一根"大棒"可供挥舞。[②] 在军事方面，除上述举动

---

① 《卫报》(英国)，2009-11-07。

② 参见美国战略预测网，2009-02-16。

外，还有几件引人注目的事情：（1）经过讨价还价，美国在 2009 年 6 月如愿续租了吉尔吉斯斯坦的马纳斯空军基地，保持了美国在中亚的军事存在。（2）美印继 2007 年和 2008 年军演之后，又举行了“准备作战—2009”军事演习。“美国之音”说，2009 年 10 月两国间最大规模的为期 18 天的演习，将两国陆军的关系带到了一个新的高度。（3）2009 年 3 月 17 日，美军在夏威夷附近海域上空成功利用“末期高空区域防御”系统拦截了一枚中程弹道导弹，该系统是美国国家导弹防御系统的一部分。（4）美国参众两院分别于 12 月 16 日、19 日通过了 2010 财政年度国防开支案，总额达 6 363 亿美元，其中包括阿富汗和伊拉克战争所需的1 300亿美元，但不包括向阿富汗增兵 3 万人所需的 300 亿至 400 亿美元，比 2009 年的 6 120 亿美元增加了 243 亿美元，比奥巴马 10 月 28 日签署的国防预算案 6 800 亿美元少了 437 亿美元。

奥巴马上台一年来，在亚洲的外交事务方面也有几件引人注目的事：一是对东南亚国家联盟更为重视。奥巴马 2009 年 11 月 15 日出席首次“美国与东盟各国首脑会议”，日本媒体认为，这是“奥巴马总统非常重视东南亚的佐证”。二是与缅甸政府进行接触。三是美朝首次举行双边会谈。2009 年 12 月 8 日至 10 日，美国朝鲜政策特别代表博斯沃斯访问平壤，带去了奥巴马给金正日的一封信，并与朝鲜外务省第一副相姜锡柱等官员进行了会谈，讨论了美朝关系及朝核六方会谈等问题。这是奥巴马执政以来美朝举行的首次双边会谈。四是中美关系开端良好。希拉里国务卿 2009 年 2 月访华时表示，将与中国“同舟共济”，共同应对金融危机，中美决定建立战略与经济对话机制。2009 年 4 月的 G20 伦敦峰会上，胡锦涛与奥巴马首次进行会晤，一致同意共同努力建设 21 世纪积极合作全面的中美关系。随后，两国元首又在多种场合几度成功会晤，首轮中美战略与经济对话成功举行。11 月 15 日至 18 日，奥巴马对中国进行了为期 4 天的国事访问，并在 11 月 17 日发表了内容充实的《中美联合公报》。英国《每日电讯报》说：“这是中美关系 30 年来向前迈出的最大一步。”奥巴马说，“美国不谋求遏制中国”，但愿他能“言必信，行必果”。

奥巴马就任美国总统已满一周年，他打出的“变革”大旗也在随其支持率的下降而褪色。“变革”与“变化”这两个词是有差别的。前者是指改变事物的本质，后者是指事物在形态上或本质上产生一些新情况。就奥巴马一年来的外交表现来看，充其量只能算是对前政府外交政策的调整与变化，并不是人们所期望的所谓“大变革”，更不是什么“从根本上颠覆了布什主义”“与布什主义分道扬镳”，只能算是对“布什主义”的修补。

亨廷顿的“文明冲突论”与美国政府的实践*

亨廷顿是美国哈佛大学教授、著名的政治学家，曾任卡特政府国家安全委员会安全计划顾问，其“文明冲突论”发表后，更是名扬天下。他是在什么样的国际形势下提出这种论断的？其效应又如何？这是一个很值得研究的重大问题。

一、“文明冲突论”产生的背景及其对美国政府的影响

“文明冲突论”的产生不是偶然的。它是亨廷顿从维护美国的全球战略利益出发，根据国际局势发生的新变化和出现的新问题而提出的一种新论断。所谓新变化和新问题，主要有两点：一是冷战结束，苏联解体，美国突然失去了对手，失去了主要敌人；二是 1991 年海

* 畅征：《亨廷顿的“文明冲突论”与美国政府的实践》，载《领导科学》，2006（6）。

湾战争结束后，中东出现了反美浪潮，使美国人增加了忧虑感、恐惧感。如何应对这种新形势、处理这种新问题？亨廷顿的“文明冲突论”也就应运而生。

1992 年 10 月，亨廷顿在华盛顿美国企业研究所的一个讲座中阐明了自己的观点。随后，他又在为奥林研究所关于“变化中的安全环境与美国的国家利益”项目制定的研究提纲中提出了自己的论断。1993 年夏，美国《外交》季刊正式发表了他的《文明的冲突?》一文。这篇论文发表后，在国内外引起了强烈的反响。为对该论文中提出的问题“提供一个充分的、深刻的和更详尽论证的解答”，他于 1996 年底正式出书，即《文明的冲突与世界秩序的重建》。亨廷顿在这本书的前言里开宗明义地写道：“这本书不是，也并不打算成为一本社会科学著作，而是要对冷战之后全球政治的演变做出解释。它渴望提出一个对于学者有意义的和对于决策者有用的看待全球政治的框架或范式。”现在看来，它为美国政府的决策者（新保守主义者）确实提供了不少“有用的”东西，其中最重要的是下列六点：

（一）为美国推行霸权主义和强权政治提供了思想支持

霸权主义的基本特征就是妄图主宰世界。亨廷顿说：“美国一贯反对由另一个强国来主宰欧洲或东亚。”2001 年 9 月 20 日，小布什总统宣称：“我们的军队必须非常强大，强大到足以让潜在敌手放弃为超过或与美国抗衡而进行任何加强军事实力的行动。”他在 2005 年连任后又说，为了和平而拓展自由，是美国“在替全人类执行神圣的使命”。

（二）强调了确定新的敌人的必要性

苏联解体后，美国急于确立新的敌人。亨廷顿在书中引用作家迈克尔·迪布丁的话说：“如果没有真正的敌人，也就没有真正的朋友。”他又强调说：“敌人是必不可少的，而潜在的最危险的敌人会出现在世界主要文明的断层线上。”作为西方文明的卫道士，他在大肆美化西方文明的同时，更集中攻击了伊斯兰文明和中华文明。他说，西方与伊斯兰国家和中国的关系，将“经常出现严重的对抗”。小布什上台后，也一直把伊斯兰世界和中国视为威胁或潜在敌人。“9·11”事件使美国方便地找到了一个明确的敌人——恐怖主义。于是，美国就打起反恐旗帜，在中东、中亚、南亚等处大肆扩张。反恐战争的本质是美国企图进一步控制世界。

（三）魔化伊斯兰世界，为挑动战争造舆论

亨廷顿说：“亚洲和伊斯兰世界的文化自我伸张及其文化对西方的挑战表现得最为明显。”他认为，这些挑战将“造成全球政治的极大不稳定”，“伊斯兰文明是唯一使西方存在受到过威胁的文明”，“沿着伊斯兰国家的周边看去，穆斯林总是难以与其邻居和平相处”。1991 年海湾战争结束后，美国与伊斯兰世界的矛盾激化了。穆斯林认为，美军进驻沙特阿拉伯，是“亵渎了穆斯林圣地”，是对伊斯兰的战争。“9·11”事件后，双方矛盾白热化。2001 年 9 月，小布什总统宣称要进行“新十字军东征”，尽管他又改口说，这“不是对伊斯兰的战争”，但实际上反恐战争中受打击的主要还是伊斯兰世界。

（四）鼓吹“中国威胁论”，并为美国围堵中国献策

亨廷顿说：“中国的崛起对美国形成了更根本的挑战。”“中国作为东亚占主导的地区大国的状况如果继续下去，将对美国的核心利益构成威胁。”他还向美国政府建议：“如果美国政府确实想阻止中国在亚洲占主导地位，它就需要根据这一目标改变与日本的结盟方向，与其他亚洲国家发展紧密的军事关系，加强在亚洲的驻军及能够用于亚洲的军事力量。”他还建议其他国家“通过用均势来平衡和遏制中国，以及在必要的情况下，通过战争打败它来保证自身的安全”。2005 年 2 月 19 日，美日两国政府达成一致的“共同战略目标”，次日宣布台湾问题是两国共同关心的安全问题。2005 年 10 月 29 日，美日又签署了新军事协议。2005 年 6 月 28 日，美印两国国防部长缔结了有效期为 10 年的军事合作协定。2005 年 8 月 7 日至 14 日，美军在

冲绳海域举行大规模军事演习。美联社说，这是五角大楼声明对中国军事现代化表示担忧之后进行的。如此等等情况，也可算是美国政府对亨廷顿言论的回应。

（五）吹捧西方文明，反对文明多样性

文明多样性是人类社会的基本特征，也是人类进步的重要动力。但是，亨廷顿却认为，“文化和文明的多样性对西方，特别是对美国的西方文化普世主义信念形成了挑战”。他还告诫美国领导人，不应“促进多样性的发展”。他说：“一个多文明的美国将不再是美利坚合众国，而是联合国。”“摈弃美国信条和西方文明就意味着我们所认识的美利坚合众国的终结。实际上这也意味着西方文明的终结。”因此，他认为东方的多元文明和西方文明不能共同繁荣。他说：“不论亚洲和美国社会之间存在着怎样的经济联系，根本的文化差异将使二者无法同居一室。”他认为：“一场涉及西方和其他文明核心国家的大战并不是不可避免的，但有可能发生。”这就成了美国推行全球西化的一个重要思想依据。2005 年 1 月 20 日，小布什在第二任期的就职演说中宣布：“我们获取和平的最佳途径，就是把自由扩散到全世界各个角落。”美国国务卿赖斯说，传播自由与民主是“美国今日外交的伟大任务”。她致信联合国教科文组织成员国，表示反对通过文化多样性公约。2005 年 10 月 20 日，联合国教科文组织以压倒性多数通过了该公约。对此，日本《每日新闻》称，“世界文化将不再由美国主导”。

（六）宣扬唯武器论，妄图以武力治天下

亨廷顿在《文明的冲突与世界秩序的重建》一书第二章谈到“西方的兴起”问题时说：“西方赢得世界不是通过其思想、价值或宗教的优越……而是通过它运用有组织的暴力方面的优势。”他在第八章里又强调说：“在进入 21 世纪后相当一段时期之内，将唯有西方——主要是指得到英国和法国帮助的美国——具备在世界几乎所有地区进行军事干预的能力，也只有美国具备有效地轰炸世界任何地区的空中

力量。这些是决定作为世界强国的美国的军事地位的主要因素，也是决定西方作为世界主导文明的主要因素。在近期内，西方与非西方常规军事力量的对比将使西方占压倒优势。”这是典型的军事决定论，即“唯武器论”。“唯武器论”在美国一直十分盛行，实际上，现在已成为其国际战略的指针。然而，历史却一再证明，美国入侵伊拉克的战争也再次证明，单凭先进武器是不能征服一个国家、一个民族的。

二、“文明冲突论”的实验效果

实践是检验真理的唯一标准。亨廷顿的“文明冲突论”已面世十年有余，对其争论至今未休，评价仍是见仁见智。现在的问题是，他的一系列论断是否已被美国的决策者所采纳，是否已成为美国政府的方针政策。

有关“文明冲突论”的实践以及这一论断与美国政府决策的关系问题，小布什任总统以来亨廷顿曾有多次表态，其中最具代表性的有四次答记者问。第一次是 2001 年初，亨廷顿与美国《洛杉矶时报》“全球视点”专栏编辑内森·加德尔斯之间的问答。在这次问答中，他虽然肯定了他的“文明冲突论”的准确性，但也承认他低估了恐怖主义的严重性，没有预料到会发生“9·11”事件。第二次是 2001 年 10 月阿富汗战争开始时，亨廷顿与美国《纽约时报》记者迈克尔·施泰因贝格尔关于阿富汗战争的问答。这次问答表明：亨廷顿并不认为美国以反恐为名发动的阿富汗战争就是“文明的冲突”，而是“有朝着那个方向发展的危险”。他也没有敢明确指出，美国的行动就是打击“支持恐怖组织的国家”。第三次是 2003 年 6 月伊拉克战争开始后，亨廷顿与德国《商报》记者埃里克·邦泽之间的问答。这次问答很重要：首先，他肯定了阿富汗和伊拉克战争“确实是‘文明的冲突’”；其次，他承认他的书是小布什政府决策者（新保守派）一读再读的书；再次，他认为自己的“文明冲突论”已在“全世界传播开来”；最后，他反对伊拉克战争，同时又说对“无赖国家”发动攻击“是正确的”，而且他强调反对伊拉克战争不是出于“理论原因”。第四次是2004年4月美国已在伊拉克深陷困境时，亨廷顿与法国《问题》周刊记者之间的问答。这次问答显示：亨廷顿已经看到了“文明冲突”发展的“悲惨结局”，也觉察到了美国发动的伊拉克战争的败局。令人赞赏的是，他说“美国人制造了一个把伊斯兰教与西方的碰撞蔓延到全世界的策源地”，令人遗憾的是，他没有指明究竟是谁“正在搅乱这个世界”。

我们从亨廷顿的回答中可以看出，他用不明朗的话语认可了他与美国政府的互动关系，承认“文明冲突论”已传播于世界，并造成了“悲惨结局”。尽管他对自己的论点做了一些修饰和辩解，但批驳之声已明显高于赞美之声，这显然是他间接地承认了自己的“文明冲突论”的错误，承认了美国强权政治和霸权主义的失败。

大棒政策与“仁慈的帝国”*

美国卡内基国际和平基金会高级研究员、新保守主义外交政策权威罗伯特·卡根，于1989年在美国《外交政策》季刊夏季号上发表了一篇奇文，题为《仁慈的帝国》，意指美国为“仁慈的帝国”。

人所共知，美国的对外政策是“胡萝卜加大棒”。实际上，美国人更看重大棒。大棒政策成了美国的传家宝。美国第26任总统西奥多·罗斯福曾教导后人说，“说话要温和些，但手中应握有大棒”①。贝拉克·奥巴马总统一上台就强调，武力仍是外交的最强大后盾。因

* 畅征：《大棒政策与“仁慈的帝国”》，载《国际政治》，2011（4）。

① 转引自畅征：《略论美国的强势外交》，载《领导科学》，2008（22）。

此，“奥巴马外交政策的第一大原则是，确保美国有一根大棒可供挥舞”[①]。

一

所谓大棒，是指用现代化的先进武器武装起来的强大的军事力量，是美国学者约瑟夫·奈所说的美国实力中的硬实力，即“威逼实力”。大棒政策是威胁人、打击人的政策。必须“有一根大棒可供挥舞”，既是美国历史经验的总结，又是美国政府的行动指南，同时，它也表明了美国的帝国本质。

(一) 大棒在手，操控全球

现在，作为唯一超级大国的美国，其军事力量之超强，是毋庸置疑的。

首先，美国军费开支之多，无人能比。冷战结束、苏联解体后，美国的军费开支非但没有减少，而且不断大幅增加。美国国防部长罗伯特·盖茨在2010年8月9日的讲话中说，美国的防务预算自2001年以来已经翻番，达到每年约7 000亿美元。[②] 目前，除美国外，还没有一个国家的国防费用超过千亿美元的。2007财政年度，美国的国防费用是6 230亿美元，而英国、法国、德国、日本、俄罗斯和中国加起来的国防费为2 771.12亿美元，只等于美国军费的44.48%。

其次，美军武器之先进，无人能比。美军有先进之矛，也在打造有效之盾，并宣称要“建立无缝的防空系统”。美国是核武器的发明者和首先使用者。截至2009年9月30日，美国储存有5 113枚核弹头。[③] 此外，美国还有许多贫铀弹、白磷弹、集束炸弹和钻地炸弹，

---

① [美] 罗杰·贝克:《奥巴马对外政策逐渐形成》，见美国战略预测网，2009-02-16。

② 参见法新社华盛顿，2010-08-09。

③ 参见路透社华盛顿，2010-05-30。

以及近、中、远程导弹和“战斧”巡航导弹。美国在天空有上千颗的军用和民用卫星，并首创了全球卫星定位系统（GPS）。航空母舰被认为是“美国军事力量的象征”。目前，全世界共有21艘航母，美国就占有11艘，而且都是10万吨级的核动力航母。美国还有3万吨级的核潜艇以及“宙斯盾”舰等舰船。在空军方面，它也占有绝对优势。目前，只有美国有第五代战机，1997年试飞成功的F-22“猛禽”战机，隐身能力强，超音速，飞得高，飞得远。首批F-35隐形战机，也将在4年后投入使用。2010年4月22日，五角大楼试射了两架无人驾驶的“轨道测试飞行器”，其中一架是X-37B无人空天飞机，另一架是“猎鹰”HTV-2（已失败）。X-37B的飞速高达25马赫，可在太空绕地球轨道飞行9个多月（12月3日凌晨已返回地面），其作战区域是整个地球乃至近地空间，能在1～2小时内攻击任何地面目标。美国《基督教科学箴言报》说，这是“轨道战争的前兆”。

最后，美军部署范围之广，无人能比。美国现役军人约140万，加上预备役部队和国民警卫队，共计约220万人。美军在五角大楼统领下，设有8个司令部：太平洋司令部、欧洲司令部、南方司令部、北方司令部、中央司令部、非洲司令部、网络司令部和全球打击司令部。美军早已遍布全球，它在140个国家和地区设有上千个军事基地（不包括在阿富汗和伊拉克的基地）。据五角大楼公布的数字显示，美国海外军事基地分布着3.2万多个营地、机库、医院和其他建筑，还租用有1.6万多处其他设施，军人和工作人员有50万之多。在冷战时期，美国的战略重点在欧洲。东欧剧变、苏联解体后，美军战略东移，亚太地区成了美军的战略重点。目前，它在东亚、西亚和南亚等地的驻军有30多万人。

美国投巨资打造巨型“大棒”的目的，简言之，就是要以武治天下，独霸全球。在“称霸”这个大目标下，具体而言，挥舞大棒，至少可以有以下几种收获：

（1）可以使被征服者屈服。1941年12月7日，日本偷袭珍珠港，美军死伤4 500多人，促使美国参加二战。为迫使日本无条件投降，美国于1945年8月6日、9日，先后在广岛和长崎投下了两颗原子弹。日本虽然宣布投降，但心里不服，现在只讲“终战”，不说“失败”“投降”，不愿认罪、道歉，甚至想要“奥巴马总统访问广岛进行道歉”[①]，想“脱美入亚”，想让美军基地迁出冲绳县。2010年5月23日，美国《纽约时报》网站就普天间基地搬迁问题发表的文章中说：“日本首相鸠山由纪夫今天对愤怒的冲绳民众说，美军普天间基地将迁至县北部而不是迁出冲绳县，这违背了他竞选时的重要承诺。”他接受美国要求，履行2006年日美达成的协议。“这是奥巴马政府的胜利，却是让鸠山蒙羞的让步。”现在，日本表面上是个独立国家，实际上它是个半独立国家。

（2）可以任意打击不顺从的弱小国家。原南联盟总统米洛舍维奇不想成为美国的“伙伴”，美国就在1999年3月24日以“人权高于主权”为由，绕开联合国发动了科索沃战争，打散了南联盟，整死了米洛舍维奇。伊拉克前总统萨达姆在1991年海湾战争后，仍不肯听从美国的指挥，小布什政府就以他有大规模杀伤性武器，并且和本·拉登有联系为由，在2003年3月20日发动了伊拉克战争。萨达姆被绞死了，成千上万的无辜百姓伤亡了，一个好端端的伊拉克被搞得七零八落，人民不得安宁。

（3）可以加固以美国为首的军事联盟。北约是为抗苏而建立的军事集团，但它在美国的操控下，并未因华约解散、苏联解体而消亡，而是继续扩大，不断为美国效力。冷战时期，美国部署在德国、荷兰、比利时、卢森堡和挪威五国的200多枚原子弹，至今并未撤走。美国国务卿希拉里·克林顿不久前明确指出，北约是且仍将是一个“核联盟”。[②] 在亚洲，近年来日本和韩国都有疏远美国、谋求政治军事独

---

① 《奥巴马放弃广岛之行象征着脆弱的日美关系》，载《产经新闻》（日本），2010-09-16。2016年5月27日，奥巴马作为第一个美国在任总统现身广岛，虽未鞠躬道歉，还是按日方安排向核爆死难者低头默哀并敬献了花圈。而安倍晋三的表示是，他不准备对奥巴马访问广岛投桃报李，没有访问珍珠港的计划。美联社2016年5月25日电。

② 参见《美国在欧洲的核武器应该怎么办》，载《星期日法兰克福汇报》（德国），2010-09-05。

立的意向，于是，美国就利用日朝、韩朝矛盾，特别是利用天安舰事件和朝韩炮战，搞大规模的军事演习，并已收到了明显的固盟效果。

（4）可以在敌对力量之间当“渔翁”。鹬蚌相争，渔翁得利。在两次世界大战中，美国都不是最初的参与者，而是坐山观虎斗，并以“中立”为名，两边下注。二战后，还一再充当“渔翁”。在 20 世纪 80 年代的“两伊战争”中，美国一方面公开向伊拉克提供 155 亿美元的军事援助，另一方面暗中向伊朗提供了大量武器（价值 82 亿美元），这就是 1985 年 9 月至 1986 年 10 月发生的所谓“伊朗门”事件。现在，美国又在印巴之间两边下注。巴基斯坦在美国的威逼利诱下，配合美军反恐，打击塔利班，虽然也得到了美国的一点援助，但受到的损失更大。与此同时，美国却给印度送去了大礼包。美国不仅与印度签署了核能协议，而且同印度签订了数百亿美元的军售合同。美国的“重印轻巴”政策已经显现。奥巴马最近还允诺：支持印度成为联合国安理会常任理事国。

（5）可以对新兴国家进行威胁。小布什在 2002 年 9 月 20 日发表的《国家安全保障战略》中宣称：“我们的军队必须非常强大，强大到足以让潜在敌手放弃为超过或与美国抗衡而进行任何加强军事实力的行动。”2010 年以来，美国一再拉拢中国的周边国家进行大规模的军事演习，一再出动“乔治·华盛顿”号航母和 F-22“猛禽”战机在中国的大门口耀武扬威。此外，美国已决定派 3 架“全球鹰”无人驾驶侦察机到日本、关岛执行任务，其中的第一架飞机已于 9 月 20 日部署到位，其飞行范围达 1 万英里。美国媒体认为，这“不仅提供了监视中国军事部署行动的机会，还保留了在亚洲加强安全和提高威慑力的新手段的可能性”。

（二）升级换代，军备竞赛

人所共知，第二次世界大战以来，美国从常规性武器到核武器，一直都处于领先地位。所谓领先，也就是领跑军备竞赛。美国正是靠搞军备竞赛才保证了它手中的“大棒”得以不断挥舞。

（1）美国发明原子弹，挑起了核军备竞赛。1945 年 7 月 16 日，美国的原子弹爆炸试验成功。时任美国总统的哈里·杜鲁门为迫使日本无条件投降，在 7 月 24 日决定对日本使用原子弹。8 月 6 日和 9 日，先后在广岛和长崎投下两颗原子弹，证明了原子弹的巨大杀伤力，也证明了美国手中有了大规模的杀伤性武器。从此，美国就更增强了称霸全球的野心。美国前总统赫伯特·胡佛宣称：“目前，我们，只有我们掌握着原子弹，我们能够把自己的政策强加给全世界。”这就必然会迫使不愿听从美国指挥的一些国家制造自己的原子弹。

1949 年 8 月 29 日，苏联的第一颗原子弹爆炸成功，从而打破了美国的核垄断。此后，英国在 1952 年 10 月 3 日试爆了自己的第一颗原子弹，使核国家由双雄对峙变为“三足鼎立”。1960 年 2 月 13 日，同美国闹独立的法国试爆了自己制造的原子弹。1964 年 10 月 16 日，中国的蘑菇云升空，从此形成了公认的五个核大国。

在冷战时期，国际斗争的主角是美苏两家，也叫美苏争霸。苏联打破了美国的核垄断，于是美国就决定要造出更厉害的超级炸弹——氢弹。1952 年 11 月 1 日，美国爆炸了一颗比在广岛用的原子弹威力大 600 倍的氢弹。随后，苏联、英国、中国、法国也都有了自己的氢弹。但是，拥有核武器最多的国家一直是美、苏（俄）两家。据 2009 年美俄双方通报的数字，美国有 5 573 枚核弹头，俄罗斯有 3 906枚。1991 年 7 月两国签署的《削减和限制进攻性战略武器条约》已于 2009 年 12 月 5 日期满失效。2010 年 4 月 8 日，奥巴马和梅德韦杰夫在捷克首都布拉格签署新的《削减和限制进攻性战略武器条约》，规定双方各自部署的核弹头 7 年内削减到 1 550 枚以下，战略武器运载工具应削减至 700 件以下。这应该说是个进步，但能否兑现也未可知。但可知的是，2010 年 9 月 15 日美国进行了亚临界核试验。

（2）里根提出“星球大战计划”，挑战《外层空间条约》。1957 年，苏联人造卫星上天；1961 年和 1962 年，苏联人和美国人相继遨游太空。这已有外空军事化的可能。为防止地球上的军备竞赛进入太空，1966 年 12 月 19 日，联合国大会通过了《外层空间条约》（全称为《关于各国探索和利用包括月球和其他天体在内外层空间活动的原则条约》)。该条约于 1967 年 10 月 10 日生效。条约规定，禁止将载有核武器的物体放置在环地球的轨道上，或安置在天体或外层空间；不得在外层空间建立军事基地、军事设施和进行军事演习、武器试验等。

但是，美国从未认真遵守联合国决议。1980 年 11 月 4 日，罗纳德·里根当选为美国第 40 任总统。当时，美国的军事专家们正酝酿一种取代“确保相互摧毁”战略的新的“高边疆”战略，就是大力研究太空军事技术，发展太空工业，以确保美国的军事战略优势地位。里根正是根据“高边疆”战略理论，提出了“星球大战计划”。

1983 年 3 月 23 日，里根向全国发表了他的“星球大战演说”，宣称：“我们将着手进行一项可以改变人类历史进程的重大事业。”1984 年 1 月 6 日，里根签署第 116 号国家安全决定文件，正式批准了这个耗资惊人的庞大的“星球大战计划”。这是美国继“曼哈顿原子弹计划”和“阿波罗登月计划”之后的第三个高技术开拓计划。这一计划的实施，加强了美国在美苏争霸中的地位。后来，由于苏联解体，克林顿总统曾在 1993 年 3 月宣布，将结束这一“世纪大工程”。事实上，这一工程并未终止。克林顿和小布什正是用被称为“星球大战之子”的导弹防御系统和太空战机、太空武器计划，充实并提高了里根的“星球大战计划”。

导弹防御系统经过多年多种形式的反复试验，已基本定型、部署到位。现在，世人最关注的是美国的外空军事化问题。2010 年 4 月 22 日，五角大楼成功试射了“轨道测试飞行器”X-37B 无人空天飞机。美国的 X-37B 无人空天飞机升空飞行，标志着新的更加危险的一轮军备竞赛的开始。

二

美国投巨资制造的高精尖武器，并不是供人观赏的展览用品，而是用来发动战争、滥杀无辜的利器。美国学者之所以把美国称为“新型霸权”“善良的霸权国家”“温和的帝国”以及“仁慈的帝国”等，其目的就是要掩盖美国的残忍。

（一）使用核武，报复日本

日本军国主义和德国法西斯主义是 20 世纪 30 年代在欧亚两洲跳出来的一对恶魔，它们联手挑起第二次世界大战，给世界 60 多个国家的人民造成了巨大灾难。1941 年 12 月 7 日，日本偷袭珍珠港，导致美军 4 500 多人伤亡。为了报复日本，美国总统杜鲁门决定在日本投掷原子弹，使日本成了人类历史上第一个也可能是唯一一个遭受原子弹打击的国家。据美联社 2010 年 8 月 9 日报道，美国在广岛和长崎投掷的原子弹至少造成 22 万人丧生，其中广岛已超过 14 万人丧生。但是，这里没有一个属于东条英机之类的甲级战犯。

（二）朝鲜停战，又打越南

1950 年 9 月 15 日，美军以“抗拒共产党南侵”为由，打着联合国的旗号，在仁川登陆，从此开始了美国侵略朝鲜的战争。由于美国不承认鸭绿江是中朝两国的分界线，公然轰炸我国东北地区，逼迫中国不得不出兵抗美援朝、保家卫国。这是帝国主义侵略者强加给中国人民的一场战争。在这场战争中，美国投入了陆军兵力的 1/3、海军兵力的 1/2、空军兵力的 1/5，其服役总人数达 570 万，使用了除原子弹以外的所有先进的杀人武器，包括细菌战。据法新社 2010 年 6 月 25 日电，朝鲜战争导致近 300 万人丧生。经过 3 年较量，美国不得不于 1953 年 7 月 27 日在《朝鲜停战协定》上签字，承认这是“美国陆军史上最大的失败”。

美国前国务卿艾奇逊说：“我们不能再来一场朝鲜战争。”但是，1954 年 7 月日内瓦会议达成协议，法国结束在印支的百年殖民统治后，美国就认为它应该来填补“真空”。肯尼迪、杜鲁门和艾森豪威尔都相信，阻止共产党在越南获胜，是美国的重大利益问题，认为防卫越南共和国事关全球遏制的全盘战略。于是，美国就策划入侵越南，以致陷入“越战泥潭”。从 1961 年 5 月派 100 名特种部队士兵进入越南到 1973 年 1 月美越签署《巴黎协定》，打了 12 年，到 1975 年 4 月 30 日西贡解放、越南统一，总共是 13 年零 11 个月，结果是“美国输了这场战争”，美国兵有58 167人死亡、153 303 人受伤。在这次战争中，进一步显示了美帝国的残暴性。美军战略空军司令李梅声称，要把越南“打回到石器时代”，实行“地毯式轰炸”、“中后卫”战略轰炸，空袭 3 650 次，投弹约 800 万吨，还使用化学武器（落叶剂）等，杀害越南平民 300 多万人。时任美国国防部长麦克纳马拉在 1995 年出版的《回忆：越战中的悲剧与反思》中说，美国介入越战“错了，错得可怕”。尼克松认为，越南战争“是不得人心的战争”，是美国“有史以来第一次不成功的战争”①。

（三）两极终结，一超逞凶

从 1989 年到 1999 年，是世界政治格局发生重大变化的 10 年。所谓重大变化，是指两极格局终结，美国成了唯一的超级大国。美国借此机会又发动了两场战争，再次显示了它的残忍。

（1）海湾战争，又称“第一次伊拉克战争”。美国之所以敢于开始这场战争，只是因为苏联很虚弱，不再是一个强大的超级大国。世界新秩序是美国的，是由掌管中央情报局的总统维持的。1990 年 8 月 2 日，萨达姆入侵科威特，给美国提供了一个控制中东的良机。于是，美国就以“反侵略”和“解放科威特”为旗帜，组成 28 国联军，集结了 70 多万军队，打了一场被称为“第 2.5 次世界大战”的海湾战争。从 1991 年 1 月 17 日开始到 2 月 28 日结束，共计 42 天，主要是大轰炸，地面战争只打了 72 小时。在一个多月的狂轰滥炸中，美军共出动飞机 109 876 架次，投下了 885 000 吨

① ［美］基辛格：《大外交》，海口，海南出版社，1998。

炸弹，并使用了杀伤力很强的贫铀弹，造成成千上万的无辜平民死亡。

（2）科索沃战争。1999 年的科索沃战争，是美国和依从美国的北约为打散南联盟、实现科索沃独立而发动的一场战争。南联盟原属南斯拉夫社会主义联邦共和国，是个不结盟的国家。科索沃问题本质上属于南联盟内部问题，但美国和北约不以各国主权平等的精神和平解决争端，而是以武力相威胁，并炮制出了一个“人权高于主权”的谬论，为其动武提供借口，并且以“制止种族清洗”为名，绕开联合国，悍然对一个主权国家进行了 78 天的狂轰滥炸，倾泻了 2.2 万吨炸弹，包括贫铀弹，造成 3 500 人无辜死亡。美军指挥官克拉克将军曾下令以武力制伏控制普里什蒂纳机场的约 200 名俄罗斯军人，但英军拒绝执行这一命令，从而避免了一场更大规模的战争。① 令中国人无比愤怒的是，美国公然向中国驻南使馆发射 5 枚导弹，造成馆毁人亡。科索沃战争打散了南联盟，也激化了俄美矛盾，同时意味着美国的战略重心将由欧洲转向亚洲。2008 年 2 月 17 日，科索沃单方面宣布独立，美国带头支持，给地区和全球的和平稳定造成了恶劣影响。

（四）反恐战争，原形毕露

尽管至今仍有人认为“‘9・11’恐怖袭击是一场阴谋”，“经不起科学检验”，但它还是让小布什政府在苏联解体后找到了一个明确的敌人——恐怖主义，于是小布什政府就发动了两场反恐战争，即阿富汗战争和伊拉克战争。

阿富汗战争从 2001 年 10 月 7 日开始，至今已进入第 10 个年头。伊拉克战争从 2003 年 3 月 20 日开始，到 2010 年 8 月 19 日美军的最后一个战斗旅撤出，打了将近 7 年。目前，美军还留有 5 万名占领军

① 参见《时任英军指挥官的詹姆斯・布伦特答记者问》，载《世界报》（西班牙），2010-11-15。

和 1 600 名文职人员在监控伊拉克。如何评论这两场战争，或许还有争议，但奥巴马上台后，反恐战争不提了。为什么？因为它使美国现了原形。具体而言，是美国用自己的炸弹炸碎了其长期忽悠人的民主、自由和人权这三面旗帜。

（1）民主。民主是个好东西，人人都追求它。中文的“谐”字，深刻地表明了它的要求，就是人人平等，人人有发言权；大家的事，众人说了算；国际上的事，各国说了算。联合国现有 193 个成员国，不能由美国一家说了算，但美国坚持搞单边主义、强权政治。联合国不给美国签发打伊拉克的通行证，小布什政府就让联合国“靠边站”。法国和德国不赞成美国动武，美国就把二者打入“旧欧洲”之列。美国政要博尔顿甚至说：“不存在联合国这种东西”，“国际社会只能由唯一幸存的超级大国领导，这个超级大国就是美国”①。这不能说是“民主”，只能说是“独霸”。近几年在多个国家的大选中，美国也是指手画脚，多有干涉。阿富汗总统卡尔扎伊就对美国人的干涉很不满。这说明，美国搞的“民主”是虚伪的，其目的是实现全球美国化。

（2）自由。自由也是一个人人追求的目标，但美国所谋求的不是人类的真正自由，而是要构建美国统治下的“自由世界”。美国发动的两场战争的代号，都有“自由”二字，在阿富汗称“持久自由行动”，在伊拉克叫“伊拉克自由行动”。但是，人们看到的只有美军的“自由”行动，没有看到阿富汗和伊拉克人民生活的自由与安宁。大赦国际组织在 2007 年 5 月 23 日的一份报告中说：“美国政府坚持不懈地追求毫无限制、随心所欲的行政权力，把世界当成自己的‘反恐战’的大战场，直接绑架、逮捕、拘留甚至折磨嫌犯”，“美国政府说一套做一套已经无耻到令人发指的地步”②。宗教自由是美国也不反对的政策，但美国竟然在反恐战争开始时打出了“新十字军东征”的

---

① 转引自丁刚：《多边合作求安全》，载《人民日报》，2005-03-23。

② 《大赦国际说，美国把世界当作大战场》，见英国《泰晤士报》网站，2007-07-30。

旗帜，这就把反恐战争与伊斯兰教挂上了钩。尽管小布什总统解释说，“新十字军东征”“不是对伊斯兰教的战争”，但受打击、遭灾难的还是两个伊斯兰国家的穆斯林大众。这是旧恨引新仇，因此反恐越反越恐。

（3）人权。人权是不愿做奴隶的人们的共同追求。它对美国来说，既是一面诱人的旗帜，也是一根打人的棍子。如前面所说，它以此为名打了一场科索沃战争。美国在阿富汗和伊拉克的行为如何？可以概括为四个字：践踏人权。一是滥杀无辜。美国对无辜平民的死亡，不像对美军士兵的死亡那样在意，那样珍惜，那样死亡一个登记一个。截至 2010 年 8 月 18 日，美军在伊拉克共计死亡 4 406 人，而伊拉克的平民死亡者则不计其数，或者说是它不敢公布这个数字。同样，在阿富汗也没有一个准确的平民死亡人数统计。更有甚者，一些美国士兵竟在阿富汗和伊拉克以杀人为乐。“维基揭秘”网站创始人朱利安·阿桑奇说：“伊拉克和阿富汗大地上洒满了实实在在的鲜血”，“数以千计的儿童和成年人惨遭杀害”①。二是凌辱妇女。二战以来，美军强奸妇女事件在其所到之处不断发生。日本投降后，从 1945 年 8 月至 1946 年春，有 7 万日本妇女被迫充当 35 万美军的性奴隶（慰安妇）。此后，在美军基地附近常有强奸问题出现。三是虐待囚犯。《日内瓦公约》明确规定，战俘应得到公平待遇，禁止侵犯个人尊严、严刑拷打等。但是，美国在关塔那摩、阿布格里布和巴格拉姆等公开和秘密的监狱里，除用水刑、狗恐吓、暴晒、接连数日不让睡觉等酷刑和折磨外，还让囚犯脱光衣服，赤身叠罗汉或用绳牵着像狗一样跪着走等办法侮辱人。这是公然违反《日内瓦公约》的行为。因此，美国《洛杉矶时报》网站 2007 年 3 月 9 日以《我们在人权问题上很虚伪》为题发表的文章中说，美国“是一个臭名昭彰的犯法者”。墨西哥《每日报》2010 年 10 月 27 日，就美英两国的人权问

---

① 《白宫恳求“维基揭秘”网停止公布阿富汗战争秘密文件》，见英国《泰晤士报》网站，2010-07-30。

题发表一篇文章，题为《不相信美英人权的 483 832 个理由》。文章说："在伊拉克阿布格里布监狱、美军关塔那摩基地令人发指的虐囚罪行曝光后，小布什—切尼政府已被钉在人权耻辱柱上。"

上述种种情况表明，美帝国并不比罗马帝国、大英帝国等更仁慈。

"一超多强"局面，一时难变*

"一超多强"，是我国已故的著名学者周纪荣先生在苏联解体后提出的一个科学论断，至今仍未过时。但这并不是说，这一概念的内涵，20 年来没有发生变化。实际上，今日的"一超多强"与往日的"一超多强"相比，已经发生了重大变化。概言之，"一超多强"已由"一超超强，多强多不强"变为"一超大为削弱，多强大大增强"。

1991 年，美国领导海湾战争获胜，华沙条约组织解散，苏联解体，美国成了唯一的超强的超级大国，其经济、军事、政治、科技和文化实力都是举世无双的。因此，有人曾把美国形象地比喻为"五项全能冠军"。于是，美国就忘乎所以，霸气十足，认为指挥世界的权杖非已莫属。日本人说，美国患上了"作用意识肥大症"，一味地狂妄自大。老布什提出，要"建立世界新秩序"，美国《新闻周刊》解释说："看来是要建立一个许多国家组成的国际警察体制，华盛顿充当警察头目。"[①] 尼克松说，美国应该"抓住时机"，用美国的形象"重新塑造世界"。一言以蔽之，就是美国要建立一个单极世界，独霸全球。

---

* 畅征：《"一超多强"局面，一时难变》，载《国际政治》，2012（8）。

① 转引自畅征：《美国独霸全球的 20 年》，214 页，北京，中国经济出版社，2012。

这是美国错误地估计了两极格局终结后的国际形势，也高估了自己的力量。美苏冷战 40 年的结果，不是两败俱伤，而是苏败美伤。海湾战争的胜利，并非美国一己之功，而是靠德国、日本、沙特阿拉伯等国出钱，由美国出兵而取胜的。美国《时代周刊》曾在一篇文章中挖苦地说，“美国是一个超级大国和乞丐的奇怪的结合体”，“美国在沙特看起来像支雇佣军”。所以，美国的盟国英、法、德、日等都不拥护“美国统治下的和平”，也不允许美国一国“可以决定一切”。

独霸与反独霸斗争，决定了一超与多强之间的力量消长。回顾冷战结束后 20 多年的国际社会发展史，可以看出，美国的独霸地位已经受到了两次大冲击：一次来自发达国家，一次来自新兴国家。

一、欧共体升格为欧盟，欧元撼动美元地位

欧洲是资本主义的发祥地，出现过西班牙、荷兰和英国等世界头号强国。但是，第二次世界大战后，它们的国际地位一落千丈，沦为美苏两个超级大国之后的二三流国家。

出路何在？当时已卸任的英国首相丘吉尔为之指明了方向。1946 年 9 月 19 日，他在瑞士苏黎世大学的演讲中说：“对于生灵涂炭、民穷财尽的欧洲大陆的兄弟们，我们向他们提出什么最好的建议呢？我向他们提出的建议可以概括为一句话：联合起来！”“我们必须建立某种欧洲合众国。”①

但是，后来积极推动欧洲一体化进程的并不是英国，而是法国和联邦德国。1950 年 5 月，法国外长舒曼宣布“舒曼计划”。据此，1952 年 7 月建立了欧洲煤钢共同体。这是欧洲走向联合、统一的第一步。1957 年 3 月 25 日，法、德、意、荷、比、卢 6 国外长又在罗马签订了

① 转引自李昭公、畅征主编：《当代世界政治经济纵横》，66 页，成都，四川教育出版社，1993。

《欧洲经济共同体条约》和《欧洲原子能联营条约》，统称《罗马条约》，于1958年1月1日生效，“欧洲经济共同体”正式诞生。1967年7月1日，欧洲煤钢共同体、原子能共同体和经济共同体合并为“欧洲共同体”（简称“欧共体”）。从1973年到1986年，先后有英国、爱尔兰、丹麦、希腊、西班牙和葡萄牙加入，其成员已由6国扩大为12国。

两极格局终结后，欧洲一体化有了更快更深入的发展。1991年12月9—10日，欧共体首脑会议通过了《经济与货币联盟条约》和《政治联盟条约》，总称《马斯特里赫特条约》。1992年2月7日，欧共体外长和财长又正式签署了《欧洲联盟条约》。1993年11月1日，包括经济、外交、安全和社会政策统一的欧洲联盟正式宣告成立。它标志着欧共体从经济实体向经济政治实体的转换迈出了历史性的一步。此后，欧盟于1995年11月吸收奥地利、瑞典和芬兰加入，使其正式成员达到15个；又于2004年5月和2007年1月两次共接收波兰、匈牙利、捷克等12个新成员入盟，使欧盟成员达到27个。[①]

2007年10月19日，欧盟非正式首脑会议通过了替代《欧洲宪法条约》（2004年）的新条约——《里斯本条约》。12月13日，欧盟27国的领导人和外长在该条约上签字。《里斯本条约》规定，欧盟理事会设主席一职，并扩大欧洲负责外交和安全政策的高级代表的职权。2009年11月19日，在布鲁塞尔举行的欧盟特别会议一致选举比利时首相赫尔曼·范龙佩为首任欧盟理事会常任主席（即所谓的“总统”），英籍欧盟委员会贸易委员凯瑟琳·阿什顿为欧盟负责外交与安全政策高级代表（即所谓的“外长”兼欧盟委员会副主席），法国的克里斯蒂安·德布瓦西厄为欧盟理事会秘书长。2009年12月1日，《里斯本条约》正式生效。范龙佩说：“它的生效，将使欧盟更加强大，能够更快捷更民主地做出决定。”2010年1月1日，范龙佩和阿什顿正式上任。这标志着欧洲的一体化进程又翻开了新的一页。

欧共体升格为欧洲联盟之后，欧元的诞生是最具有世界意义的大

---

① 克罗地亚在2013年7月1日正式成为欧盟的第28个成员。

事。为贯彻实施 1991 年通过的《经济与货币联盟条约》，欧盟委员会于 1996 年 10 月向欧洲理事会提出了取消 1979 年 3 月创建的欧洲货币单位（埃居）、实行单一货币（欧元）的文件。同年 12 月，该文件获得了理事会的批准。从 1999 年 1 月 1 日起，欧元成为欧盟参加单一货币国的合法货币。1999 年 1 月 1 日至 2001 年 12 月 31 日为过渡期。2002 年 1 月 1 日，欧元纸币和硬币取代了各参加国的本币而投入市场流通。欧盟对参加单一货币的国家规定了 4 项标准：通膨率不超过 3 个最低国家平均数的 1.5%；政府预算赤字不超过 GDP 的 3%；国债不超过 GDP 的 60%；长期利率不超过 3 个最低国家平均数的 2%。当年，在 15 个成员国中要求加入欧元区的合格成员是：法、德、荷、比、卢、意、奥、希、芬、葡、爱、西 12 个国家。2007 年至 2011 年间，又接纳斯洛文尼亚、马耳他、塞浦路斯、斯洛伐克和爱沙尼亚 5 国加入欧元区。目前，共有成员国 17 个，人口超过 3.3 亿，拥有世界财富的约 17%。

法国前总统希拉克说过："实施欧元是欧洲在没有动用枪炮的情况下实现的一次巨大变革，其首要目的在于不受别人摆布。"① 欧元一出世，就引起了国际社会的高度重视，其地位不断上升，而美元的地位却在不断下降。2002 年，欧元对美元的比价一度不到 1∶0.9。2009 年初，欧元对美元的比价已达到 1∶1.4，升值近 60%。在世界各国的外汇储备中，美元所占比例从 1999 年的 70.9%降到了 2007 年末的 63.9%，同期欧元所占比例则从 17.9%上升到 26.5%。欧元已成为仅次于美元的世界重要的储备货币，中国有 1/4 的外汇储备是欧元。这就引起了一些美国人的烦恼。2011 年 6 月 3 日，法国《论坛报》发表了一篇署名文章，题为《帝国之战：欧洲对美国》。文章中说："美欧之'战'最明显的表现当然体现在货币上。有关美国和华尔街在竭力阻止欧元成为美元替代货币中'阴谋论'几乎天天不断。谁都记得在 2010 年春希腊危机出现之前，对冲基金曾在纽约的

① 转引自丁大伟：《意味深远的欧元保卫战》，载《人民日报》，2010-06-07。

一次晚餐会上决定要将欧元掀翻在地。”现在已经有人在唱衰欧元，难道欧元真的会像某人预言的那样“在五年内寿终正寝”[①] 吗？

二、美国反恐战争受损，新兴国家群体崛起

2001 年 9 月 11 日，在美国的经济和政治中心发生了一起堪与 1941 年珍珠港事件相比的恐怖袭击事件。恐怖分子劫持四架美国的民航飞机，其中，两架飞向纽约的世贸中心，摧毁了双子塔，两架飞向华盛顿，一架得逞撞击了五角大楼，一架在宾夕法尼亚州尚克斯维尔坠毁。这次恐怖袭击共导致 2 977 人死亡，其中死于纽约的有2 753 人，死于华盛顿的有 184 人，还有 40 人死在尚克斯维尔。再加上失踪者，共计 3 200 人。这与死伤 4 500 多名美军的珍珠港事件大体相当。这两起事件之不同，在于“9・11”是美国本土自 1812 年（美英战争）以来遭遇的首次攻击。这一攻击实现了“恐怖大亨”本・拉登“寻求打击美国实力象征”之目的。

恐怖行动，古今中外都有。但是，“基地”组织首领本・拉登制造的这起事件，可说是一起超级恐怖事件。其规模之大，策划之周密，伤亡之惨重，史无前例，令人震惊。这对于谋求“绝对安全”的超强的超级大国来说，对有某种神奇色彩的中央情报局和联邦调查局来说，无疑是个打击，甚至是一个讽刺，他们很难以平常心对待这个问题。“9・11”事件发生后，笔者曾于 2001 年 9 月 24 日在香港《商报》发表过一篇短文，题为《震惊世界，影响深远》。文章在谈到美国的对策时认为：“关键要看美国当局对‘9・11’事件做出什么样的反应，是以疯狂对疯狂，还是以智慧对疯狂。从现在的情况看，可能是前者，而不是后者。”此后的大量事实，证明了这一点。十年之后，美国的一些政要和专家学者也都承认了这一点。美国《外交政策》双

---

① 《星期日电讯报》（英国），2010-06-06。

月刊网站在2011年8月29日发表的由戴维·罗特科普夫撰写的《“9·11”的黑洞》一文中认为：美国对“9·11”事件的过激反应“在很大程度上是非理性的”，“无论如何，我们的反应与引起这种反应的事件相比，不仅规模要大得多，而且后果也严重得多”。

世人皆知，当时被激怒的小布什总统宣布：“美国进入战争状态。”他对各国的首脑说，“你们要么支持我们，要么支持恐怖分子”，非友即敌，执意要大打反恐战争。阿富汗战争开打不久，他又先后提出了“邪恶轴心论”和“先发制人论”，准备扩大反恐战争。法国和德国这两个盟友不支持他打伊拉克，他就将它们打入“旧欧洲”之列。联合国不给他对萨达姆动武开绿灯，他就喝令“联合国靠边站”。小布什政府坚持单边黩武政策，同时打两场战争，结果使美国从“越南泥潭”脱身30年后，又陷入阿富汗和伊拉克泥潭，损兵折将，劳民伤财，以致美国前国防部长罗伯特·盖茨不高兴地说，“美国军队疲惫了，美国人民更加疲惫”，并警告说，“今后任何国防部长如果再建议总统向亚洲或中东或非洲派遣大批美国地面部队，都应该检查一下脑子是否正常”[①]。这是盖茨从两场战争中得到的刻骨铭心的教训。

第一场战争，是与反恐有关的阿富汗战争，代号为“持久自由行动”。此战争于2001年10月7日开战，如果美军和北约部队能按计划在2014年底全部撤出，则历时13年零3个月。这是美国进行的一场最漫长的战争。第二场战争，是与反恐无关的“倒萨之战”。从2003年3月20日开战到2011年底美国战斗部队的全部撤出，历时近9年。这场战争的代号是“伊拉克自由行动”。美军10年的“自由行动”，已使有关国家的军民蒙受了巨大灾难。据统计，截至2011年中，美国有6 381名军人死亡，其雇佣兵有2 300人死亡；伊拉克的安全人员死亡9 922人，平民死亡12.5万人；阿富汗的安全人员死亡8 756人，平民死亡1.17万人；巴基斯坦的安全人员死亡3 520人，平民死亡3.56万人；

---

① 转引自畅征：《美国独霸全球的20年》，256～268页，北京，中国经济出版社，2012。

还有 168 名记者和 266 名人道主义工作者为此丧生。所有为这两场战争送命的共计 22.5 万人。此外，还有 365 383 名伤员，其中，包括美国兵 9.9 万人，美国雇佣兵 5.1 万人。另外，还因战争使 350 万伊拉克平民、300 万阿富汗平民、100 万巴基斯坦平民流离失所。[①]

阿富汗和伊拉克战争，是美国在 21 世纪打的两场不对称的“非正规的战争”，它和 20 世纪在朝鲜和越南进行的两场战争的最大不同点是：伤亡少而耗费多。美军在朝鲜战争中，死伤 14 万余人，其中死亡 36 940 人。在越南战争中，美军死亡 58 167 人，伤 153 303 人。到 2011 年中，美军在阿富汗和伊拉克的死亡人数还没有它在朝鲜战争中死亡的人多。但美国在阿富汗和伊拉克战争中耗费的费用确实比在朝鲜和越南战争中的费用高得多，或曰“非常昂贵”。美国《华盛顿邮报》专栏作家安妮·阿普尔鲍姆在她 2011 年 9 月 4 日发表的文章中说，美国为打反恐战争，“付出了过于高昂的代价”，“据统计，我们为此花费了大约 3 万亿美元”。而朝鲜战争和越南战争加在一起的费用，还不到 3 000 亿美元，其中，朝鲜战争估计花费了 200 亿美元，越南战争花费了近 2 000 亿美元。[②]

2011 年 9 月 11 日，是“9·11”事件十周年纪念日。美国哥伦比亚大学教授、诺贝尔经济学奖得主约瑟夫·施蒂格利茨于 9 月 5 日在卡塔尔半岛电视台网站发表了一篇评论文章，题为《“9·11”的代价》。其要点是：(1) 小布什政府发动反恐战争是错误的。文章指出：“乔治·W·布什总统应对这些袭击的行动损害美国的根本原则，破坏美国的经济，削弱美国的安全。”(2) 政府无能使美国付出了不必要的巨大代价。作者与哈佛大学教授琳达·比尔姆斯在 3 年前计算的战争代价为“保守的数字是 3 万亿至 5 万亿美元”。此后，战争费用不断上升，回国军人 50%有资格得到伤残补贴，现在已有 60 多万人在接受治疗。补贴金与治疗费，将达到 6 000 亿至 9 000 亿美元。(3) 十年

---

① 参见《美国：“自由”的代价》，见阿根廷《南南》网站，2012-04-09。

② 参见畅征：《第三世界政治与经济》，69～70 页，郑州，河南教育出版社，1988。

战争破坏了美国的经济。小布什当选总统时，美国的财政盈余是 GDP 的 2%，而今是债台高筑，赤字惊人，陷入金融经济危机。而他为战争选择的“筹资方式却不可原谅。这是历史上第一场完全靠‘赊账’进行的战争”。(4) 反恐战争使美国的综合国力大为削弱。文章强调说：“美国的真正实力与其说在于军事和经济，不如说在于‘软实力’，在于道德威信。而这也遭到削弱：当美国破坏基本人权，比如人身权和不受酷刑虐待的权利时，美国对国际法的长久信守就遭到质疑。”

当美国陷入阿富汗和伊拉克战争旋涡而感到疲惫时，也正是新兴国家群体迅速崛起之时。但这些国家也并非突然而起，而是这些国家经历十年改革发展的必然结果，只是在 21 世纪伊始，出现了群起的苗头。因此，高盛公司资产管理董事长吉姆・奥尼尔于 2001 年底提出了“金砖四国”（BRIC）这一概念，即巴西、俄罗斯、印度和中国。2011 年南非加入后，改称“金砖国家”（BRICS)。2005 年，他又将韩国、墨西哥、越南、伊朗、埃及、土耳其、印度尼西亚、菲律宾、巴基斯坦、孟加拉国和尼日利亚 11 国称“新钻 11 国”（Next-11，后备金砖）。在这两类新兴国家中，最引人注目的是“金砖国家”。它们的人口占世界总人口的 42%，拥有约 4 万亿美元外汇储备，其经济总量约占全球经济总量的 1/4。中国在 2010 年超过了日本，成为世界第二大经济体；巴西在 2011 年超过了英国，居世界第 6 位；俄罗斯也会很快超过英国。美国副国务卿威廉・伯恩斯在 2011 年 11 月 4 日说：印度“可能在 20 年内成为世界第三大经济体”[①]。

但是，在新兴国家群体中最抢眼的还是中国。在“金砖四国”中，中国发展最迅速，从 2001 年到 2010 年的 10 年内，国内生产总值从世界第 7 位上升到第 2 位。2011 年中国 GDP 为 471 564 亿元，约合 7.4 万亿美元，接近美国 GDP 的 1/2。有人认为，中国将在 2020 年或 2030 年超过美国，成为世界第一大经济体。

纵观两极格局终结后的国际风云变幻，可以看出，美国穷兵黩

---

① 《美国说，印度崛起将重塑全球体系》，载《印度战略》（印度），2011 (11)。

武，不仅削弱了自己的实力，也拖累了盟友，导致经济金融危机和债务危机持续蔓延，难以自救。美国这个往日的大债权国，而今已成了欠债 15 万多亿美元的大债务国。而新兴国家珍爱和平、谋求发展，一跃成为给人以希望的耀眼的新星，成了带动世界经济复苏的火车头。因为中国经济发展成就惊人，不仅成了世界第二大经济体，而且拥有 3 万多亿美元的外汇储备，又是美国最大的债权国，于是就出现了 G2 论和“两超多强”论。

经济学家莫里茨·斯库拉里克与尼尔·弗格森在 2006 年共同提出了“中美国”（Chimerica）一词。2009 年，布热津斯基提出了 G2 概念，主张“成立一个非正式的两国集团”。2012 年 2 月 29 日，日本中央大学法律系教授泷田贤治在日本《东洋经济》周刊上发表了一篇文章，题为《世界迎来“两超多强”时代》。这和 G2 论相比，稍有新意，但内涵相同。作者认为，冷战后，美国治理下的和平已成泡影，现在应是“‘两超多强’这种‘大国治理下的和平’格局”。不论是 G2“中美共治”，还是“两超多强”共治，都难被世人接受。

首先，中国不赞成。因为它有悖于中国的理念。中国早就说过：永远不称霸！现在不称霸，将来经济发达了也不称霸。中国现在还是一个发展中国家，人均 GDP 还不到 6 000 美元。当国内生产总值赶上美国时，人均也只有 1 万多美元，只相当于美国人均 GDP 的 1/4。2009 年 5 月 20 日，温家宝总理在布拉格出席第 11 次中欧领导人会晤时，已就 G2 问题做了明确的表态。他说：“一两个国家或大国集团不可能解决全球的问题，多极化和多边主义是大势所趋、人心所向。有人说，世界将形成中美共治的格局。这是毫无根据的，也是错误的。”“中国绝不谋求霸权。”

其次，美国不接受。因为美国想独霸全球，所以 2010 年 1 月 27 日，奥巴马总统在他发表的首份国情咨文中就宣布，他将誓死捍卫美国“世界第一超级大国的地位”，并声称：“我决不接受美国成为第二。”美国宣布对亚洲新的战略调整，也是为了达到这一目的。但是，能不能持久也令人怀疑。

“美国主导的世界新秩序已经凋零”，世界多极化越来越清晰，美国政要也不能不承认现实存在的“多极世界”。美国国务卿希拉里在2011年10月曾对记者说，“在一个……多极世界中，我们不可能挥着魔杖对中国、巴西或印度说停止增长，停止利用你的经济来施展力量”①。欧盟是世界重要的一极，它的27个成员国的经济总量超过了美国，已有17个成员国参加了欧元区，但它没有一支不受别人控制的欧盟军；俄罗斯是世界重要的一极，它拥有能够摧毁美国的军事实力，但经济实力和政治影响力还稍显不足；中国是世界重要的一极，它是世界第二大经济体、第一大商品出口国、美国的第一大债权国，但人均GDP还不到1万美元，军事实力虽有所增强，但美国认为还落后它20年；印度和巴西等国也各有短长。相比之下，美国仍不失为一个“全能冠军”，即使不称其为唯一超级大国，也应称之为超强的超级大国。因此，“一超多强”的局面一时还难以改变。

美国政要能看到“多极世界”这个现实，就是一个进步。应该放弃冷战思维，改变霸主心态，做一个多强中的一强，多极中的一极，平等待人，民主协商，合作共赢。应该承认世界的多样性，遵守《联合国宪章》规定的不干涉别国内政、不以武力相威胁的原则，尊重各国人民自己选择的社会制度与发展道路，为建立和谐世界而共同努力。

2011年：美国霸道受堵年*

2011年是个重要年份，它是苏联解体的20周年，同时，也是美国成为唯一超级大国的20周年。也有人把2011年称为“灾难之年”“愤怒之

---

* 畅征：《2011年：美国霸权受堵年》，载《领导科学》，2012（2）。

① 转引自畅征：《美国独霸全球的20年》，133～134页，北京，中国经济出版社，2012。

年”和“大动荡之年”。对美国而言，也可以说是其霸道受堵之年。

20年前，美国利用东欧剧变和萨达姆入侵科威特的天赐良机，调动28国联军，在海湾打了一场颇具影响力的“胜仗”，它投入少，收益多。老布什总统曾高兴地说：“越南战争的幽灵已经被永远埋在阿拉伯半岛的沙漠之中。”但他没有想到，10年之后，由于他儿子发动了两场反恐战争，又使美国陷入了阿富汗和伊拉克的泥潭。耗资3万亿美元，死伤约4万官兵，美国前国防部长盖茨在2009年7月18日就不满地说：“美国军队疲惫了，美国人民更加疲惫。”由于美国的次贷危机引发的全球金融经济危机，也招致了世界各国的不满。因此，西班牙《起义报》在2012年1月1日的文章中，不无道理地说：“美国是‘一切危机之母’。”这就难免使美国在2011年内外交困、八面受堵。其中，最突出的事例，有九件。

一、美国历史上第一次丧失3A信用评级

据美媒报道，2011年4月，美国联邦赤字为1.4万亿美元，年底可能将达创纪录的1.65万亿美元。美国累计债务已突破14万亿美元，年底可能达到债务上限14.3万亿美元，将与美国的国内生产总值相当。① 由于还本付息的负担越来越重，使人难免担心违约。

标准普尔是包括穆迪和惠誉在内的三大信用评级中最有影响力的评级机构。该公司在4月曾正式警告美国政府有可能调低该国主权信用评级，除非国会和政府制定出一项长期削减赤字的可靠计划，并避免债务违约的情况出现。4月18日，标普将美国AAA评级的前景从“稳定”降至“负面”。7月，在奥巴马总统和共和党人就提高政府债务上限展开旷日持久的对峙期间，标普对美国进行“信用观察”，并

① 据《今日美国报》网站2012年1月9日报道，美国政府欠债超过了15.23万亿美元，而美国的经济总量2011年9月估计为15.17万亿美元。另据美国《国家利益》双月刊网站2016年4月21日报道，美国政府欠债已超过19万亿美元。

警告说，它在 90 天内降低美国信用等级的概率至少为 1/2。标普认为，任何赤字削减计划都需要在 10 年内将赤字减少大约 4 万亿美元，而已经通过的计划只设想最多削减 2.4 万亿美元。

8 月 5 日，标普公司宣布，已将美国为主权信用评级由原来的最高级 AAA 下调至 AA+，因为它认为，美国国会 8 月 2 日通过的赤字削减计划无法使美国的债务状况稳定下来。这是美国的信用等级自 1917 年获得穆迪投资者服务公司的 AAA 信用评级以来第一次降低。自从 1941 年以来，美国一直保持着标准普尔的 AAA 信用等级。法新社认为，美国时隐时现的赤字负担和薄弱的决策程序是降级的原因。诺贝尔经济学奖得主克鲁格曼说，这“可以证明右翼的疯狂使美国成为一个根本不健康的国家”①。

二、美国爆发“占领华尔街”运动

2010 年岁末，突尼斯发生了一起失业青年布瓦齐齐自焚事件，引发了被称为“一月革命”的民众运动，推翻了本·阿里长达 23 年的独裁统治，在西亚北非地区产生了“多米诺骨牌”效应。人们或许是受了 1968 年“布拉格之春”的启示，将这场运动定义为“阿拉伯之春”。它不仅改变了阿拉伯世界的政治版图，也对世界格局产生了重大影响。正当美国政府对“阿拉伯之春”束手无策之时，2011 年 9 月 17 日，也就是美国丧失 3A 信用评级一个月过后，“占领华尔街”运动在美国的经济中心纽约爆发了。“占领”运动的参加者说：“我们是从突尼斯和埃及那里学来的。”这场运动发展很快，不久就扩展到“占领华盛顿”等 50 多个大城市，因为它发生在秋天，故称“华尔街之秋”。

参加“占领”运动的人们，没有指出某领导人“丧失了合法性”，

---

① 法新社华盛顿，2011-08-06。

也没有要求某人"必须下台"，但他们揭示了美国的主要社会矛盾，即少数人统治和掠夺多数人。他们认为，1%的美国人占据了国家的财富和权力。反华尔街游行的一个口号就是"我们是剩下的99%"[①]。他们说，他们"占领华尔街"，是因为华尔街占领了整个国家。他们的共同要求是：社会公平，遏制大公司利益集团对美国政治的影响。

他们的要求和行动引起了某些人的恐惧，认为他们是在挑起社会不平等问题的争论。共和党人最知名的战略家弗兰克·伦茨在出席共和党州长会议时说："我们很担心反华尔街的运动，简直担心得要死。"他说，"占领"运动"正在影响美国公众对资本主义的看法"[②]。所以，占人口1%的富人及其所控制的政府，是不能允许"占领华尔街"运动存在下去的。2011年11月15日凌晨，纽约警察部队以妨碍公共卫生和安全为由，进入"占领华尔街"运动的中心场地祖科蒂公园，对公园进行强制清理，并对不肯离开者喷洒了辣椒水。当天，至少有200个抗议者被逮捕。

事实证明，美国的所谓"民主"，不过是政客们手中的玩物而已。正如诺贝尔经济学奖得主克鲁格曼在《纽约时报》的专栏文章中所指出的：我们的社会财富正日益集中在少数人手中。这种收入和财富分配状况正在使我们的民主变成名义上的民主，因为收入的高度集中与真正的民主无法相容。[③]

三、以色列总理教训美国总统

以色列是美国一手扶植起来的一个新国家，没有美国的庇护，不会有现在的以色列国。以色列经过60多年的发展建设，已成为中东地区唯一拥有核武器的强国，已不再愿意完全听从美国的指挥了。

---

① "美国之音"电台网站，2011-10-06。

② 《资本主义的终结》，载《起义报》（西班牙），2011-12-14。

③ 参见《美国：只是名义上的民主》，载《世界报》（西班牙），2011-11-12。

2011 年 5 月 20 日，奥巴马总统把以色列总理内塔尼亚胡请到白宫商讨中东和平进程问题，他建议以 1967 年 6 月战争前的边界线为基础进行领土交换作为以巴和谈的出发点。但他没有料到，内塔尼亚胡竟然会当场进行反驳。内塔尼亚胡向奥巴马讲述了 4 000 年的犹太史，讲述了数百万人遭到的迫害、驱逐和屠杀后，警告奥巴马："不要寻求基于幻想，可能造成另一场灾难的和平。""历史不会再给犹太人一个机会。"他对美国总统说了四个"不"：不退回到 1967 年边界线；不从约旦河西岸撤军；不与哈马斯谈判；难民不能返回以色列。随后，他同奥巴马共同会见记者时重申："基于幻想的和平将撞上中东现实的岩石。"

以色列《国土报》网站 2011 年 5 月 22 日就内塔尼亚胡同奥巴马会谈发表的专论中写道："他似乎把奥巴马比作了张伯伦。张伯伦在担任英国首相时天真地签署了《慕尼黑协定》，换来的却是导致第二次世界大战和大屠杀的虚幻和平。"美国的《政治漫画》网说，内塔尼亚胡告诉奥巴马，"除非你重新划定你们和墨西哥的边界"，否则，我们不会退回到 1967 年 6 月战争前的边界线。

四、美国阻止巴勒斯坦"入联"不得人心

1947 年 11 月联合国通过的《关于巴勒斯坦将来治理（分治计划）问题的决议》（181 号决议）规定，成立两个国家，一个叫阿拉伯国家，一个叫犹太国。犹太国（以色列）已生存了 63 年多了，而阿拉伯国家（巴勒斯坦国）至今还是联合国的一个观察员。

2011 年 6 月 26 日，巴勒斯坦解放组织决定，在 9 月联合国大会开会时要求联合国给予巴勒斯坦国成员国身份。6 月 29 日，美国参议院就此通过决议，警告巴勒斯坦，不得单方面向联合国寻求建国，否则，将削减对巴勒斯坦的援助。9 月 16 日，巴勒斯坦民族权力机构主席阿巴斯强调指出："我们需要成为联合国正式成员国，需要在

联合国获得一席之地。”奥巴马总统就立即发出威胁称，如果巴勒斯坦人在联大提出这一要求，美国将行使否决权。9 月 21 日，他在联大的讲话中又强调说：“巴勒斯坦人应该有自己的国家，但这只有通过与以色列谈判来实现。”

尽管世界上已有 127 个国家承认巴勒斯坦，但是由于美国手中有否决权，所以巴勒斯坦还是无法获得联合国成员国资格。走直路不行，于是，巴勒斯坦民族权力机构就设法先参加一些只有主权国家才能参加的联合国的下属机构，如联合国教科文组织、世界卫生组织等 16 个组织。2011 年 10 月 31 日，巴勒斯坦人在联合国教科文组织打了一个漂亮仗，在 173 个参加投票的成员国中，他们获得了 107 个成员国的支持。11 月 29 日，冰岛成为第一个正式承认巴勒斯坦独立的西方国家。12 月 13 日，联合国教科文组织在其巴黎总部举行了接纳巴勒斯坦成为该组织正式成员的升旗仪式。法新社说：“这标志着巴勒斯坦取得了一次外交胜利”，“此举令美国和以色列愤怒”。

五、伊拉克拒绝挽留美国兵

根据 2008 年 12 月 4 日伊拉克总统委员会最后批准的伊美两国的驻伊美军地位协议，美军需在 2012 年 1 月 1 日之前完全撤出伊拉克。这是双方花了 7 个月的时间才谈成的一个协议。为何如此艰难？说明美军不想痛痛快快早点离开。奥巴马在大选时，曾承诺当选后 16 个月内把美军撤出伊拉克，后来又改口为 19 个月。为获得一份在伊拉克的长期驻军协议，美国曾试图用伊拉克在美国的 500 亿美元的外汇储备逼伊拉克。一计不成，就试图让伊方主动挽留他们。

2011 年 4 月 2 日，美军参谋长联席会议主席迈克·马伦在巴格达对记者说：“假如伊拉克政府提出要美军延迟今年 12 月 31 日前撤军的期限，美国会予以考虑。”“假如伊拉克政府希望讨论让部分美军继续留驻的可能性，我可以肯定我们的政府会欢迎这样的对话。但这必须尽快，非常快。”4 月 7 日，时任美国国防部长的盖茨访问伊拉克时，也说了同样的话，并强调说：“延长驻军时间或许是明智之举，但伊拉克必须‘很快’决定此事。”5 月 4 日，盖茨在华盛顿的谈话中又说：“希望伊拉克政府向美方提出有关延长美军驻军期限的要求。”7 月 10 日，新任美国国防部长帕内塔访问伊拉克时说：“希望伊拉克政府允许我们留下。”另外，他们希望留下来的美军，能享有豁免权。伊拉克政府明确表示：“美军不应拥有伊拉克司法豁免权。”

由于伊拉克人拒绝挽留美国兵，又不肯给留下的美国兵豁免权，所以奥巴马总统不得不在 10 月 21 日正式宣布，所有美军将在 2011 年 12 月 31 日前撤离伊拉克。这也算兑现了他在竞选总统时的承诺。他对美国人说：“经过近 9 年之后，美国在伊拉克的战争就要结束了”，我们派驻伊拉克的军队将“回家过节”。

2011 年 12 月 15 日，美国驻伊拉克部队在巴格达举行撤军仪式，美国国防部长帕内塔宣布，驻伊美军任务结束。奥巴马说，这是“美国历史上最不同寻常的篇章之一”。在这场战争中，有 4 474 名美国士兵丧生，约 3.2 万人受伤，共有 12.2 万名伊拉克平民丧生。12 月 16 日，伊拉克接管了该国边境内最后一个美军基地（伊玛目阿里基地，即美军阿德军营）。负责接管的伊拉克官员侯赛因·阿萨迪在签字后说：“我们骄傲地向伊拉克人民宣布，今天我们接管了美军最后一个军事基地。今天我们翻过了美军占领的最后一页。”伊拉克空军中校哈基姆·阿布德说，这一天是“自由之日”。[①] 12 月 31 日，伊拉克政府在巴格达市中心举行盛大仪式，庆祝美军撤离，马利基总理宣布，将 12 月 31 日定为“伊拉克日”。

六、美国一架先进的无人侦察机被伊朗捕获

据伊朗法尔斯通讯社 2011 年 12 月 4 日报道，伊朗军队在伊东部

① 参见法新社伊拉克纳西里耶，2011-12-16。

地区击落一架无人侦察机。报道称，这架型号为 RQ-170 的无人机是越过伊朗与邻国阿富汗边境入侵伊朗进行空中侦查时被击落的。同日，一名美国官员称，没有任何迹象证明，在伊朗坠落的无人机是被击落的。据有关报道称，这种飞机有特殊的涂层及蝙蝠翼状的外形，可以躲避敌方雷达的探测。伊朗得到这架飞机，将会帮助伊朗人了解美国隐形技术的薄弱之处。

12 月 8 日，伊朗正式就美国无人机“深入”其领空提出抗议，同时在伊朗国家电视台播出了美国 RQ-170“哨兵”（绰号是“坎大哈野兽”）无人驾驶飞机的视频，证实了伊朗媒体有关这架飞机“轻微受损”的说法。12 月 12 日，美国总统奥巴马与伊拉克总理马利基在他们共同召开的新闻发布会上说：“我们已经要求归还我无人机，我们在等伊朗如何反应。”这是美国官方首次证实这架在高空秘密执行任务的侦察机被伊朗捕获。[①] 当天，一名伊朗伊斯兰革命卫队的高级指挥官回应说，不会归还这个飞机，“没有人会归还侵略的象征”。

七、美军袭击巴基斯坦边境哨所遭报复

2011 年 11 月 26 日凌晨 2 时左右，北约的美国直升机对巴基斯坦西部莫赫曼德拜宰部落地区一个边境检查站肆意开火。驻扎在这个检查站的 40 名士兵中，有 24 人死亡，15 人受伤。这次袭击所造成的巴军人员伤亡，是北约在阿富汗 10 年战争以来最严重的一次，是对巴基斯坦主权的公然侵犯，激起了巴基斯坦人民的极大愤怒。巴基斯坦总理吉拉尼针对北约和美国提出了最强烈的抗议，并采取了五项报复性措施：

（1）巴基斯坦政府下令重新审查与北约和美国之间的一切安排，

---

① 参见美国《防务新闻周刊》网站，2011-12-12。

包括外交、政治、军事和情报活动。

（2）命令美军在15天内撤出其租用的舍姆西空军基地。该基地是中情局秘密发动无人机空袭的活动中心。12月11日12时15分，最后一批美军离开舍姆西空军基地。

（3）关闭北约向阿富汗境内运输物资的补给线。美军有30%以上的非致命性武器物资都要取道巴基斯坦运入阿富汗。11月26日，约有40辆油罐车和卡车从贾姆鲁德检查站返回。

（4）12月2日，巴基斯坦陆军参谋长基亚尼发布命令，取消军官对在巴基斯坦领空实施敌对行动的北约飞机实施退还之前请示总部的任务。命令说："如果受到任何袭击，你们有利用一切可用资源做出强力回应的全部自由。你们无须为此获得任何许可。"①

（5）巴基斯坦政府拒绝出席12月5日在德国波恩举行的阿富汗问题国际会议。

美军直升机袭击巴基斯坦检查站后，北约秘书长拉斯穆森在27日表示"遗憾"，说"这是个悲剧性'意外事件'"。巴方拒绝这种解释。奥巴马总统在空袭导致24名巴士兵死亡的第8天后，即12月4日，才向巴基斯坦总统扎尔达里打电话表示慰问。白宫在一项声明中说："总统明确表示，这起令人遗憾的事件，并非针对巴基斯坦的蓄意袭击，并承诺坚决进行全面调查。"但是，谈话不是正式道歉，它不能缓和巴基斯坦民众的愤怒。12月22日，美国国防部承认，美国对导致24名巴基斯坦士兵死亡的美军空袭事件负有一定责任，但美国政府迄今为止拒绝道歉。巴方官员称，除了来自美国总统奥巴马的彻底道歉外，他们不接受其他任何回应。巴军方认为，"袭击是故意的侵略行为"。因此，巴基斯坦军方12月3日拒绝接受美国的调查结果。所谓"美国和巴基斯坦军队都有错误"，"缺乏事实"根据。②

---

① 德新社、路透社，2011-12-02。

② 参见美联社伊斯兰堡，2011-12-23。

八、拉美已不再是任何人的“后院”

从 1823 年 12 月美国第 5 任总统门罗发表门罗宣言和 1890 年 4 月美洲共和国国际联盟（1948 年 4 月改名为美洲国家组织）成立以来，美国人一直把拉美视为它的“后院”，实行政治、经济和军事控制。但是，21 世纪的今天，拉美大多数国家已不愿意继续听从美国的指挥，它们决定联合自强，并于 2011 年 12 月 2 日在委内瑞拉首都加拉加斯宣布建立一个不包括美国和加拿大在内的新的共同体——拉美及加勒比国家共同体（CELAC）。

创建共同体是拉美所有国家的共同愿望，33 个国家的总统、政府首脑或代表出席了会议，拉美独立是会议的主题。委内瑞拉总统查韦斯指出，在委内瑞拉独立 200 周年之际，在美洲解放者玻利瓦尔的故乡，成立拉美及加勒比国家共同体是件值得全人类纪念的历史事件，表明这一地区的人民正在觉醒。该组织应成为“政治联盟”，成为“21 世纪一个巨大的权力中心”，将减少对美国的传统依赖。厄瓜多尔总统科雷亚在发言中指出，新地区组织的建立将进一步推动一体化，能使该地区在美国面前获得更大的自主权。“拉美国家现在不用再前往华盛顿商讨事务了。”巴西总统卢塞夫指出：“应该结束拉美国家被粗暴对待的历史。”尼加拉瓜总统奥尔特加称，该集团对美国干涉拉美事务“宣判死刑”。

12 月 5 日，阿根廷新闻社就 33 个国家组成的拥有 2 000 万平方公里土地和 5.4 亿人口的新共同体发表专论，题为《拉美已不再是任何人的“后院”》。文章强调指出，新共同体，是“在没有美国监护的情况下组成的联盟”。“拉美及加勒比国家共同体的团结一致将使其在联合国具有决定性分量。”“在战略领域内，宣布拉美和加勒比地区为和平区，集体施压，要求美国撤出军事基地。”

此情此景，难免令华盛顿烦心。最使白宫感到不爽的，是其在加大对伊朗制裁力度时，拉美四国（委内瑞拉、尼加拉瓜、厄瓜多尔和古巴）邀请伊朗总统内贾德造访美国“后院”。尽管美国政府对有关国家进行了“警告”，但内贾德还是按时到访不误。美国也只好听其共唱“反帝歌”。美国传统基金会网站在 2012 年 1 月 6 日的文章说：“伊朗人的访问表明，美国在拉美的影响力正持续受到削弱。”

九、俄罗斯总统强硬回击美国的反导系统威胁

苏联解体后，叶利钦、普京和梅德韦杰夫三位总统都想和美国建立友好的合作关系，想从美国获得资金和技术援助，建立独立富强的俄罗斯，结果都是由热变冷，由希望变失望。为什么会是这样？因为俄罗斯还有摧毁美国的力量，还不愿意跟着美国走。所以美国就要挤压它、削弱它，设法使它的核武器“变得无用”。北约东扩、“颜色革命”、建立导弹防御系统，都是为了不使俄罗斯东山再起。

奥巴马在 2009 年 1 月上台后，国务卿希拉里还装模作样地同俄罗斯外长拉夫罗夫搞了一次“重启”美俄关系的表演。事实上，两国关系并没有因“重启”而有实质性的变化。如果说有点进展的话，那就是奥巴马在 2009 年 12 月拿到诺贝尔和平奖后，他与俄罗斯总统梅德韦杰夫于 2010 年 4 月 8 日在布拉格签署了一项新的《削减和限制进攻性战略武器条约》。这个条约，是由于 1991 年美苏两国签署的《削减和限制进攻性战略武器条约》已于 2009 年 12 月 5 日期满失效而必须签署的。新条约规定，双方各自部署的核弹头在 7 年内削减到 1 550 枚以下，战略武器运载工具应削减至 700 件以下，这是一件好事，但美国能否兑现值得怀疑，因为它在 2010 年 9 月 15 日进行了一次亚临界核试验。

美国在建立导弹防御系统方面，一直对俄罗斯制造骗局。坚持以防伊朗的导弹威胁为名，要在波兰、捷克、罗马尼亚等俄罗斯周边国

家部署导弹防御系统。当俄罗斯要求美国和北约做出保证，“这套系统不能用来针对俄罗斯”时，“奥巴马明确地暗示，无论是他还是其他任何一个美国总统都不会向俄保证反导系统不针对俄罗斯”①。因此，俄罗斯不能不做出有针对性的强硬反应。

2011 年 11 月 23 日，俄罗斯总统梅德韦杰夫就美国在欧洲部署反导弹系统问题，发表了他担任总统以来最强硬的声明。他警告说：“俄罗斯将在西部和南部部署现代化武器打击系统，用火力摧毁欧洲反导系统。”并宣布了四项措施：（1）在加里宁格勒地区针对导弹攻击，部署预警雷达系统，部署“伊斯坎德尔”导弹系统；（2）通过建立空天防卫体系加强对战略核设施的保护；（3）为战略弹道系统安装克制反导系统的先进装置；（4）研究摧毁西方反导系统的信息和控制系统等措施。最后，他还威胁说：“俄罗斯可能退出《削减和限制进攻性战略武器条约》。”

俄罗斯《晨报》在 2011 年 11 月 24 日的一篇评论文章中说，“无论如何，‘重启’结束了。”“重要的是要让对方明白，俄罗斯领导人足够强大，能够狠狠地反击迫近的威胁。”

以上九件事说明，美国因其行为不美，致使其在国际的处境不美。美国前总统克林顿在其新著《重返工作：我们如何需要聪明的政府重振经济》一书中写道：“我们现在是一团糟。”②

现在的美国和 1991 年的美国不能比，和第二次世界大战结束后的美国更不能比。那时，美国财大气粗，可以拿出数百亿美元，搞一个复兴欧洲的“马歇尔计划”。如今美国是债台高筑，赤字惊人，对欧洲的主权债务危机只能袖手旁观。如果不是囊中羞涩，希拉里国务卿到缅甸也不会只开出一张 120 万美元的支票作为送给昂山素季的见面礼。现在美国政府高喊“重返亚洲”，抛出新军事战略，不是虚张声势，就是别有用心。俄罗斯专家达维多夫认为，美国此举是希望

① 《生意人报》（俄罗斯），2011-11-24。

② 《克林顿新著详述奥巴马的失误》，见美国《华盛顿邮报》网站，2011-11-05。

“将注意力从失败的、悬而未决的国内问题转向外部并表明美国依然强大，依然是全球超级大国”①。

2012 年 1 月 8 日，美国国防部长帕内塔在《面向全国》电视节目中解释美国的新军事战略说：“我认为，世界当前需要理解的主要信息是，美国是当今最强大的军事大国，我们也致力于维持这一地位。”这是进行军事威胁，想制造麻烦。这是一个不合时宜的错误信息。亚洲和世界人民所需要的是和平与发展，而不是像美国在伊拉克搞的那种连年战乱。唯有和平，才能发展；唯有发展，才能使人民生活不断得到改善。世界各国应该相互尊重，平等对话，优势互补，合作共赢。和平、发展、合作，才是世界当前之需要。

浅谈美国的战略东移问题*

21 世纪以来，美国政要在不断地谈论战略东移，并采取了一系列具体行动。所谓战略东移，就是将其战略重点逐渐由欧洲转向亚洲。美国为什么要实行战略东移？其背景与目的又是什么？能如愿以偿吗？这几个问题都是与中国的和平发展有关的重大问题，不可不认真地加以观察研究。

一、美国战略东移的背景及行动

在美国人看来，世界上最具有战略价值的地区是欧亚大陆。他们

* 畅征：《浅谈美国的战略东移问题》，载《领导科学》，2005（8）。

① 俄新社莫斯科，2012-01-16。

把欧亚大陆视为争夺全球霸权地位的棋盘，认为主宰了欧亚大陆就可以把世界上最先进和经济最发达的三个地区中的两个控制起来。因此，控制欧亚大陆就成了美国最重要的地缘政治目标。人所共知，欧洲是世界资本主义的发祥地，也是第一个社会主义国家的诞生地。这里科技发达、资本雄厚，而且是亚非拉殖民地主要宗主国的所在地，控制它就便于控制世界。亚洲地域辽阔、资源丰富、人口众多，控制亚洲，就等于控制了世界人口和资源的大部分。从政治上看，这里又是现在仅存的几个主要社会主义国家的所在地。

美国控制欧亚大陆的步骤是，先欧洲后亚洲。20 世纪，美国的战略重点在欧洲。经过两次世界大战，美国征服了西欧，又经过持久的冷战，制伏了苏联和东欧。20 世纪 90 年代，东欧剧变、苏联解体之后，美国有一些人说，旧大陆（欧洲）在战略上已经不重要了，“我们在欧洲的活儿已经完事了”。这话并不正确。实际上，他们又干了许多活儿。直到波黑和科索沃战争结束、南联盟不复存在之后，其战略重心才大幅度地向亚洲倾斜。

美国的战略东移是个系统工程，是个逐渐实现的过程，不可能一蹴而就。如果认为美国的战略重点现在已经转移到了亚洲，这是不准确的，同样，如果认为美国没有把战略重点转移到亚洲，认为欧洲仍是美国全球战略的重心，也是不符合事实的。美国的战略东移，并非完全放弃欧洲，而是在其巩固和扩展欧洲阵地的基础上，抽出相当的力量来加强对亚洲的控制。正如美国副国务卿阿米蒂奇所说，是“更加重视亚洲”，是实施“里根时代以来的最大转移”。应该说，现在仍处于转移之中。

冷战结束后，美国曾推行过欧亚并重的“两洋战略”，在欧洲和亚洲各部署兵力 10 万，就是其战略转移的突出表现。后来，随着国际政治经济形势的变化，克林顿总统又提出了一个“太平洋共同体”的概念，并于 1993 年 11 月在美国的西雅图召开了亚太经济合作组织第一次非正式首脑会议。这也显示出美国全球战略向亚太的倾斜。小布什上台后，特别是“9·11”事件后，美国政府更加强调了亚洲战略地位的重要性。

“9·11”事件是对美国的一个重大打击，同时也为其“以武治天下”提供了一个方便的借口——反恐。此后，它以反恐为旗帜，进行政治画线，调整军力部署，加快了向亚洲战略转移的步伐。

“9·11”事件之后，美国发动了反恐战争，首先打垮了阿富汗的塔利班政权，继而提出了“邪恶轴心论”，把西亚的两个主要产油国伊拉克和伊朗以及东亚的朝鲜定为“邪恶国家”。随后又提出“先发制人论”，据此，于2003年3月20日发动了伊拉克战争，用毫无根据的理由推翻了萨达姆政权，占领了地缘政治地位重要和石油资源丰富的伊拉克。对伊朗和朝鲜如何采取行动，美国也正在谋划之中。

通过阿富汗和伊拉克战争，美国明显地扩大了其在亚洲的军事存在。除中东地区驻有数十万美军外，在中亚的乌兹别克斯坦、吉尔吉斯斯坦和塔吉克斯坦也派进了数千美军。南亚的阿富汗成了美军的重要据点，巴基斯坦也成为美军自由行动之地。与此同时，美国还采取了一系列包围中国和遏制中国的活动。

上述种种情况说明，“9·11”事件以来，美国对亚洲的政策已发生了巨大变化。现在小布什的第二个四年总统任期已经开始，仅就温和派鲍威尔卸任和强硬派拉姆斯菲尔德留任这一点来看，其既定的亚洲政策和对华政策都不会改变，而且还很有可能强化。

二、美国战略东移的前程

所谓前程，是指美国能不能顺利实现战略东移，能不能像它在欧洲那样如愿以偿，夺得对亚洲的控制权。现在看来，美国在这里必将遇到没有估计到的困难，还可能会以失败而告终。

(一) 从欧洲抽身难

尽管欧洲国家现在多为美国的“盟友”和“伙伴”，但它们之间仍然是矛盾重重，问题多多，很难同唱一首歌、同跳一场舞。

现在的西欧已不是实施“马歇尔计划”时期的西欧，它们之间的共同敌人已不存在。随着经济的发展、欧盟的建立、欧元的使用和军力的增强，欧洲国家的独立意识已大为提高。它们不愿唯美国马首是瞻，而是主张国际政治多极化，主张遵守《联合国宪章》的宗旨原则，主张和平解决国际争端，反对军备竞赛，反对滥用武力，反对破坏《京都议定书》等。它们不满美国人的傲慢，不满美国实行的单边主义，以致在伊拉克战争问题上彼此之间产生了严重分歧。拉姆斯菲尔德就此把支持美国动武的国家称为“新欧洲”，把反对美国动武的国家称为“旧欧洲”，继而赖斯又提出教训法国、忽略德国、宽恕俄罗斯的策略，力图分化瓦解欧洲，防止欧洲再次出现挑战美国霸权地位的力量。

原来的超级大国苏联虽然已经解体，美国口头上说“俄罗斯已不再是美国的战略对手”，实际上一直对俄罗斯不放心、不放手，因为俄罗斯手中还有可以毁灭美国的大量核武器，还有可能再次成为挑战美国的力量，所以美国对俄罗斯是步步紧逼。格鲁吉亚和乌克兰的政局变化，再次显示了美俄的利害冲突。

如此的事态发展，不能不增加美国东进的后顾之忧，美国不得不考虑还需要用多大力量来解决欧洲的问题。欧洲问题解决不好，美国就难以放手对亚洲采取行动。

（二）占领西亚更难

西亚是伊斯兰世界的中心，也是备受西方国家欺凌的一个地区，但它们始终没有屈服。从 1096 年至 1291 年的近 200 年间，西欧封建主与天主教会合谋进行了 8 次十字军东征，结果均以失败告终。小布什在 21 世纪初发动的反恐战争能取得成功吗？实在令人怀疑。

第二次世界大战之后，美国与英国合作造就了一个以色列国，从此产生了阿以矛盾、巴以冲突，连续发生了五次中东战争，给阿拉伯人民带来了巨大灾难。巴以冲突至今没有平息，根本原因就是美国偏袒以色列。这就使得中东地区产生了强烈的反美情绪，甚至滋生了恐怖主义。这个伤口未愈，美英又联手在伊拉克开了一个大伤口。美国把“倒萨之战”定名为“伊拉克自由行动”，实际上这是美军的自由行动，它摧毁了无数伊拉克人的家园，杀死了十余万伊拉克无辜平民。这是一场不义之战，已经遭到了包括美国人民在内的全世界爱好和平的人民的反对。从开战以来，美军中已有 5 000 多人开小差，这就是一个最好的证明，证明它很不得人心。这个伤口十年八年能治愈吗？用 15 万大军搞成的大选能解决问题吗？难、难、难！目前，人们普遍担心的是伊拉克可能会陷入内战之中。

美国如何在西亚消灭恐怖主义，如何解决伊朗、叙利亚、沙特阿拉伯等国的问题，如何实现它的“大中东计划”，大概都不是轻而易举之事。美国想全部占领西亚，控制这里的石油资源，并把伊斯兰世界核心地区的人民改造成美国的顺民，使他们改变信仰，这不是一件容易的事。如果美国要以沙龙为师，凭借先进武器清除反抗者，其结果只能是以暴易暴，永无宁日。

（三）征服东亚难上难

东亚是亚洲的龙头，是东方文化的发源地。这里不仅人口众多，而且具有深厚的文化底蕴，是不会被外侮征服和同化的。这一点，美国人是有所领教的。

在冷战时期，这里与欧洲不同，人们面对的主要不是冷战而是热战，不是挑战者的取胜，而是挑战者的失败。这里的共产党能坚持马列主义真理，不断修正错误，始终立于不败之地。更重要的是，这里有一个中国共产党领导的拥有 13 亿多人口的社会主义的中国。有人一直在盼望着中国的失败，结果却是出其预料。中国社会稳定，经济持续高速发展，国内生产总值已占居世界第七位。美国十分担心中国会挑战其霸权地位。美国众议院国际关系委员会主席亨利·海德最近甚至把中国说成是“第二次世界大战以后对美国主导国际体系的挑战”。其实，中国早就向世人宣告：永远不称霸。

现在的中国与当年的苏联不同，现在的中美关系与当年的美苏关系也不一样。现在的中美关系，属于“建设性合作关系”，中美矛盾处理得好，是可以避免发展为敌我矛盾的。对美国，我们要与之斗争，但要强调斗争艺术，要善于斗争，善于周旋，要斗智斗勇不斗气，力求斗而不破。我们的“与邻为善，以邻为伴”的方针和“睦邻、安邻、富邻”的政策很受欢迎，并且已取得了巨大成功；我们同东盟 10 国和同上海合作组织 5 国的关系已进入成熟阶段；我们的大周边计划以及同欧洲、非洲、拉丁美洲、大洋洲等各方的关系都有突破性进展。现在确实是朋友遍天下。这都形成了对美国的牵制。

同时，我们也要清楚地看到，我们面临的客观环境是险恶的。因此要增强忧患意识，不能高枕无忧。[①] 我们要坚持独立自主的和平外交政策，努力维护和平，大力促进合作与发展，维护联合国的权威和《联合国宪章》的宗旨和原则。只要对外坚持我们的既定政策，对内坚持我们的科学发展观，不断提高综合国力，不断增强军事实力和民族凝聚力，我们就将无敌于天下。

---

① “打仗成瘾”的美国，近来公然宣称美军“正在为大国战争（想象俄罗斯或中国）做准备”，准备“与中国或俄罗斯开战”。参见美国《国家利益》双月刊网站，2016 年 4 月 27 日和 5 月 2 日两篇文章。

2 四国关系

美国与俄、日、中三国的关系，是美国与大国关系中最特殊、最具有代表性的一种复杂的关系。俄、中两国都是美国在反法西斯战争中的战友，都为战胜法西斯和建立战后国际秩序做出了重大贡献，但美国战后翻脸不认人，同苏联打了 40 多年冷战，至今对俄罗斯还未放手。对中国的关系是，坏坏好好，好好坏坏，可谓曲折前行，我们正谋求构建新型大国关系。美国同日本的关系，则是认敌为友，它解除了日本的武装，却没有执行罗斯福总统的遗言："日本军国主义必须像德国法西斯主义一样被彻底铲除。"相反，它是在重新扶助日本走军国主义道路。这是否是在养虎为患，令世人担忧。

颠倒的美苏（俄）、美日关系*

在中国人民抗日战争胜利70周年即将来临之际，我们回顾那段难忘的历史时，一定会想到两个国家：一个是实行“三光政策”，想要灭亡中国的日本法西斯；一个是秘密派来优秀飞行员驾机协助中国抗战的苏联。但是，当我们关注现实时又发现，和我们一起抗日的美国，对偷袭珍珠港的日本和邀请与其联手打倒日本帝国主义的苏联的态度，竟然是那样的不同。对前者是认敌为友，解除了它的武装，又重新把它武装起来；对后者是认友为敌，已搞垮了苏联，至今还对其继承国俄罗斯不放手。何以如此？很值得考察分析。

一

世人皆知，在20世纪的国际反法西斯战争中，美国和苏联是并肩作战的两个最强大的盟友。虽有斯大林、罗斯福、丘吉尔三巨头之称，但是能够做出并有力量实施重大战略决策的，只有斯大林和罗斯福。从斯大林格勒保卫战到盟军诺曼底登陆，以及对战后国际秩序的总体安排，斯大林和罗斯福都发挥了独特的无可替代的作用。富兰克林·罗斯福总统在胜利前夕突患脑溢血，于1945年4月12日去世，享年63岁。由参加过极端反动种族恐怖主义组织三K党的哈里·杜鲁门继任美国第33任总统。他上台后，没有认真贯彻实施《开罗宣言》《德黑兰宣言》和《雅尔塔协定》等罗斯福参与做出的有关决定。

---

* 畅征：《颠倒的美苏（俄）、美日关系》，载《领导科学》，2015（8）。

罗斯福认为，“战争与和平之维护有赖于与苏联保持友好关系”。在战争的决定性关头，为会晤斯大林，商定战争末期的作战计划和战后的世界大事，罗斯福拖着残疾的双腿，不远万里，于 1943 年 11 月和 1945 年 2 月先后到斯大林选定的地点——德黑兰和雅尔塔，参加三巨头会议。德黑兰会议对反法西斯战争的进程和结局，具有关键性作用，雅尔塔会议则是同盟国为最后打败德日法西斯并建立战后国际秩序而举行的一次重要会议。出席这两次会议，显示了罗斯福总统为加强美苏关系，实现大国合作的诚意与决心。

但是，坚持反苏反共态度的杜鲁门却幻想利用德国法西斯的力量来打败苏联。1941 年 6 月 22 日，当希特勒大肆进攻苏联时，杜鲁门竟在 23 日幸灾乐祸地说：“让他们去相互残杀，杀得越厉害越好。”然而，结果出乎其预料，苏联没有被打败、被消灭，反而变得更加强大，并形成了一个以苏联为首的社会主义阵营，成了杜鲁门妄图称霸全球的最大障碍。第二次世界大战后期，美国有了原子弹，野心也大为膨胀。美国前总统赫伯特·胡佛曾扬言：“目前，我们，只有我们掌握着原子弹，我们能够把自己的政策强加给全世界。”①

尽管美国有了原子弹，但杜鲁门仍然缺乏用武力征服苏联的信心，于是他的谋士们就绞尽脑汁造出了一个新概念、新名词——“Cold War”（冷战）。冷战是与热战相对而言的。它是以美国为首的资本主义国家对以苏联为首的社会主义国家进行的除直接武装攻击之外的一切敌对活动，如军事遏制、政治对抗、经济封锁、组织包围等。其基本特征是通过军备竞赛（主要是核军备竞赛），进行武力威慑与和平演变。这就是所谓的“没有硝烟的战争”，寄希望于实现对共产主义的“不战而胜”。杜鲁门的继任者艾森豪威尔说，这是“用和平手段取得胜利的高尚战略”。

大量事实说明，冷战是由美国挑起的，苏联只是被动应对。1947 年 3 月 12 日，杜鲁门在美国国会发表了被称为“杜鲁门主义”的国

① ［美］胡佛：《论美国的道路（1945—1948）》，4 页，纽约，纽约出版社，1949。

情咨文。他声称，“世界各国的自由人民都在期盼我们的支持”，“伟大的责任已经降临到我们的头上”。“杜鲁门主义”的出笼，标志着战后美国国际战略的重大调整，标志着美国已取代大英帝国成了资本主义世界的霸主，标志着美苏战时盟友关系的终结，标志着史无前例的冷战的开始。

杜鲁门为推行他的冷战战略，采取了两大举措：一是用“马歇尔计划”，笼络控制西欧。二是用“苏联威胁”，组建北约军事集团。北约是美国领导并直接指挥的一个强大的军事集团，是美国这个“世界警察”头目手中的一个警棍。北约成立已经 65 年了，它已由 12 国扩大为 28 国，压住了德国，遏制了苏联，搞垮了华约。正如戴高乐所说，北约是“美国霸权的工具”。

苏联为了应对美国的挑战，也不能不采取相应的措施。根据所谓的“莫洛托夫计划”，苏联于 1949 年 1 月同波、匈、保、罗、捷 5 国成立了“经济互助委员会”，简称“经互会”。1955 年 5 月，苏联又同波、匈、保、罗、捷、阿、德在华沙签订了《友好互助条约》，故称华约。从此形成了两大军事集团对峙的局面。

冷战的主战场在欧洲。北约和华约都在此部署了包括核武器在内的各种先进武器。1949 年 8 月 29 日，苏联的第一颗原子弹爆炸成功，打破了美国的核垄断，于是美国就在 1952 年 11 月 1 日爆炸了它的一颗比原子弹威力更大的氢弹。紧接着，苏联在 1953 年 8 月 14 日成功地爆炸一枚氢弹，而且比美国的氢弹更先进。双方都宣称，要确保摧毁对方。截至 1982 年，美国已拥有 9 000 枚核弹头，总当量近 40 亿吨。苏联拥有的核弹头已达 7 124 枚，总当量约 50 亿吨。20 世纪 90 年代初，双方拥有核弹的总当量均已超过万亿吨，可以几次毁灭地球。双方的军事实力，可谓旗鼓相当。从 1947 年 3 月冷战开始，到 1989 年 12 月老布什和戈尔巴乔夫共同宣布冷战结束，历时 42 年零 9 个月。双方一直紧张对峙，但并未走火，欧洲 40 多年无战事。

东欧各社会主义国家改旗易帜，苏联一分为十五，既不是在战场上被打败，也不是因为经济技术落后而衰败，而是西方和平演变政策的结果。苏联的最后一位总书记戈尔巴乔夫说，我们在“改变立场，改变思维，进行根本性改革”。结果是：叱咤国际风云 69 年的大国——苏维埃社会主义共和国联盟彻底解体。美国前国务卿基辛格说：“从来没有一个世界强权未经交战失利，就如此迅速、彻底地四分五裂。”他说，戈尔巴乔夫“摧毁了共产党”，“推动了把他送上权力宝座的那种制度的覆亡”①。

1991 年 12 月 25 日晚 7 点，苏联首任也是最后一任总统戈尔巴乔夫宣布辞职，克里姆林宫屋顶上的苏联国旗换成了俄罗斯的三色旗，克宫的主人已由叶利钦取代了戈尔巴乔夫。俄罗斯是苏联的继承国，仍是联合国的五个常任理事国之一。苏联拥有的 2.7 万件核武器，均由俄罗斯掌控。从此，两极格局终结，美国成了世界唯一的超级大国，美苏关系也就变成了美俄关系。

叶利钦上台后，积极靠近美国，一再向美国示好。1991 年 6 月 10 日，他就任苏联最大的加盟共和国俄罗斯的总统后，就对美国人说，我们已扔掉了“马克思主义的实验”，“将沿着你们的足迹前进”。1992 年 6 月，叶利钦作为首任俄罗斯总统第一次正式访美时，受到了美国高规格的接待，美国给了他在国会两院发表演讲的机会。他说，他已下令解除 SS-18 导弹的战备状态，使之不再对准美国，因为“俄罗斯不再把美国当作潜在的对手”，而是“战略伙伴”。6 月 17 日，老布什在联合举行的记者招待会上说：“我们确实形成了一种真正的新关系，一种和平、友好、信任和加强合作的关系。”1994 年 1 月，克林顿应邀访俄时，在双方发表的《莫斯科宣言》中称，俄美进入了“成熟战略伙伴关系的新阶段”。

所谓“新关系”“新阶段”，新在何处？其主要表现就是将美苏关系改成了美俄关系，在本质上没有多大变化。美俄都是世界上最大的核大国，都是联合国安理会五常之一。因为俄罗斯仍然拥有能摧毁美

① 畅征：《美国独霸全球的 20 年》，64 页，北京，中国经济出版社，2012。

国的核武器，所以美国就一直对它不放心、不放手，怕它“东山再起”。于是，就设法挤压它，继续遏制它。尽管说冷战结束了，但美国政府的冷战思维并未放弃，而且还不断有人在谈论“新冷战”。双方有过所谓的“蜜月期”，但美俄始终未成为密友。

冷战时期，欧洲 40 多年无战事。冷战结束以来，1999 年北约发动了相当规模的科索沃战争，2008 年萨卡什维利挑起“俄格战争”（又称“五日战争”），2014 年又发生了乌克兰国内的军事冲突。现在的美俄关系，能说是“成熟战略伙伴”吗？互相信任吗？

科索沃战争后，叶利钦已感受到“西风”吹得寒气逼人，因此，他创造了一个新概念——“冷和平”。2000 年 5 月，普京就任俄罗斯总统后，也和其前任一样积极改善与美国的关系，如为美国打阿富汗战争提供方便等，但有好心，却没有好报。五角大楼在 2002 年 1 月 8 日发表的《核态势报告》中，竟然把俄罗斯包括在可以进行核打击的七个国家之中。同年 6 月，美国单方面宣布退出美苏在 1972 年签订的《反弹道导弹条约》。2003 年 3 月，北约决定接收包括三个原苏联的加盟共和国在内的七个国家加入北约。同时，美国还对普京本人进行无端的指责和攻击，说普京实行“专制”，是“源自法西斯主义，而非共产主义”[①]。这不能不引起俄罗斯人的愤怒。普京在 2006 年的国情咨文中，用形象的语言说：“大灰狼同志知道吃谁。一旦吃起来，谁的话都不听；一边咀嚼，一边随处进行民主和人权的演说。”针对美国的行为，普京强调必须加强国防力量。他说：“我军的战斗力越强，我国的外交压力就会越小。”

由于美国坚持要拉乌克兰和格鲁吉亚加入北约，坚持要在东欧部署导弹防御系统，实在使俄罗斯忍无可忍，所以普京在 2007 年 2 月的慕尼黑安全政策会议上对美国的单边主义和干涉主义进行了他担任总统以来最为猛烈的抨击。他说，“单极世界就是只有一个权力中心，一个军事力量中心，一个主宰”，“单边行动，不仅没有解决冲突，反

① 《华盛顿邮报》（美国），2006-06-19。

而让形势更加糟糕”。他强调指出，“国际关系中出现了无节制地过度使用武力的倾向”。他直言，当看到军事设施逼近俄罗斯边界时，“如果我们自己不制造导弹防御系统，我们就应当制造能够对付导弹防御系统的武器系统。这是完全合乎逻辑的”[①]。

为了测试俄罗斯领导人的意志和能力，美国利用普京与梅德韦杰夫调换岗位的时机，在2008年8月8日，默许自己培养起来的格鲁吉亚总统萨卡什维利在上百名美国顾问的辅助下，在“玫瑰革命”的基础上，使用美式武器，以“恢复本国领土”为名，对俄罗斯在南奥塞梯和阿布哈兹的维和部队发起进攻，挑起了一场“俄格战争”。这是独联体国家间爆发的首场战争，只打了五天，又称“五日战争”。俄罗斯有损失，格鲁吉亚损失更大，以致南奥塞梯和阿布哈兹效仿科索沃宣布独立。这应验了普京在2008年2月美国支持科索沃独立时发出的警告：这样做会搬起石头砸自己的脚。英国《卫报》在8月28日发表了一篇题为《格鲁吉亚是美国单极世界的墓地》的文章，文中说：“一个大国能像巨人一样驾驭全球，把自己的意愿强加给每个大陆的日子一去不复返了。”

但美国并未因此收手，而是变换手法，在俄罗斯的近邻乌克兰采取行动。2007年3月16日，美国参议院通过决议，“邀请”乌克兰和格鲁吉亚加入北约。“五日战争”失败后，时任美国副总统的切尼还在2008年9月5日对乌克兰总统尤先科表示，“美国支持乌克兰加入北约”。他们没有料到，乌克兰在2010年1月的大选中获胜的竟然是亲俄的亚努科维奇，而且他上台后，就在5月27日宣布，加入北约问题已从政策议程上撤销了。[②]

2013年11月21日，亚努科维奇政府宣布，暂停与欧盟签署联系国协定的筹备进程，因而引起了亲西方势力的强烈不满，他们迅速兴起了大规模的独立广场运动。12月1日，有数千人包围了政府大

① 畅征：《略论苏联解体后的俄美关系》，载《领导科学》，2009（8）。

② 参见畅征：《美国独霸全球的20年》，176～177页，北京，中国经济出版社，2012。

楼，“乌克兰第三共和国运动”领导人、前内政部长卢岑科宣称，“抗议活动已经变成了革命”，参加者已达 50 万人。12 月 8 日，抗议者推倒了 3.5 米高的列宁雕像。17 日，政府颁布法令，禁止一切反政府抗议。23 日，白宫威胁说，如果基辅局势无法改善，将对乌克兰实行制裁。2014 年 2 月 4 日，美国副总统拜登打电话给亚努科维奇，要求他“立即撤回防暴警察”。22 日，乌克兰反对派占领了政府的核心部门及议会，亚努科维奇被迫出走俄罗斯。普京认为，这是“政变”。从此，乌克兰局势与俄美关系进一步恶化。

亚努科维奇被反政府势力赶走后，亲俄反俄斗争加剧，乌克兰迅速陷入分裂局面。从图尔奇诺夫议长任过渡总统到 5 月 25 日巧克力大王当选总统，基辅政府已成为清一色的亲美政府。最令人惊奇的是，12 月 2 日经乌克兰最高拉达（议会）批准的波罗申科改组而成的新政府成员中，竟请来了三位“外援”部长，一个是曾在美国国务院工作的美国人亚列西科任财政部长，另一个是格鲁吉亚前卫生和社会保障部长克维塔什维利任卫生部长，第三个是立陶宛的阿布罗马维丘斯任经济部长。这被认为是外国治理乌克兰的鲜明标志，“所有人事决定都是遵照西方监护人的指令做出的”。亚采纽克就是按照美国副总统拜登的意见当上总理的。3 月 12 日，他以临时政府总理身份访美时，奥巴马在白宫向他保证，在乌克兰与俄罗斯的争端中，他“与乌克兰站在一起”。亚采纽克也誓言，乌克兰“将成为西方世界的一部分”[①]。

由于基辅当局的极端亲美反俄，使得占克里米亚人口 59%的俄罗斯族人与亲俄派势力感到恐惧，所以他们要“脱乌入俄”。3 月 6 日，克里米亚议会通过决议，决定加入俄罗斯联邦，并决定 3 月 16 日举行公投。公投结果是，有 98%的公民投票支持加入俄罗斯联邦。3 月 18 日，普京在与克里米亚总理和议长签署了有关克里米亚并入俄罗斯版图的条约文件后宣布：“在人们的记忆中，克里米亚一直是

① 德新社华盛顿，2014-03-12。

且仍将是俄罗斯不可分割的一部分。”① 在普京看来，这是 1954 年赫鲁晓夫把克里米亚交由乌克兰照管 60 年后，“又回家了”。他在 2015 年元旦致辞中说：“这一事件永远是我国历史上最重要的里程碑。”

克里米亚“脱乌入俄”，立刻在乌克兰东部引起了连锁反应。那里的亲俄派也如法炮制，要通过公投加入俄罗斯联邦。于是，就诞生了“卢甘斯克人民共和国”和“顿涅茨克人民共和国”。它们不参加基辅的 5 月大选，而是选出了自己的国家领导人。这对基辅而言，无疑是个严重挑战。因而，基辅当局就用“反恐”的名义，对“叛乱分子”“分裂分子”进行武力镇压。这就证实了美国《国家利益》网站在 2 月 20 日发表的一篇文章中说的话，乌克兰危机正“演变成一场内战”，一场“西方和俄罗斯之间的一种代理战争”。从 2014 年 4 月开战到 2015 年 2 月上旬，快一年了，战争已夺去了 6 000 多人的生命。一个好端端的乌克兰已经分裂了。

这究竟是谁之过？美国芝加哥大学政治学教授约翰·米尔斯海默在美国《外交》杂志 9/10 月号发表了一篇有理有据的文章，题为《为什么说乌克兰危机是西方的过错》。他认为：“美国及其欧洲盟友要为这场危机承担大部分责任。问题的核心是北约东扩，而大战略的中心内容是使乌克兰脱离俄罗斯的势力范围，将之融入西方。”他说：“在普京看来，非法推翻乌克兰的民选和亲俄总统是压垮骆驼的最后一根稻草。”他强调指出：“普京的反击应该不会令人感到吃惊。无论如何，西方在闯入俄罗斯的‘后院’，威胁其核心战略利益”，是“美国及其盟友……挑起了严重的乌克兰危机”。

但美国及其盟友听不进去，它们坚持认为乌克兰危机是俄罗斯之过，普京之过。它们执意要在外交上孤立之、军事上威胁之、经济上制裁之。它们拒绝出席索契冬奥会，单方面把八国集团又改成了七国集团；它们声称“北约回来了”，决定要建立 5 000 人的快速反应部队对付俄罗斯，美军已进入俄罗斯的邻国，并大搞军演；经济制裁一再

① 路透社莫斯科，2014-03-18。

加码，加之油价大跌，卢布贬值，已给俄罗斯造成巨大困难。这一切都无法使俄罗斯屈服。普京的民众支持率不是下降，而是不断上升，其支持率已由 2014 年 3 月的 72%上升至 9 月的 86%。何以如此？因为普京的作为反映了俄罗斯人的心愿，同时，也是美国的反俄政策促成的。奥巴马 9 月 27 日在联大的讲话就发挥了这种作用，他竟然把俄罗斯在乌克兰危机中的对策与埃博拉病毒和“伊斯兰国”并称为对国际秩序的三大威胁。这就不能不遭到俄罗斯人民和普京的强烈谴责。

2014 年 10 月 24 日，普京在索契举行的第 11 次瓦尔代国际辩论会上强调指出：“是美国让这个安全体系走样的，它建立了单极世界。”普京称单极世界“简直就是为对各国实行独裁的一种辩护”，他认为，“美国在冷战结束后的所作所为是不负责任的，想把整个世界置于自己的控制之下”，他说：“俄罗斯不想竞争世界领袖角色，但莫斯科也绝不允许别人不考虑俄罗斯的利益。”美国媒体称，普京的这次讲话是 2007 年“慕尼黑讲话 2.0”。英国《金融时报》说，这是普京“15 年中最反美的讲话之一”。

现在看来，美国还不想让乌克兰内战停下来，还不想使紧张的美俄关系缓和下来。2014 年 12 月 19 日，奥巴马批准了美国国会通过的“支持乌克兰自由法令—2014”。这个法令有两个要点：一是对俄罗斯的制裁再升级；二是对基辅不仅提供美元，还打算提供致命性武器。因此，乌克兰议会在 23 日以压倒性多数通过了一项法案，决定放弃乌克兰的不结盟地位。俄外长拉夫罗夫对此表示，这“只会加剧乌克兰东部危机的紧张程度”。法国总统奥朗德认为，“没有必要对俄罗斯实施任何新制裁”。他在 12 月 6 日同普京会晤时就表示，乌克兰危机“给乌克兰人民、给欧盟和俄罗斯都带来了痛苦”①。

由于美俄两个核大国的态度都很强硬，以致有人提出了一个问题：世界在走向第三次世界大战吗？冷战时期，美苏对峙 40 多年，欧洲无战事，而今分别部署了 1 642 枚和 1 643 枚核弹头的美俄两国，

---

① 俄塔社伏努科沃机场，2014-12-06。

也未必会擦枪走火。叶利钦所说的那种“冷和平”可能会继续下去。

二

日本是发动第二次世界大战的两个元凶之一，是亚太地区各受害国遇到的一个最野蛮、最残忍、最顽固的侵略者。和德国相比，它开战的时间早，投降的时间晚。尽管日本在 1945 年 8 月 15 日发布了天皇裕仁的《终战诏书》，但这个“诏书”不是《投降诏书》。因此，日本右翼势力坚持“侵略定义未定”，只讲“终战”，不讲投降，可能是准备再战；坚持参拜靖国神社，不认罪、不道歉、不对慰安妇赔偿，准备推翻东京审判案。

日本和中、美、俄（苏）三国相比，算不上大国，但其野心很大。自明治维新以来，日本坚持推行殖民扩张的“大陆政策”。甲午战争、日俄战争以及第一次世界大战，日本都以胜利者自居，大获其利，于是就疯狂起来。日本首相田中义一在 1927 年 7 月炮制出了一个具有侵略扩张路线图性质的“田中奏折”，即“大陆政策”。他说：“欲征服中国，必先征服满蒙；欲征服世界，必先征服中国。”

1931 年，日本关东军制造九一八事变，占领了东北地区的中枢沈阳。1932 年 3 月，成立伪满洲国，同年 9 月，关东军制定了《满蒙问题解决方案》，从而达到了日本“征服满蒙”之目的。1937 年，日本又制造七七事变，开始了全面的侵华战争，并扬言三个月内消灭中国，在 12 月 13 日制造了震惊世界的南京大屠杀。但美国对日本的法西斯侵略罪行却无动于衷。据史料记载，美国早有与日本合作共同霸占中国之图谋。甲午战争后，日本迅速崛起，英、法、俄有联合遏制日本之意，而美国权威人士竟然警告说：“美国不允许任何国家企图阻止日本享有战争胜利的成果。”1904 年，日本向俄国发动进攻时，美国总统西奥多·罗斯福虽然宣布保持中立，却偏向日本。当日本击溃俄国舰队时，他高兴地说：“我对日本的胜利极为兴奋。”在

1919 年巴黎和会和 1921 年华盛顿会议上，美国都是支持日本掠夺中国领土的。[①]

美国和日本属于后起的帝国主义国家，也是侵略中国的后来者，它们之间有心灵相通之处。但在入侵中国方面，美国比日本又晚了一步。美国侵略中国的“门户开放政策”，是在《马关条约》之后的第四年，即 1899 年 9 月，由美国国务卿海约翰致英、法、德、意、日、俄六国照会中首次提出的，他要求美国能在一切“势力范围”内取得通商自由、低税率和一切特权。这说明，美国有求于日本，所以九一八事变和七七事变之后，美国继续实行它的所谓“中立主义”，继续给日本帝国主义侵略者提供各种战争急需品。美国没有料到，狼犬竟会对喂食者咬一大口。

1941 年 12 月 7 日，日本不宣而战，派出潜艇和 350 架战机，偷袭美国珍珠港，重创了美国的太平洋舰队，击沉击毁战舰 18 艘，击毁飞机 231 架，官兵伤亡 4 500 多人。日本此举迫使美国不得不放弃坐山观虎斗的所谓“中立主义”，加入反法西斯的第二次世界大战。12 月 8 日，罗斯福总统在宣战时说：“我们本不想卷入，可是现在我们卷入了。我们将用我们所能得到的一切去进行战斗。”日本偷袭珍珠港标志着中日战争已扩大为太平洋战争，标志着日本迈出了它“征服世界”的一大步，同时，也是它走向灭亡的一大步。

日本偷袭珍珠港得逞后，相当疯狂。从 1941 年底到 1942 年秋，不到一年时间，日本军国主义的铁蹄就踏遍了东南亚，它不仅夺占了美国的属地关岛和菲律宾，也夺占了英、法、荷等老牌帝国主义的属地，如马来西亚、新加坡、印度尼西亚、文莱、泰国、印度支那三国，以及南太平洋地区的巴布亚新几内亚和澳大利亚等。但以安倍晋三为代表的日本右翼势力至今不认为这是侵略，却以“解放者”自居，认为这是反对欧美殖民主义，这是典型的自欺欺人。

恶有恶报。靠战争起家、“打仗成瘾”（美国学者沃尔特语）的美

① 参见畅征：《美国独霸全球的 20 年》，60 页，北京，中国经济出版社，2012。

国，是不会对侵略成性的日本善罢甘休的。[①] 1941 年 12 月 21 日，罗斯福在白宫召开的参谋长联席会议上强调指出："日本人太嚣张了，我们一定要想办法报复它，要想方设法轰炸日本本土。"已退役的空军中校吉米·杜利特临危受命。在 1942 年 4 月 18 日，由他带领 80 位空军战士，驾驶 16 架 B-25 轰炸机，英勇无畏地首次对日本本土实施了"杜利特空袭"。这次空袭行动，给日本造成的损失不大，但意义重大。它对日本法西斯发出了一个严重警告：侵略者，必将受到惩罚，东京并非安全之都。

1942 年 6 月，是世界反法西斯战争的转折点。如果说，斯大林格勒保卫战是苏德战场大转折的话，那么中途岛战役就是美日战场的大转折。这是盟军走向胜利，德日法西斯走向灭亡的大转折。

中途岛战役是日本继偷袭珍珠港之后，对美国发动的一次重大战役。发动此战役的正是珍珠港行动的策划者山本五十六。他作为日本联合舰队司令官，率领包括 8 艘航空母舰在内的 150 多艘军舰、650 架战机，同美军在中途岛展开了一场世界海军史上规模最大的空海大战。

中途岛的陆地面积为 4.7 平方公里，它位于珍珠港西北 1 000 余海里，西距日本的横须贺 2 244 海里，东离美国的旧金山 2 792 海里，地处太平洋航路之中途，故称中途岛。这里是美国海军的航空站，地位十分重要。日本从这里动手，是想把美国已被削弱的太平洋舰队诱骗过来，一举歼灭。但是，日本军国主义者打错了算盘。其估计，日美在战场上的兵力之比为 4∶1，胜利唾手可得。殊不知美军已破译了日本舰队的行动密码，早已按计划部署兵力，隐蔽待命。当日本的轰炸机飞离航母去空袭中途岛时，美军太平洋舰队司令尼米兹命令美军轰炸机和鱼雷机立即起飞，以闪电般的速度摧毁了日本舰队的阵容，使日本的大型航母一半被击沉，332 架战机被击落，2 000 多名日军被

---

① 日本法西斯运动的鼓吹者北一辉在他 1919 年写的《国家改造案原理大纲》中说："日本是一个领土狭小的国家，作为国家生存权的侵略主义也就是日本的正义。"

炸死。日军因损失四艘航空母舰而丧胆，并于 6 月 4 日开始总撤退，取消了登陆中途岛的计划。从此，日军丧失了战争初期夺得的海空控制权，美日军事态势发生逆转，日本由攻变守，美军变守为攻。

但是，日军中途岛战役的败退，并未形成“兵败如山倒”之势。它是且战且退，顽抗了三年多才被迫投降。日军自称为“皇军”，即为天皇效忠的军队，它是以武士道精神训教出来的世界上最野蛮、最残暴的一支军队，所到之处，无不滥杀无辜。在中国，制造了震惊世界的南京大屠杀。在缅甸也不例外，被国际法庭处决的甲级战犯木村兵太郎，就有“缅甸屠夫”之称。

最能显示出日军之野蛮和残暴的，当属冲绳战役。冲绳是琉球群岛的一部分，地处日本九州岛与中国台湾之间，战略地位十分重要，二战后成了美国在亚太地区的一个重要的军事基地——普天间基地。冲绳战役从 1945 年 4 月 1 日开始到 6 月 18 日结束。美军出动 19 艘航母、18 万官兵。由于战斗残酷，武器弹药耗费巨大，日本人称之为“钢铁风暴”。从 1972 年美国把冲绳交给日本管理以来到 2014 年 7 月 12 日止，日本自卫队已发现并引爆的弹药达 1 708 吨。

冲绳是个与日本本土不相连的岛屿，经过两个多月的战争，物资已经耗尽，日军已是弹尽粮绝，但仍然不投降，于是就滥杀无辜。凡发现有囤积粮食的居民，就立即枪决；凡一时难以治愈的重伤员，就命令医生为之注射致命药物，为其“送行”；甚至发生过数百起日军逼迫平民自杀事件。竹富町是冲绳战役中日本损失最惨重的地方。现在，安倍政府强迫这里用的教科书，对日军强迫冲绳居民自杀的历史记载竟然说是，“在美军强攻下无处可躲的居民选择了自杀”①。在冲绳战役中，有 22 万多名日本人死亡，其中有 10 万是平民，约为当地人口的 1/4。美军官兵伤 3.7 万人、亡 7 600 人。“这是二战期间太平洋战场最血腥的战役。”②

---

① 韩国《朝鲜日报》网站，2014-04-11。
② 美国《福布斯》双周刊网站，2014-06-24。

就在冲绳战役正进行时，德国法西斯于5月8日正式签署了无条件投降书。日本法西斯还要继续顽抗，只能是死路一条，也会给日本人民造成更为深重的灾难。7月26日，美英中苏发表了盟国的《波茨坦公告》，敦促“日本政府立即宣布所有日本武装部队无条件投降”，否则，“日本即将迅速完全毁灭”。但是，日本政府竟敢在7月28日发表声明称，对《波茨坦公告》“不屑理会”。因此，美国在8月6日对广岛投下了第一颗原子弹。当天，美国总统杜鲁门发表声明警告日本，如果“现在还不接受我们的条件，他们的毁灭将自空而降”。8月8日，苏联宣布，将立即对日本关东军发起全线进攻。日本发誓“要决战到最后一个战士”。8月9日，美国又在长崎投下了第二颗原子弹。8月10日，日本内阁决定，接受《波茨坦公告》的条件，无条件投降。8月14日夜至15日凌晨，裕仁天皇以广播的形式录制了用语暧昧的《终战诏书》（该录音于8月15日正午向日本民众播放，史称“玉音放送”），而非《投降诏书》，还引用北宋哲学家张载的一句话说，是“为万世开太平”。这也就为其后人进行翻案埋下了伏笔。

日本和德国都是战败国，但盟国对它们的惩治方式却有所不同。对日本不是由几个战胜国分区占领，而是由美国一家独占。8月13日，杜鲁门任命麦克阿瑟将军为盟军最高统帅。他于8月26日率领26万美军对日本进行全面占领，使用的军事基地和设施共有2 824处。9月2日上午，在东京湾的美国“密苏里”号军舰上举行了日本投降签字仪式，日本外相重光葵和日军参谋长梅津美治郎在投降书上正式签字。这标志着第二次世界大战的胜利结束。欧亚两大洲的德、意、日三个法西斯国家一齐垮台，是人类历史上未曾有过的大事。2014年2月，中国全国人大常委会决定，将9月3日确定为“中国人民抗日战争胜利纪念日”，12月13日为“南京大屠杀死难者公祭日”。2014年8月，全国人大常委会又决定，将9月30日定为“烈士纪念日”，以此警示国人：勿忘国耻，奋发图强。提醒世人，警惕日本军国主义复活。

美军全面占领日本后，为防止日本军国主义东山再起，并能按美国的设想来改造日本，使之成为一个亲美而不反美的国家，成为美国在亚太地区的一艘“不沉的航空母舰”，麦克阿瑟采取了四项重大战略措施，即打碎日本军国主义的国家机器、审判战争罪犯、制定“和平宪法”、确保美军无限期驻扎日本。

从1941年12月7日日本偷袭珍珠港到1946年11月麦克阿瑟审定《日本国宪法》（也称“和平宪法”）的五年间，美国把日本视为不共戴天之敌。它使用常规和非常规的武器，把日本法西斯打倒在地，并踩上一只脚（无限期驻军），使之永世不得翻身。《日本国宪法》明文规定：日本“永远放弃以国家权力发动的战争”，“不保持海空军及其他战力”，即不能拥有军队，不能发动战争，不能重走军国主义老路。

但是，1947年3月“杜鲁门主义”出笼、冷战开打之后，美国为了拉拢日本，帮它在欧洲打冷战，在亚洲打热战（朝鲜和越南战争等），就已改变了对日本的态度。具有标志性的事情有两件：一是对日本战犯或重罪轻判，或该判不判。最典型的一例是1948年释放了甲级战犯“满洲之妖”岸信介，而且允许他在1957年2月当上了日本首相，还在1960年1月同他签订了《新日美安全条约》，实行所谓的“共同防卫”。同年，美国还默许他把东条英机等被处死的甲级战犯封为“殉国七士”，以致靖国神社在1978年为14名甲级战犯设立“灵位”。二是同日本片面缔结《旧金山和约》并签订《日美安全保障条约》。1951年9月4—8日，美国不顾中国的强烈反对，在遭受日本侵略时间最长、受害最严重的中国没有参加的情况下，纠集40多个与对日作战无直接关系的国家在旧金山召开了对日媾和会议，并于8日签订了《旧金山和约》，承认日本是一个“主权国家”。中国政府在会前会后两次发表声明强调指出，这个和约“是非法的，因而也是无效的”。同一天，日美两国代表又签订了一个《日美安全保障条约》。条约规定，美国有权在日本国内及其周围长期驻扎美军，美军及其家属享有治外法权等。一个和约、一个条约，再加上1960年签的那个《新日美安全条约》，美日关系就由敌国关系变成了盟友关系。

在冷战时期，日本在美国的核保护伞下，坐着免费的安全车，再加上中国“难以置信的宽大……放弃了战争赔偿”[①]，使其经济得到了快速发展。1968年，它已超过英、法、德三国，成了资本主义世界第二大经济体。1975年，西方国家承认了日本的经济大国地位，让它参加七国集团。1978年，日本又超过苏联，成了世界第二大经济体。1991年苏联解体，日本“迎来了一个大的转折点”，它不仅敢于对美国说“不”，而且要求建立“三分天下”的日美欧三极体制，反对美国独霸世界；要求修改《联合国宪章》，废除有关日本的“旧敌国条款”，并于1992年提出了要“在5年内获得安理会常任理事国席位”。日本前首相中曾根康弘说：“日本不仅作为经济大国，而且作为政治大国。”

21世纪伊始，美国发生了“9·11”恐怖袭击事件。小布什总统以反恐为名，先后在阿富汗和伊拉克发动了两场持续十多年的战争，以致美国的软硬实力俱损。与此同时，中国经济发展成就惊人。2000年，中国的国内生产总值为99 215亿元，到2010年，已跃升至401 513亿元，换算成美元是5.8万亿美元，已超过了5.4万亿美元的日本，中国成了世界第二大经济体。因为有一些人预言，中国的经济总量将在2020年超过美国，成为世界第一大经济体。因此，奥巴马在2010年声称：“我决不接受美国成为第二。”他将誓死捍卫美国“世界第一超级大国的地位”[②]。美国不愿意当老二，日本更不愿意当老三。“安倍经济学”之目标，就是要日本的GDP超过中国。于是，这两个昔日之敌，就沆瀣一气，拉帮结伙，妄图遏制中国的和平发展。

为了遏制中国，奥巴马决定要“重返亚太”，随后又改称“亚太再平衡”。所谓“亚太再平衡”，说穿了就是美国要来亚太搅局。它不是来增加投资，促进亚太经济继续繁荣，而是要加强其军事存在。美

① 《每日新闻》（日本），2014-10-27。

② 参见畅征：《“美国不谋求遏制中国”?》，载《领导科学》，2013（8）。

国军方宣布，要在2020年前将其海空60%的军力部署在亚太地区。2012年1月5日，法新社就此评论说，奥巴马的新军事战略，就是“注重与中国日益崛起的军事实力相抗衡”。亚太地区不像欧洲那样，有一个北约可供美国利用，于是它就设法把日本、韩国、菲律宾、澳大利亚等盟国串联起来，也想把与中国有领土争端的东盟国家拉拢过来，给中国制造麻烦，给亚太地区制造紧张局势，破坏中国的和平发展环境。

美国军事“重返亚太”，在日本右翼分子看来，是他们实现军事大国梦想的一个良机。美国在亚太地区更看重日本，希拉里等政要多次表示，日美联盟是亚太地区“和平与稳定的基石”。但是，以安倍为首的日本右翼势力绝不是美国的顺民，他们是要“借船出海”。其国际战略是：牵手美国，对抗中国，领导亚洲，称霸全球。安倍晋三的“俯瞰地球仪的外交”，实质上是1927年“田中奏折”的再版，即“征服世界，必先征服中国”。安倍的具体行动是：以中国威胁为借口，以钓鱼岛问题为抓手，修改“和平宪法”，将自卫队扩建为能进行战争的强大的国防军。

宪法是国家的根本大法。麦克阿瑟审定并于1947年5月3日生效的《日本国宪法》，对反战争、求和平的日本大众来说是福音，对军国主义遗族们而言则是加在他们头上的一个“紧箍咒”，也可以说是他们复活军国主义路上的一座大山。安倍晋三为搬走或挖空这座山，费尽了心机。他首次执政不满一年，就为修宪做了两件大事：其一，为了扩军强军，他将“防卫厅”正式升格为“防卫省”。其二，通过了一个《国民投票法案》，确定了修宪程序。他第二次登台不足两年，又做了五件大事：(1) 安倍提出了一个“积极的和平主义”新概念，把以往根据“和平宪法”实行的“专守防卫”政策贬斥为“消极的和平主义”。(2) 设立由四大臣（首相、外相、防卫相、官房长官）组成的“国家安全保障会议”，强行通过《特定秘密保护法》，削弱了宪法的和平、民主和人权原则。(3) 内阁会议通过“防卫装备转移三原则”，取代了此前实行的“武器出口三原则”，以便扩大武器出口市场，提高军火工业的竞争力。（4）日本政府临时内阁会议决定，修改宪法解释，解禁集体自卫权，即使自身未受到攻击，日本也可以为阻止针对他国的攻击而行使武力。这是对宪法第九条“放弃交战权”的实质性废除。（5）自民党与公明党组成的执政联盟，在 2014 年 12 月 14 日大选中获得 325 席，超过众议院 2/3 席位所需的 317 个议席，为安倍实现修宪“大目标”前进了一大步。在他第三个任期内，能不能在参议院选举中获得 2/3 席位，能不能在国民投票中赢得过半数，要看日本民众让不让安倍晋三取消战后日本宪法第九条规定的和平主义信条。

尽管安倍修宪尚未完工，但是，战后的日本除未对他国直接交战外，其军事实力的发展早已突破了日本宪法第九条规定的“不保持海空及其他战力”的界限。2014 年底和 2015 年初，美国《国家利益》双月刊网站就各国军力比较发表了两篇文章。该刊在《全球最致命的空中力量》一文中认为，日本航空自卫队是全球最强五大空军名单上的黑马。“日本拥有超过 300 架制空和多用途战斗机，保卫着这个岛国免遭陆海空威胁。”《亚洲最致命的五支海军》一文中说，直至美国“亚太再平衡”战略出台前，“日本海上自卫队都堪称东北亚最大规模的海上力量，它作为反潜和水雷战方面的世界领袖一直享有应得声誉”。日本没有洲际弹道导弹，但它完全有能力生产这种导弹，因为它有发射卫星和深空探测用的火箭。日本没有核弹，但它有成熟的核技术。一有技术，二有可造出数千枚核弹的钚。美国前五角大楼审计官多夫·扎赫姆也认为，日本“能在几个月内就拥有核武器”①。

被解除武装的日本，在美国的默许和支持下已非同一般地又武装起来了。2014 年 9 月 10 日，路透社发自东京的一份电报称：“日本军队已十分强大。”但是安倍晋三并未因此而满足，他第三次登上相位后宣称，“一定要重塑强有力的日本”，要“打造一支更加强势的军队”。他要干什么？显然不是为了“专守防卫”，而是要对外侵略扩

① 美国《空军时报》网站，2014-09-30。

张。要在亚洲称雄，要在世界称霸。2014 年 4 月，日本外务省发布的日本地图，表明了它的扩张野心。这张地图延伸到了国际公认的日本边界之外，理由是“这些岛屿对于日本自身的存在是不可或缺的”。2015 年 1 月 19 日，共同社等日本媒体报道，防卫省根据“积极和平主义”，正研究把 2009 年在吉布提设立的反海盗基地，建设成为日本在中东和非洲的自卫队常驻军事基地。这也可以称为是对美国统治世界的战略“做贡献”。

安倍晋三自 2012 年底再次执政以来，强军备战，矛头对准中国，就是要重走他外祖父（岸信介）辈的军国主义道路，要“重塑”一个新版的“大日本帝国”，要遏制中国的和平发展，破坏中国的和平统一。1959 年 7 月 14 日，时任日本首相的岸信介在访问英国时，他向麦克米伦首相表示了对中国的担忧。他说，如果中国统一台湾，“将成为对日本国家安全的重大威胁”[①]。现在，他的外孙安倍晋三正是以“中国威胁”为借口，抓住美国插手的钓鱼岛问题，制造紧张局势。1972 年 9 月中日建交之前，钓鱼岛主权已有争议，周恩来总理和田中角荣首相从大局着眼，达成共识：搁置争议，留待以后解决。1978 年 8 月，中日签订《中日和平友好条约》。同年 10 月，邓小平访日时，与福田赳夫重申了搁置争议的约定。据英国政府 2014 年 12 月 30 日解密的 1982 年 9 月 20 日的文件显示，时任日本首相铃木善幸在会见到访的撒切尔夫人时曾透露，日中之间就“尖阁列岛”归属问题达成谅解和共识，同意“维持现状”[②]。

但是，安倍晋三第二次执政以来，力图推翻几位前首相的约定，宣称“‘尖阁列岛’是日本的固有领土”，“不存在争议”，“没有谈判的余地”，甚至扬言，他要“不惜一切代价保卫‘尖阁列岛’”。从明代洪武五年（1372 年）起，钓鱼岛就是中国的固有领土。日本在 1783 年和 1785 年出版的标有琉球王国疆界的地图上也标明，钓鱼岛属于中国。

---

① 《中时电子报》（台湾），2015-01-15。

② 英国广播公司网站，2014-12-31。

日本是在甲午战争中，在战局不利于中国时，1895 年 1 月 14 日，日本内阁做出决议，以“无主之地”为名，将中国的钓鱼岛窃为己有。“尖阁列岛”之说，是在《马关条约》签订之后的 1900 年，由冲绳师范学校教师黑岩恒首先提出的，直至 1952 年外务省编发的《日本外交文书》第 23 卷，才第一次将钓鱼岛改称“尖阁列岛”。

应当指出，现在钓鱼岛之所以成为问题，完全是美国一手造成的。首先，由于美国不遵守它主导发表的《开罗宣言》和《波茨坦公告》两个国际法文件的规定，不让物归原主。文件规定，日本自甲午战争以来侵占中国的所有领土包括一切岛屿，必须归还中国。它不仅在美军占领该地区时不归还中国，还竟然在 1972 年 5 月按照美日《归还冲绳协定》，将中国钓鱼岛的“行政权”私自交给日本管理。这就产生了中日对钓鱼岛主权的争议。其次，美国在钓鱼岛问题上耍两面派：一方面说它在主权问题上“不持立场”，另一方面又说钓鱼岛适用于《日美安全保障条约》第五条。既有美国参议院的决议，又有国务卿和总统的表态，甚至有五角大楼要员声称，如果日本受到威胁，“美国将用武力做出回应”①。于是，安倍晋三就越来越疯狂。一个堂堂超级大国，不履行诺言，不主持公道，还甘为强盗做保镖，实在不光彩。但是，现在的日本是美国的亲密盟友吗？值得怀疑。安倍晋三在第一次执政时没有参拜靖国神社，他感到“极为痛悔”。2012 年 12 月再次执政后，他就不顾中韩等国的反对，不听美国领导人的劝告，悍然在其再任首相一周年时参拜了供有 14 名甲级战犯的靖国神社。白宫和美国国务院也只能表示失望。

美国对战后日本的改造是失败的。日本军国主义的遗族们，对美国口不服，心更不服，可谓“怀恨在心”。他们有何怨恨？概言之，有四大恨：一恨美国向日本投放两颗原子弹。他们年年纪念，念念不忘。2007 年 7 月 4 日，安倍晋三以日本首相身份发表谈话直言“日本不能原谅投放原子弹的心情没有改变”。二恨美国操纵的东京审判。

① 美国《空军时报》网站，2014-09-30。

安倍的外祖父岸信介在 1960 年已将绞死的七名甲级战犯封为“殉国七士”。安倍内阁大臣下村博文宣称，东京审判的裁决无效。安倍任命的日本广播协会委员百村尚树明言：“美国人发起的战后审判日本领导人活动是为了掩盖美国的战争罪行。”三恨美国对日本的军事占领。从 1945 年 8 月 26 日美军占领日本到 1952 年 4 月 28 日《旧金山和约》生效，历时 7 年，安倍称之为“占领时代”。2013 年 3 月 12 日，安倍内阁决定将 4 月 28 日定为“主权恢复日”，目的是要日本一代一代的年轻人“知道日本曾丧失主权，被占领过 7 年”。四恨美国强加给日本的“和平宪法”。安倍说，“现行宪法在制定过程中受到了占领军的影响”，他是第一个发誓要修宪的日本首相。他要求“大家一起改变占领时代形成的体系”，要以“积极和平主义”取代“专守防卫”的“消极和平主义”，要以一个拥有强大军队，“可以进行战争”的“正常国家”，取代现在被美国控制的不正常国家。①

如何看待日本，在美国政要和美国学者之间似乎存有异议。美国政要认为，日本是个“宝贵的盟友和朋友”，而学者则认为，日本的本质不良，是个靠不住的盟友。2015 年新年伊始，美国媒体发表的两篇文章，值得一读。第一篇是 2015 年 1 月 16 日康涅狄格大学教授亚历克西斯·杜登发表在《纽约时报》网站的文章，题为《日本的未来形态》。文章的主要内容是分析了日本的领土扩张主义，其中最有价值的一句话是：“正确定义日本的本质对于美国政府也至关重要。”第二篇是 2015 年 1 月 21 日扎克里·凯克发表在《国家利益》双月刊网站的文章，题为《史上五个最不靠谱的美国盟友》，其中“日本帝国”列为首位。文章说，“最初美国发现越来越强大的日本有很多可爱之处”，于是美国就对它关爱有加，“最终爆发了珍珠港事件”，这就叫“养虎遗患”。罗斯福称 12 月 7 日为“耻辱日”，它使“美国在太平洋战区的伤亡比例约为欧洲战区的 3.5 倍”。

中国有句俗语：不能好了伤疤忘了痛。珍珠港事件的幸存者不多

① 参见畅征：《安倍仇美的历史根源及现实表现分析》，载《领导科学》，2014（17）。

了，但美国人不会忘记“亚利桑那”号战舰沉没时带走的 1 177 名官兵。忘记历史，等于背叛。中国人对日本的感受比美国人更深刻。我们不是一次受欺侮，而是一而再、再而三地受日本的侵略，遭日军惨杀的同胞不是数千计，而是数千万计。自 16 世纪以来，确有少数日本人存有亡我之心。最早的是丰臣秀吉（1537—1598），他声言：“吾死之前，将令中国臣服。”随后有福泽谕吉（1835—1901），他在 1885 年写的《脱亚论》中说：“我日本国土，地处亚洲之东陲，不幸有邻国，一曰支那，二曰朝鲜，要铲除中国和朝鲜。”继而有 1927 年日本首相田中义一的奏折：“欲征服世界，必先征服中国。”2013 年，安倍晋三扬言：日本为世界做贡献的一个重要途径是在亚洲对抗中国。[①] 2014 年 12 月，石原慎太郎在答香港记者问时，仍把中国称为“支那”。如此等等。2015 年是第二次世界大战胜利 70 周年，安倍晋三如何表演，值得世人关注。

上述两个颠倒，也可以概括为三句话：变友为敌冷战赢，遏制俄国不放松；认敌为友非密友，日本右翼要复仇；和平发展共繁荣，美国须治独霸病。

略论苏联解体后的俄美关系*

1989 年 12 月，美国总统老布什和苏联领导人戈尔巴乔夫在马耳他会晤中宣布“冷战结束”，至今已快 20 年了。由于格鲁吉亚总统萨卡什维利不顾国际奥委会关于奥运期间停战的协定，公然在北京奥运会开幕时，即 2008 年 8 月 8 日挑起了“俄格战争”，进一步激化了俄美矛盾，于是就出现了“新冷战”论。这一概念是否准确地反映了实

* 畅征：《略论苏联解体后的俄美关系》，载《国际政治》，2009（7）。

① 参见《纽约时报》网站，2013-10-25。

际情况，值得商榷。

一

人所共知，冷战是第二次世界大战刚结束，在以美国为首的资本帝国主义阵营和以苏联为首的社会主义阵营形成之时，由美国人命名并由美国政府挑起的一场特殊的战争。冷战是和热战相对而言的，它是指美国等西方国家对苏联等社会主义国家进行的除直接武装进攻之外的一切敌对行动，如军事遏制、政治对抗、经济封锁、组织包围、舆论攻击等，其主要特征是通过军备竞赛进行武力威慑与和平演变（培植持不同政见者），寄希望于社会主义国家的第三代、第四代人身上。这就是所谓的“没有硝烟的战争”。

历史已证明，美国挑起的冷战在苏联和东欧社会主义国家是“成功”的。从1989年下半年开始，柏林墙倒塌，东欧各社会主义国家纷纷改旗易帜。1991年，华约解散，苏联解体。最后，不结盟的南斯拉夫社会主义联邦共和国也被以美国为首的北约打散了。

闲云潭影日悠悠，物换星移几度秋。戈尔巴乔夫和老布什宣布“冷战结束”之后的这段历史该如何定位？苏联解体后的俄美关系又该如何表述？这对于认识目前俄美矛盾的性质至关重要。对于自20世纪90年代初开始的这一历史时期，通常有两种提法：一是“冷战后”（或曰“冷战结束后”），二是“后冷战时期”。前一种提法给人的印象是：它和冷战时期截然不同，犹如二战前后之不同一样，实则不然。相比之下，后一种提法较为确切。

第一，苏联在冷战中的失败，不能与德、日在二战中的失败相提并论。尽管美国称苏联为“大失败”，但其军队没有缴械投降，没有瓦解，而且仍拥有可以毁灭美国的大量核武器；其领导人并没有受到军事法庭审判；其继承国俄罗斯仍是联合国五个常任理事国之一；其工业体系、科研机构并未遭到严重破坏；等等。所以，美国对苏联的继承国俄罗斯一直不放心、不放手。

第二，美国虽然已经宣布“冷战结束”，但它的国际战略指导思想仍然是“冷战思维”。美国对社会主义国家继续推行“冷战政策”，继续实施遏制、包围、制裁；对俄罗斯虽然称其为“和平伙伴”，但始终未视其为“盟友”，还不断给其制造麻烦。

第三，美国推行“冷战政策”的工具——北约军事集团在不断扩大。北大西洋公约组织成立于 1949 年 4 月，华沙条约组织成立于 1955 年 5 月。华约组织已于 1991 年 4 月解散，而北约并未因失去对手而解散，反而一扩再扩，不断蚕食俄罗斯的势力范围，已经扩大到了俄罗斯的身边，已由 1991 年的 16 国扩大到 2008 年的 28 国。

综观近 20 年来美国的所作所为可以看出，美国在一定程度上还是继续进行着其在冷战中未完成的事业。也可以说，它是在新形势、新条件下继续进行着“有新色彩的冷战”。昔日的冷战，以武力威慑为后盾，以和平演变（培养持不同政见者）为目的；今日之冷战，是以“北约东扩”为手段，以“颜色革命”（培植亲美远俄国家）为目的；其特征是挤压与反挤压，其方式基本上是和平的。但是，这种“和平”并没有给俄罗斯人带来春天般的温暖，而且不断有西风吹来，使他们颇有秋凉之感。因此，俄罗斯已故总统叶利钦恰当地称之为“冷和平”。令叶利钦感到寒心的是以美国为首的西方国家领导人言而无信，以致使他蒙羞。最突出、最典型的事例有三件：

第一，在俄罗斯经济最困难时，美国等主要西方国家不肯伸出援助之手。1992 年 1 月 5 日，叶利钦为讨好美国，获得经济援助，正式宣布：“不再考虑把美国作为我们的潜在对手，并已把我们的洲际导弹的目标从美国所有城市转移掉。”① 作为回报，同年 4 月 1 日，

① 闫瑾等：《双头鹰飞向何处：国际舞台上的俄罗斯》，165 页，北京，时事出版社，1995。

美国总统老布什和德国总理科尔代表西方七国宣布，将集体援助俄罗斯 240 亿美元。[①] 后来的事实证明，这是谎话。

第二，北约东扩，蚕食俄罗斯的势力范围。1990 年德国统一时，老布什和科尔向戈尔巴乔夫保证，统一的德国加入北约，“北约绝不东扩”。1994 年，美国总统克林顿信誓旦旦地说，反对波兰、匈牙利、捷克等国加入北约，反对“在东西方之间再划一条新界限”[②]。但是，时隔不到 5 年，北约就在 1999 年 3 月 12 日把上述 3 国接纳为正式成员国。当时，《华尔街日报》也毫不掩饰地说：“北约东扩是遏制俄罗斯可能东山再起的好方法。”[③]

第三，美国不顾俄罗斯的反对，率领北约国家用武力打散了南联盟。南斯拉夫社会主义联邦共和国是由 6 个加盟共和国组成的不结盟的社会主义国家，东欧剧变后，北约国家软硬兼施，先把它一分为五。因为米洛舍维奇领导的由塞尔维亚与黑山组成的南联盟不愿跟着以美国为首的北约走，并成为它们的“伙伴”，于是它们就编造出一个“人权高于主权”论，于 1999 年发动了科索沃战争，最后打散了南联盟，整死了米洛舍维奇。此间，叶利钦曾采取了一些行动，试图救助信仰东正教的斯拉夫兄弟于危难之中，但无济于事。

普京在 2000 年 5 月就任俄罗斯总统后，也和他的前任叶利钦一样，很看重俄美关系，也曾表示要加入北约，力求密切俄罗斯同美国和北约的关系。“9・11”事件发生后，普京积极支持美国的反恐战争，为美国打击阿富汗的塔利班政权提供方便，同意美国和北约军队使用吉尔吉斯斯坦等中亚国家的军事基地。但是，美国对俄罗斯的善意并不领情，反而以德报怨，继续“冷战思维”，大搞“北约东扩”大力挤压俄罗斯的国际战略空间。其主要表现是：

（1）北约吸收原苏联的加盟共和国为其正式成员。2002 年 11 月 21 日，北约首脑会议在其新成员捷克的首都布拉格举行。它们不顾

---

① 参见闫瑾等：《双头鹰飞向何处：国际舞台上的俄罗斯》，195 页，北京，时事出版社，1995。

②③ 畅征：《北约东扩与美俄关系》，载《领导科学》，2007（16）。

俄罗斯的反对，决定“邀请”立陶宛、拉脱维亚、爱沙尼亚、斯洛伐克、保加利亚、罗马尼亚、斯洛文尼亚七国加入北约。这几个国家于2004年4月2日正式成为北约成员。至此，北约已由1999年的19国扩大为26国。这是该集团历史上规模最大的一次扩充新成员。这次扩充的最大特征是吸收了原苏联的三个加盟共和国。不仅如此，它们还正为吸收乌克兰和格鲁吉亚两国为新成员做准备。2007年3月16日，美国参议院已通过议案，“邀请”乌克兰和格鲁吉亚加入北约。但是，美国的努力却一再受挫，在2008年4月举行的北约峰会上，各成员只同意接受克罗地亚和阿尔巴尼亚加入北约。

（2）美国在独联体国家内大肆煽动“颜色革命”。独立国家联合体是在苏联解体过程中，由最早签约同时加入苏联的三个共和国，即俄罗斯、乌克兰和白俄罗斯的领导人策划建立起来的。它不是一个国家实体，而是一个协调机构。1991年12月21日，在苏联的15个加盟共和国中，除波罗的海三国和格鲁吉亚外，其余11国首脑在阿拉木图签署了《关于建立独立国家联合体协议的议定书》和《阿拉木图宣言》，宣告苏联解体，独联体诞生。格鲁吉亚一直到1993年10月22日，才正式加入独联体。在独联体中，“独”与“联”是有矛盾的，在独立国家基础上形成的没有中央政府的联合体，是脆弱的、不巩固的联合。美国人看清了这一点，所以他们就在促“独”反“联”上大做文章。反“联”的实质，就是反对独联体的老大俄罗斯。经过几年的努力，美国终于搞成了几起“颜色革命”：2003年11月22日，格鲁吉亚的反对派首领萨卡什维利发起了“玫瑰革命”；2004年11月，乌克兰爆发了亲西方的尤先科领导的“橙色革命”；2005年3月，上海合作组织成员国之一的吉尔吉斯斯坦发生了“郁金香革命”。2008年8月18日，格鲁吉亚向独联体执委会发出了退出该组织的照会。

（3）美国坚持继续执行里根的“星球大战计划”。1999年3月17日，美国参议院以97票支持、3票反对通过了建立“国家导弹防御系统”法案。18日，众议院又以317票支持、105票反对通过了该法案。

从此，建立导弹防御系统就成了美国的国策。这一系统，被称为是里根在1983年3月23日宣布的“星球大战计划”的后代（或曰“星球大战之子”）。美国建立反导系统，是违反1972年美苏两国签订的《反弹道导弹条约》的。小布什总统为了不受约束地部署导弹防御系统，就在2001年12月13日，即在阿富汗战争取得小胜后，单方面宣布退出1972年签署的《反弹道导弹条约》。此后，美国就以并不存在的伊朗核威胁为借口，执意要在俄罗斯的身边——波兰和捷克部署导弹防御系统。经过长时间的讨价还价后，美国与捷克在2008年7月8日签署了建立雷达站的协议；8月20日，波兰也同美国签署了建立美国导弹防御系统中的导弹拦截基地协议。

二

美国和北约的所作所为，使俄罗斯这一昔日的超级大国蒙受屈辱，使俄罗斯人忍无可忍。同时，这也使俄罗斯人看清了当今唯一超级大国的本质，并使他们丢掉了对美国的幻想。

风水轮流转。在俄罗斯蒙羞之时，美国因发动不得人心的伊拉克战争而使自己的软实力和硬实力都遭到了严重削弱，而俄罗斯在“智商极高”“很受欢迎”（基辛格语）的普京总统领导下，政局趋于稳定，经济快速发展，人民生活不断改善，已成为公认的“金砖四国”之一。

普京任总统8年（2000年5月至2008年5月），使俄罗斯的国内生产总值从1999年的1 570亿美元增加到了2008年的1.3万亿美元，其外汇储备从1998年的不到100亿美元增加到了2008年8月的5 970亿美元。这标志着俄罗斯的经济实力已超过苏联解体时的水平，其衰落宣告结束。

随着经济实力的增强，俄罗斯的军事实力也在恢复和加强。俄罗斯人已挺直腰杆，不再对西方诚惶诚恐，不再唯美国马首是瞻，他们忍气吞声、敢怒不敢言的时代已经结束。

由于普京坚持推行强国战略，反对“北约东扩”，反对“颜色革命”，反对美国在东欧建立导弹防御系统，不愿再以优惠价格向亲美的国家提供石油和天然气，致使美国对俄罗斯“实行民主的希望破灭”。于是，美国开始对俄罗斯和普京总统进行无端指责和攻击，说俄罗斯“民主倒退”，实行“专制”，对某些国家进行“胁迫或讹诈”，说“普京主义是一种伪装成自由市场民主的俄罗斯民族主义独裁统治方式”，是“源自法西斯主义而非共产主义”①，等等。这就不能不引起俄罗斯人的愤怒。因此，从2006年起，俄美关系日趋紧张，不仅有冷战气氛，而且有热战行动。

2006年5月10日，普京总统在他发表的国情咨文中，对美国的扩张主义进行了猛烈抨击。他用形象的语言说：“大灰狼同志知道吃谁。一旦吃起来，谁的话都不听；一边咀嚼，一边随处进行民主和人权的演说。”他说的“大灰狼”，指的就是美国。针对美国的军事态势，普京强调要加强国防力量。他说：“我军的战斗力越强，我国的外交压力就会越小。”并指出：“攸关国家生死存亡的重要领域遭到外部势力侵犯时，俄罗斯将给予抵抗。”② 美国《华盛顿邮报》认为，普京的这个国情咨文是“对美国的批评发起还击”。值得指出的是，2006年7月，普京第一次作为东道主在自己的家乡圣彼得堡成功地举行了八国集团峰会，这被认为是“重振俄罗斯昔日雄风”的一次表现。美国《华盛顿邮报》就此评论说：“西方国家与普京对抗的意志已经土崩瓦解。”

由于美国坚持要拉乌克兰和格鲁吉亚加入北约，坚持要在东欧部署导弹防御系统，实在使俄罗斯忍无可忍，所以，普京在2007年2月的慕尼黑安全政策会议上对美国的单边主义政策进行了他担任总统以来最为猛烈的抨击。他说，单极世界就是“只有一个权力中心，一个军事力量中心，一个主宰”，“单边行动，不仅没有解决冲

① ［美］理查德·拉恩：《普京主义》，载《华盛顿邮报》（美国），2007-09-20。

② 《独立报》（俄罗斯），2006-05-11。

突，反而让形势更加糟糕”。他强调指出，“国际关系中出现了无节制地过度使用武力的倾向”[①]，并直言，当看到军事设施日益逼近俄罗斯边界时，“如果我们自己不制造导弹防御系统，我们就应当制造能够对付导弹防御系统的武器系统。这是完全合乎逻辑的……我们现在就是这么做的”[②]。对普京的这次讲话，西方有人把它与丘吉尔 1946 年开启冷战的富尔敦演说相提并论，是不恰当的，是本末倒置。

2007 年 5 月 9 日，是第二次世界大战胜利纪念日。普京在讲话中分析了当时的国际形势，并强调指出，目前存在着新的战争威胁。他说：“这些新的威胁与德意志第三帝国时期一样，都是对人类生命的蔑视，都是为了在世界上谋求特殊地位和强权。”[③] 美联社认为，普京说世界面临类似导致二战的和平威胁，指的是美国。2007 年 7 月 14 日，普京签署命令，暂停执行 1990 年华约和北约签订的《欧洲常规武装力量条约》。此举使西欧为俄美的新一轮较量而不安。

2008 年是俄美之间具有军事对抗性的一年。普京连任两届总统期满，于 2008 年 5 月 7 日卸任。但他不是下岗，而是换岗，又担任了执政党统一俄罗斯党主席，并出任政府总理。美国想借此机会，用真枪实弹测试一下新总统梅德韦杰夫和总理普京的意志和能力，于是就默许自己培养起来的格鲁吉亚总统萨卡什维利在上百名美国顾问的辅助下，在其“玫瑰革命”的基础上，使用美国提供的先进武器，以“恢复本国领土”为名，向俄罗斯在南奥塞梯和阿布哈兹的维和部队发起了进攻，挑起了一场“俄格战争”，因为只打了五天，故称“五日战争”。这是独联体国家爆发的首场军事冲突，结果是格军遭到了俄军的迎头痛击，损失惨重，以致南奥塞梯和阿布哈兹效仿科索沃宣布独立，并于 2008 年 8 月 26 日获得了俄罗斯的正式承认。这或许是应验了普京在 2008 年 2 月美国支持科索沃独立时发出的警告：这样

---

① 路透社德国慕尼黑，2007-02-10。
② 俄新社莫斯科，2008-04-01。
③ 美国《犹他新闻》网站，2007-05-10。

做会搬起石头砸自己的脚。

但是，美国不想承认这个结局，不愿抛弃萨卡什维利，所以经过法国总统萨科齐代表欧盟斡旋，双方签署停战协议后，美国国务卿赖斯和副总统切尼先后访问格鲁吉亚，明确表示支持萨卡什维利，并答应给予其 10 亿美元的援助。格鲁吉亚在“五日战争”中损失了 20 亿美元，美国和北约国家承诺将为其重建提供 45 亿美元。美国还以提供人道主义援助物资为由，把它的军舰开进黑海海域，随后北约军舰也接二连三地驶入黑海。俄罗斯也不甘示弱，不仅出动了军舰，而且出动了远程轰炸机；不仅在欧亚地区展示实力，而且把战机和军舰开进了美国的“后院”拉美地区。2008 年 8 月 26 日，梅德韦杰夫总统告诉西方国家：“我们不希望出现冷战，但也绝不害怕。”[①] 2008 年 11 月 5 日，梅德韦杰夫在他的第一份国情咨文中宣布：针对美国将在波兰部署反导弹系统，俄罗斯有可能在加里宁格勒州部署“伊斯坎德尔”导弹系统。这一宣布震动了欧洲。

美俄之间带有军事较量色彩的 2008 年已经过去。现在看来，双方的情势已发生了一些微妙的变化，虽然各有得失，但似乎俄罗斯得分更多。

第一，俄罗斯虽然在“五日战争”中受了一些损失，但受重创的是美国扶植的格鲁吉亚和美国自身。俄罗斯损失的是飞机、坦克等，而格鲁吉亚则是遭受了难以治愈的重伤，美国所受的伤害也不轻。英国《卫报》在 2008 年 8 月 28 日发表的一篇题为《格鲁吉亚是美国单极世界的墓地》的文章中说，“本月发生的事件标志着一个国际转折点已经不容置疑”，“美国的单极时代已经过去”，“一个大国能像巨人一样驾驭全球、把自己的意愿强加给每个大陆的日子一去不复返了”，并指出“与北约 1999 年在科索沃的情况相比，俄罗斯在南奥塞梯问题上的做法更情有可原”。美国众议院国际关系委员会国际组织小组委员会副主席达纳·罗拉巴克尔在 2008 年 9 月 8 日的国会听证会上

① 《朝日新闻》（日本），2008-08-27。

也明确指出，美国情报部门已确认，南奥塞梯战事是格鲁吉亚首先挑起的，所以俄罗斯的做法是对的，而美国的立场是不正确的。[①]

第二，“五日战争”后，美国推举格鲁吉亚和乌克兰加入北约的难度更大了。2004 年波罗的海三国加入北约后，美国就力推独联体的格鲁吉亚和乌克兰加入北约。2007 年 3 月，美国众议院通过决议，“邀请”乌克兰和格鲁吉亚加入北约。2008 年 4 月 1 日，小布什总统对乌克兰总统尤先科说，对乌克兰希望通过加入“成员国行动计划”来加深与北约的合作关系，美国政府的立场非常明确，即在布加勒斯特北约峰会上应接纳乌克兰和格鲁吉亚加入“成员国行动计划”。[②] 但是，2008 年 4 月 2 日至 4 日在布加勒斯特召开的北约峰会上，因德国和法国反对，乌克兰和格鲁吉亚未能获得加入“成员国行动计划”的邀请。路透社评论说，由于峰会未能向乌克兰和格鲁吉亚这两个原苏联加盟共和国打开大门，使小布什总统遭遇了“严重挫折”。[③] 但是，美国副总统切尼在 2008 年 9 月 5 日还是对尤先科说，美国支持乌克兰加入北约。尤先科表示，希望能在 2008 年底前加入北约“成员国行动计划”。结果，美国的努力在 2008 年 12 月 2 日召开的北约 26 国外长会议上再次受阻。俄罗斯人认为：“北约没有让乌克兰与格鲁吉亚加入‘成员国行动计划’，这是俄罗斯的外交胜利。”[④]

第三，美国坚持在东欧部署导弹防御系统，因俄罗斯要在加里宁格勒部署战术导弹而增加了变数。美国宣称，它在波兰、捷克部署导弹防御系统是为了防止伊朗的导弹袭击北约的欧洲盟国，这纯属谎言。俄罗斯曾向美国提出多种选择方案，美国一概拒绝。因此，俄罗斯不得不采取有效的应对措施，来确保“攸关国家生死存亡重要领域”的安全。梅德韦杰夫总统宣布要在加里宁格勒州部署战术导弹，

① 参见俄新社莫斯科，2008-09-09。

② 参见新华社基辅，2008-04-01。

③ 参见路透社布加勒斯特，2008-04-03。

④ ［俄］谢尔盖·卡尔加诺夫：《俄罗斯微笑着展示拳脚》，载《俄罗斯报》（俄罗斯），2008-12-24。

就是一种有效的应对措施。加里宁格勒州是俄罗斯唯一的“飞地”，处于波罗的海地区和欧洲大陆的中部，北面和东北面是立陶宛，南面是波兰，西北部和西部是波罗的海，距离波兰、立陶宛和拉脱维亚都非常近。新型的“伊斯坎德尔”战术导弹从加里宁格勒发射，可以覆盖波罗的海和欧洲的大部分地区。因此，梅德韦杰夫一宣布要在加里宁格勒部署此种导弹，波兰就感到“不安”，捷克表示“遗憾”，欧盟说“这是令人不快的意外”。法国总统萨科齐也对美国的举措提出了批评。他在 2008 年 11 月 14 日的讲话中指出，美国“在欧洲部署导弹防御系统，不会给欧洲安全带来任何（好处）……只会使情况复杂，令局势倒退”[①]。美国《纽约时报》网站 2008 年 12 月 27 日发表的一篇文章建议，奥巴马上台后应“重新研究在波兰和捷克部署反导系统的计划”。

三

回顾近 20 年来俄美关系的发展，可以看出，双方“蜜月”的时光不多，争斗的次数不少。其中，最突出的有两次，一次在 1999 年，一次在 2008 年，后一次更激烈。“俄格战争”爆发后，西方媒体一再使用“新冷战”这个概念，实际上这个“新”字很不贴切。因为：（1）冷战的对手未变，还是美对（苏）俄；（2）主动与被动的态势未变，还是美国主动，俄罗斯被动；（3）手段未变，双方均以武力为后盾；（4）战场未变，双方争夺的重点还在欧洲；（5）目标未变，还是遏制与反遏制（挤压与反挤压）、演变与反演变（“颜色革命”与反“颜色革命”）。

那么，双方之间的较量究竟该如何表述？除冷战与“新冷战”的表述外，还有两种说法：一曰“冷战回归”，二曰“冷战死灰复燃”。

① 美联社法国尼斯，2008-11-14。

这两个概念还比较贴切。“死灰”即美苏冷战的死灰，“复燃”即余火又烧起来了。相比之下，还是俄罗斯《独立报》的提法最准确。该报在2006年3月曾针对西方搞的“颜色革命”发表了一篇署名文章，题为《无言的冷战》。文章写道：“这场战争是西方同苏联进行的那场冷战的继续……俄罗斯与西方争夺乌克兰和白俄罗斯的斗争是苏联与西方争夺波兰、匈牙利、捷克斯洛伐克的斗争的继续。欧洲和美国支持尤先科和萨卡什维利是它们支持杜布切克和瓦文萨的继续。”①

俄美之间的这种斗争，不会因“俄格战争”的结束而终结。或许如美国《纽约时报》网站在2009年2月6日发表的一篇文章中说的那样，“真正的好戏还没开始”。美国的实力虽因伊拉克战争和金融危机而有所削弱，但它在一个相当长的时期内仍将是世界第一强国。因此，它称霸全球（“领导世界”）的野心难变，“冷战思维”难改，已伸出的手难收。美俄之间的挤压与反挤压斗争，还将继续下去。当年美苏没有迎头相撞，如今美俄也不至于直接交锋，其局面仍将是叶利钦所说的“冷和平”。

北约为何一再提出“战略新概念”？*

北约作为美国统领的以对抗苏联东欧集团为宗旨的一个区域性军事集团，随着华约组织解散、苏联解体，它已“失重”成为一个“冷战遗物”。为保存这个“遗物”，使之能够旧瓶装新酒，其维护者就不能不挖空心思，为之“正名”，为之制造“新理论”、炮制“新概念”，

---

* 畅征：《北约为何一再提出“战略新概念”》，载《领导科学》，2011（11）。

① ［俄］德米特里·福尔曼：《无言的冷战》，载《独立报》（俄罗斯），2006-03-27。

使之能适应不断变化的国际形势。2011 年是北约成立 62 周年，是华约解散 20 周年。其间，北约的战略概念有何变化，值得分析研究。

一、北约成立时确定的“战略概念”

在第二次世界大战中，德、意、日战败投降了，英、法两国削弱了，美、苏两国一跃而为超级大国。世界形成两极格局、两大阵营，即以美国为首的资本帝国主义阵营和以苏联为首的社会主义阵营。

手中已握有原子弹的美国，力图要“领导世界”，称霸全球。当时，美国所面临的最大难题就是如何对付苏联，如何对付正在扩大的社会主义阵营。继续使用对付德、日的办法，使用“热战”的办法，显然不行，因为其没有取胜的把握。于是，美国的谋士们就“创造”了一个新名词、新概念——冷战。所谓冷战，就是帝国主义国家对社会主义国家进行除直接的武装进攻之外的一切敌对活动，如军事遏制、政治对抗、经济封锁、思想渗透、组织包围等。这一套也叫“冷战体制”，其要领是核军备竞赛与和平演变并举，以压促变。这是一场“没有硝烟的战争”。美国的第 34 任总统艾森豪威尔说，这是“用和平手段取得胜利的高尚战略”。

欧洲是资本主义的大本营，也是社会主义的发祥地，因而也就成了美苏争夺的中心地带，成了冷战的主战场。1947 年 3 月 12 日，美国总统哈里·杜鲁门发表了他的被称为“反共宣言”的国情咨文，确定了遏制苏联、控制西欧、称霸全球的战略方针。这标志着“杜鲁门主义”的出笼和美苏战时同盟关系的结束，从此开始了一个持续 40 年的冷战时代。

杜鲁门为推行他的遏制战略，采取了两项措施：一是抛出“马歇尔计划”；二是筹建北大西洋公约组织。

1947 年 6 月 5 日，美国国务卿马歇尔在哈佛大学发表演说，提出了他的一揽子援欧复兴计划，故称“马歇尔计划”，又称“欧洲复兴计划”。他说，“欧洲正面临性质非常严重的经济、社会和政治的恶化”，美国应尽其所能，帮助它恢复经济，“使自由制度赖以存在的政治和经济条件能够出现”。9 月 22 日，英、法等 16 国联合提出报告，要求美国在 4 年内提供援助和贷款 224 亿美元。1948 年 4 月 3 日，杜鲁门签署了国会通过的援欧复兴法。这一原定为期 5 年（1948—1952 年）的计划，1951 年宣告完成，共计达 131.5 亿美元。这是美国冷战政策中的一个妙招。它解了西欧各国的燃眉之急，得到了西欧各国对美国遏苏战略的坚定支持，同时也为美国的剩余物资打开了销路。总之，“马歇尔计划”为北约组织的建立奠定了坚实的基础。

北约是在《布鲁塞尔条约》的基干上嫁接而成的。1948 年 3 月 17 日，英、法、荷、比、卢西欧五国为联合自卫，在比利时首都布鲁塞尔签订了同盟条约。条约规定，当任何缔约国受到“武装攻击”时，其他缔约国应提供力所能及的一切援助。但它们又深感力量薄弱，要求美国给予军事帮助。美国就立刻表态，支持它们“作为一个强大力量重新回到世界舞台”。随后，美国就联合加拿大同英国代表商讨签订北大西洋防务条约问题。同年 6 月，美国国会通过了范登堡提出的关于建立北大西洋区域组织的决议案。这就为美国在和平时期与美洲以外的国家结盟开了绿灯。从 7 月开始，美、加根据范登堡决议案中提出的“互助和互援”原则，与《布鲁塞尔条约》五国进行了多次磋商，并于 9 月 9 日签订了有关结盟的“华盛顿文件”，确定了北大西洋公约组织的性质、范围和缔约国应承担的义务等。文件强调，苏联“威胁西欧地区的安全，使北美安全也受到了影响”。随后，有关国家再次聚会华盛顿，敲定了条约文本，并同意丹麦、挪威、冰岛、葡萄牙和意大利加入。1949 年 4 月 4 日，北美的美、加两国与西欧的英、法等 10 国，共计 12 个国家在华盛顿签署了《北大西洋公约》。该条约第五条规定：“各缔约国同意对于欧洲或北美之一个或数个缔约国之武装攻击，应视为对缔约国全体之攻击。”8 月 24 日，各缔约国完成批准手续，公约正式生效。9 月 17 日，北约最高权力机构——北大西洋理事会成立，并建立了防务委员会、军事委员会，以及欧洲盟军、大西洋盟军等司令部，美国将军任最高统帅，总部设在布鲁塞尔。

北约的建立并非偶然，用尼克松的话说，是他们达成了四项共识：（1）莫斯科对西欧构成了严峻的军事威胁。（2）美国的核优势可以抵消苏联在常规力量上的优势。当时，苏联刚进行了核试验，而美国已拥有 300 颗核炸弹。（3）美国的经济实力使其能在欧洲的常规防御中承担主要财政负担。（4）苏联的军事威胁主要集中在欧洲大陆，对欧洲人来说，其目标是“留住美国人，赶走俄国人，压住德国人”。

这里不难看出，北约建立时的基本战略概念就是：以苏联威胁为借口，以美国为统帅，依靠美国的核优势，对抗苏联东欧集团（华约），确保西欧各国安全，遏制社会主义扩展，力求不战而胜。如果说“马歇尔计划”是美国冷战政策中的一个妙招的话，那么北约的建立就是美国称霸全球的一个绝招。首先，美国通过一纸条约，就把西欧各国绑在了美国的战车上，并把它们推到了抗苏的最前线；其次，通过一纸条约，就可以名正言顺地把 35 万美军和数百枚核武器部署在西欧的领土上；再次，北约国家的全部军事力量乃至欧洲盟军司令均由美国将领把持，这就更加强了美国对西欧的控制；最后，《北大西洋公约》与《日美安全保障条约》有异曲同工之妙，它使西欧在美军的保护下发展了经济，甚至成了经济巨人，但在政治上却成了矮子，难免受制于人，为人火中取栗。

二、北约在苏联解体之后形成的“战略新概念”

1991 年，苏联解体。这是人类历史上罕见的重大事变，令美国政要喜出望外。美国前国务卿基辛格说：“从来没有一个世界强权未经交战失利，就如此迅速彻底四分五裂。”目睹柏林墙倒塌和苏联解体的美国总统老布什在纽约联合国总部花岗岩讲台上宣布了美国主导的“世界新秩序”。

苏联解体了，华约散了，与之对阵的北约怎么办？当年，有不少人认为，北约也应随之解散。实际上，它非但不解散，而且还大扩特扩。冷战时期，北约三次扩编，仅收编入 4 个国家（希腊、土耳其、联邦德国、西班牙）；冷战后，三次扩编，就吸收了 12 个国家（波兰、匈牙利、捷克、拉脱维亚、爱沙尼亚、立陶宛、斯洛伐克、保加利亚、罗马尼亚、斯洛文尼亚、阿尔巴尼亚、克罗地亚）。目前，北约已成为拥有 28 个国家的超级军事集团。

此种做法，在俄罗斯人看来是不道德的。因为在 1990 年德国统一时，戈尔巴乔夫同意统一后的德国加入北约，作为回报，老布什和科尔承诺，“北约一厘米也不会向东推进”。所以，在 1994 年之前，北约是否东扩，内部存有争议。有人主张东扩，“把手伸向中欧和东欧国家”；有人不赞成东扩，怕因此引起俄罗斯的不满。于是，时任美国总统的克林顿就在 1993 年 10 月提出了一个折中方案，他借用尼克松在 1970 年提出的“伙伴关系”概念，将该方案定名为“和平伙伴关系”建议。这个建议在 1994 年 1 月北约 16 国举行的第 13 次首脑会议上获得一致通过，称为“和平伙伴关系计划”。北约秘书长韦尔纳说，这是“一个历史性的创举”。德国总理科尔说，这是使东欧国家“朝着加入北约迈出的认真的一步”。同年 6 月 22 日，俄罗斯与北约签署了和平伙伴关系框架文件。到 1997 年 7 月北约决定东扩时，已有 28 个非北约国家加入了“和平伙伴关系计划”。

这说明，从 1991 年底到 1994 年 1 月，经过两年观察、思考、磋商之后，北约已基本形成了一个新的“战略概念”，其核心内容是消化原苏东集团，由不东扩变为东扩，或曰逐步东扩。第一步是用“和平伙伴关系计划”把原苏联东欧地区各国全部收拢进来，然后再分批“择优录取”。概言之就是，华约解散，北约壮大，化敌为友，选择吸收，挤压俄罗斯，遏制其东山再起。

1997 年 7 月 8 日，北约 16 国首脑在马德里举行会议，决定首批接纳波兰、匈牙利、捷克三国为北约新成员国，从而启动了北约冷战后的东扩进程。1998 年 5 月 3 日，美国前国家安全顾问布热津斯基曾就此事在《华盛顿邮报》上发表文章，题为《继续解决俄罗斯问题》。他指出，对美国来说，如果要在欧洲获得成功，在于“如何处理德国和俄罗斯这两股力量的崛起”。他认为，北约建立解决了德国问题，北约东扩是要解决俄罗斯问题。他说：“中欧人一旦参加北约，就不会再害怕同俄罗斯人亲近能招致灭亡。”

1999 年 3 月 12 日，波、匈、捷三国正式加入北约，使北约由冷战时的 16 国扩大为 19 国。这表明俄罗斯反对北约东扩的努力已遭挫败。这是俄罗斯吞下的第一服苦药。从此，俄罗斯同美国和北约的“蜜月期”宣告结束，并开始进入了一个叶利钦所说的“冷和平”时期。

三、北约在科索沃战争中炮制的“战略新概念”

北约是个军事集团，东扩实际上就是军事扩张，只不过是与德、日在二战中的攻城略地的方式稍有不同而已。北约的扩大，也就是原苏联势力范围的缩小，而这种扩大正如布热津斯基所说的，是“没有地缘政治限制，没有时间限制”的。

2002 年 11 月 21 日，在布拉格举行的北约首脑会议上，罗伯逊秘书长宣布，会议决定邀请立陶宛、爱沙尼亚、拉脱维亚、斯洛伐克、斯洛文尼亚、保加利亚和罗马尼亚 7 国加入北约。这 7 个国家于 2004 年 4 月 2 日成为北约新成员。这是冷战后北约的又一次大扩编，其成员由 19 个扩至 26 个，而且是首次“扩招”了原苏联的加盟共和国，使北约国家距俄罗斯圣彼得堡只有几十公里。因此，伊瓦绍夫上将说，越过波罗的海国家，靠近我国边境的是军事机器，首先是美国的军事机器。日本《产经新闻》说：“俄罗斯恢复帝国的梦想因北约东扩而作罢。”[①]

2008 年 7 月 9 日，北约又完成了冷战后的第三次扩编，克罗地亚和阿尔巴尼亚成为新成员，使北约成员达到 28 个[②]，比成立时的成员多了一倍多。每次被“邀请”入盟的国家，都是北约的“和平伙伴”，但是也有不愿意做其伙伴的人，这个人就是南联盟的米洛舍维奇。于是就出现了和平东扩与武力东扩的问题。

北约冷战后抛出的第二个“战略新概念”，就是在肢解南联盟的过程中炮制出来的。“波黑”（波斯尼亚和黑塞哥维那）内部克罗地亚族、穆斯林与塞尔维亚族存在矛盾冲突，以致打了四年内战，其中就有北约的多次轰炸，其打击重点是塞族。1995 年 11 月 21 日，原南三方领导人（波黑总统伊泽特贝戈维奇、克罗地亚总统图季曼、塞尔维亚总统米洛舍维奇）在美国俄亥俄州的代顿达成了“和平协定”。12 月 4 日，北约首批维和先遣队开进波黑，拉开了北约成立以来最大规模军事行动的序幕。12 月 14 日，在巴黎正式签署《波黑和平框架协议》，波黑内战宣告结束。

波黑形势略有好转，科索沃问题又凸显出来。1998 年 2 月，因阿尔巴尼亚族分裂主义者武装袭击南警察，使局势日益恶化，于是北约就借机大做文章，又准备对南联盟动武。但这里与波黑的情况不同，科索沃是南联盟塞尔维亚共和国的一个省。按照《联合国宪章》规定，“本宪章不得认为授权联合国干涉在本质上属于任何国家国内管辖之事件”。另外，北约在波黑的军事行动是受到联合国限制的，有一个双钥匙制度，不经联合国代表明石康同意，北约不能进行轰炸，所以北约就想办法绕开联合国采取行动。1998 年 11 月 13 日，北约议会以压倒多数通过修正案：“北约可以无须联合国授权而对其缔约国区域以外的地区采取军事行动。”这就为北约对南动武做好了准备。

---

① 畅征：《北约东扩与俄美关系》，载《领导科学》，2007（16）。

② 2016 年 5 月 19 日，北约总部举行了签字仪式，决定“邀请巴尔干国家黑山成为北约第 29 个成员国”。

1999 年 3 月 24 日，也就是波、匈、捷三国正式成为北约成员的第 12 天，北约在其“人权高于主权”谬论的指导下，以“制止种族清洗”为名，美、英等 8 国出动大批飞机，公然对主权国家南联盟进行第一轮大轰炸，从而开始了北约成立以来打的第一场战争，因为这是为科索沃独立而战的战争，故称科索沃战争。

就在南联盟遭受猛烈轰炸之时，北约于 4 月 23 日至 25 日在华盛顿举行首脑会议，纪念北约成立 50 周年。23 日，通过了《关于科索沃的声明》和《华盛顿宣言》。24 日，即北约对南动武满一个月时，通过了它的有 65 条内容的新的《联盟战略概念》。这个“新概念”新在何处？概言之，有五大特质：

第一，上次提出的“新概念”是由不东扩变为东扩，这次强调不仅东扩，而且要不受“红线”限制的大扩，甚至可以不惜一切，消灭不顺从者。

第二，北约原有的宗旨是，当一个或几个成员国遭到进攻时，所有成员国都要采取必要行动，包括使用武力。“新概念”规定，所有成员国无一受到进攻时，也有权使用武力，要将北约从一个集体防御集团变成一个主动进攻的具有侵略性的集团。

第三，北约原有的使命是保卫成员国的领土主权不受侵犯，而“新概念”不仅要保卫成员国的领土主权，更强调要维护西方的民主、自由、人权等“利益和价值观”，强调“人权高于主权”。

第四，北约是个地区性组织，“新概念”强调要执行“跨地域使命”，要由“大西洋化”向“全球化”转型。它们说，在考虑北约的战略目标时，要把海湾和台湾海峡的危机考虑进去。

第五，“新概念”认定，北约拥有最高权力，可以不受联合国和国际法的约束而任意行动，想打谁，就打谁，“不必非得得到联合国的正式授权”。

总之，新的《联盟战略概念》是唯一超级大国美国的新霸权主义和强权政治的体现，北约“已变成了维护美国及其欧洲某些主要伙伴利益的武装臂膀”。

四、北约面临困难时提出的“战略新概念”

北约在1999年4月抛出新的《联盟战略概念》之后，便在欧亚地区左右开弓，气势汹汹。在欧洲，北约用武力打散了南联盟，整死了米洛舍维奇，支持科索沃在2008年2月17日宣布独立；它完成了两次东扩，收编了9个新成员，并在格鲁吉亚、乌克兰和吉尔吉斯斯坦搞了三场“颜色革命”；在亚洲，北约协同美国以反恐为名，发动了两场战争，打垮了阿富汗的塔利班政权和伊拉克的萨达姆政权，绞死了萨达姆，并打着“北约驻阿富汗国际安全援助部队”的旗帜占领阿富汗。如果说科索沃战争是北约成立以来打的第一场战争的话，那么阿富汗战争就是它打的第二场战争。但它从2006年开始，以2008年为拐点，确实遇到了难题。

（一）北约东扩明显受阻

亲西方的格鲁吉亚总统萨卡什维利和乌克兰总统尤先科，是分别通过2003年的“玫瑰革命”和2004年的“橙色革命”上台执政的，他们都迫切要求加入北约。2007年3月16日，美国参议院也通过议案，“邀请”乌克兰和格鲁吉亚加入北约。但是，在2008年4月举行的北约峰会上，各成员国讨论后，只同意接受克罗地亚和阿尔巴尼亚入盟。由于萨卡什维利不顾奥运停战规定，公然于2008年8月8日挑起“俄格战争”，遭到了包括美国人在内的国际舆论的谴责，也使他搬起石头砸了自己的脚，以致南奥塞梯和阿布哈兹效法科索沃宣告独立，因此也使其“入盟”加大了难度。虽然美国副总统切尼也曾在2008年9月5日向尤先科表示，支持乌克兰加入北约，但是，因为“橙色革命”的两位领导者尤先科和季莫申科在2010年1月的总统大选中败给了亲俄的亚努科维奇，所以其“入盟”的期望也就消失了。2010年5月27日，乌克兰外交部长格里先科正式宣布，加入北约的问题已经从“政策议程上”撤销了。现在，包括2005年吉尔吉斯斯坦搞的那场“郁金香革命”在内，这三场“颜色革命”均已失去影响。据俄罗斯《共青团真理报》网站2010年11月25日报道，格鲁吉亚总统萨卡什维利日前表示，格鲁吉亚“将永远不动用武力解决领土问题”，并且不再与俄罗斯开战。

(二) 阿富汗战争已陷入“越战式旋涡”

阿富汗战争与科索沃战争的情况不同。从2001年10月7日开始，美、英对阿富汗轰炸一个月之后，奥马尔领导的塔利班没有认输，而是退出首都喀布尔和其他大城市，转入地下，转入农村，转入深山峡谷之中，蓄积力量，准备同唯一的超级军事集团进行持久的游击战争，即美国国防部长盖茨说的“非正规战争”。从2001年开战至今，已快满10年了，“基地”组织首领本·拉登没有落网[①]，奥马尔领导的塔利班组织非但没有被打垮、被消灭，而且有卷土重来之势，他们已控制了阿富汗的大部分领土，搞得首都也很不安全。小布什发动的反恐战争已经失败。奥巴马入主白宫后，提出了一个“阿富汗新战略”，又称“新的阿富汗—巴基斯坦战略”，即阿巴两边夹击，围剿与“招安”并举，宣称要尽量减少平民伤亡。为此，美国增兵换将，以求实现其“瓦解、铲除和击败盘踞在阿富汗和巴基斯坦两国的‘基地’组织”的目的。奥巴马在2010年12月3日突访阿富汗时说，战事取得了“重要进展”。实际上，增兵扩大战争的结果是增加了流血，扩大了美国与北约盟国的分歧，加深了美国与巴基斯坦、美国与阿富汗政府的矛盾。据美国《纽约时报》网站2010年11月14日报道，阿富汗总统卡尔扎伊警告说，“美国必须减少行动”，“美国在阿驻扎了约10万军队，他们对阿富汗家庭进行的‘可怕的’夜间搜捕激起了普通阿富汗人的反抗情绪，并导致愤怒的年轻人加入叛乱”。美国

---

① 2011年5月2日凌晨，本·拉登在巴基斯坦阿伯塔巴德的一所建筑物中被美国特种部队打死。

和北约在阿富汗已陷入“越战式旋涡”。

十年天地干戈老，四海苍生痛苦深。十年反恐战争，不仅给阿富汗、巴基斯坦和伊拉克造成了巨大的生命财产损失，也使以美国为首的北约等多个国家付出了沉重的代价。因美国次贷危机引发的全球性经济危机，也不能说与反恐战争无关。如何走出困境，就成了北约制定“战略新概念”的一个动因。为此，北约秘书长拉斯穆森在 2008 年 8 月指定美国前国务卿奥尔布赖特负责组成了“新战略构想”12 人专家小组。其指导思想是：借助健全的伙伴关系，防区内确保安全，防区外有力干预，要灵活高效地采取行动。专家小组经过 9 个月的运作，开了四次正式会议，于 2010 年 5 月 17 日公布了一份名为《北约 2020：确保安全、积极接触》的报告。报告强调了重新制定战略构想的重要性，阐明了北约到 2020 年要达到的目标与应完成的核心任务。拉斯穆森认为，“构想”是“规划北约未来 10 年发展的纲领性文件”。2010 年 11 月 19 日至 20 日，在葡萄牙首都里斯本举行的北约首脑会议上，通过了被认为是仅次于《北大西洋公约》的名为《积极参与现代防御》的“战略新概念”。这是冷战后北约出台的第三份指导性文件。拉斯穆森说，它将带领北约进入“3.0”时代。文件是美国人主导起草的，也必然会体现美国的意图，其核心内容有如下五点：

第一，确定了从阿富汗撤军的时间表。奥巴马为求连任，在 2009 年 12 月宣布向阿富汗增兵 3 万，同时承诺将在 2011 年开始撤军。“新战略”仍坚持从 2011 年 7 月开始（象征性）撤军，在 2014 年底前将安全任务交给阿富汗政府军。但拉斯穆森又表明，到时能否停止战斗行动，要视形势而定。这意味着美国和北约军队将不会完全撤走。

第二，强调了美欧关系的重要性。奥巴马在峰会上说，欧洲是美国“最亲密”的伙伴。实际上，在伊拉克战争和阿富汗战争中都暴露了美欧的严重分歧。在阿富汗，美国一再要求北约的欧洲盟友增兵，而欧洲国家却是要求撤兵。荷兰在 2010 年 8 月 1 日就撤走了 1 950 名军人的大部分。北约战地指挥官要求德国增派机载预警与控制系统侦察机并增派100名军人，但2011年1月9日德国外长韦斯特韦勒访阿时明确表示，德国没有这个计划。所以，奥巴马要求“复兴跨大西洋团结”。

第三，决定要改善同俄罗斯的关系。奥巴马一上台就提出了要“重启”美俄关系。奥尔布赖特在起草文件时强调，北约要集中精力改善与莫斯科的关系。时任俄总统梅德韦杰夫应邀参加了北约和俄罗斯理事会首脑会议。会后的共同声明称，北约将为与俄建立“真正的战略伙伴关系”而努力。但是，俄罗斯人不会忘记，老布什在1992年6月17日曾对叶利钦说：“我们确实形成了一种真正的新关系，一种和平、友好、信任和加强合作的关系。”所以，现在俄罗斯对北约的热乎态度比较冷静。

第四，要求北约的行动要更有效、更灵活。这是根据十年反恐战争的教训而提出的一个原则。所谓“有效”“灵活”，就是要运用“巧实力”，知己知彼，速战速决，不打消耗战，不打持久战，不能再陷入泥潭。美国国防部长盖茨2011年2月25日在西点军校的讲话中说：“经过10年的战争，部队‘太紧张、太疲劳’了。”“今后任何国防部长如果建议总统再向亚洲或中东或非洲派遣大批美国地面部队，都应该检查一下脑子是否正常。”①

第五，要继续推进北约“全球化”。在1996年北约尚未东扩时，美国就有人提出要北约“全球化”。北约在1999年制定的“新概念”中，可以在“区域外”采取军事行动，是“全球化”理论的一个发展。在2010年版的“新概念”中，对“全球化”论又有新发展，就是把在东欧运用的“伙伴关系”升格成了“全球伙伴关系”。这就意味着，它不仅可以在欧洲之外的南亚采取军事行动，而且可以在全球范围内采取军事行动。

对北约2010年版的“战略新概念”，国际上有何评论？法国《回声报》在2010年11月19日发表了一篇署名文章，题目是《北约寻

---

① 美国《陆军时报》网站，2011-02-25。

找存在的理由》。日本《每日新闻》在2010年11月21日报道的题目为《北约开始向“世界警察”方向转变》。西班牙《起义报》2010年11月23日发表的署名文章，题为《北约：包围俄罗斯，盯住中国》。文章说，“北约根本没有自己的战略，事实上它不过是美国战略的工具，它唯一执行的‘战略概念’是美国的战略”。

北约已年逾花甲，这28国联军将如何行动、如何生存，只能由它自己决定。但是，和平、发展、合作是当今世界的主题，这一点不容置疑。

日本是美国的密友吗？*

美国同日本在1951年9月签订的《旧金山和约》和《日美安全保障条约》已于1952年4月28日正式生效。从此，日美关系就由敌国成为盟友。如果把这个条约比作婚约，也可说是二者已结为连理。但这不是一桩自主婚，而是拉郎配。因此，不是相濡以沫，而是同床异梦。也有人称之为“夫妻同屋分居”。

从美方来看，它同日本的关系已由军事管治变为依约控制，但对“大日本帝国”的遗民而言，无论是美国的强力统治，还是依法控制，都难以使他们心服口服，也只能在美国的“保护伞”下，蓄积力量，待时而动。经过近70年的发展，日本已具有相当的经济和军事实力。现在，它遇上了美国“重返亚太”的机会，所以安倍晋三就在2013年2月访美时，模仿希拉里的腔调说，“日本回来了。”他一方面表明，自民党政府与民主党政府不同，他要加强日美同盟关系；另一方面，则是要显示他的力量。他对奥巴马说：“日本不是，也永远不会

* 畅征：《日本是美国的密友吗？》，载《国际政治》，2013（10）。

是二流国家，我要让日本重新强大起来，强大到足以做出更多的贡献来让世界变得更好。”[①] 2 月 27 日，日本《产经新闻》发表的一篇文章中宣称：“追随美国便万事大吉的时代已经过去。在某种意义上，日本必须领导美国。”

希拉里曾说，日美联盟是亚太地区“和平与稳定的基石”。但是，日本这块石头，还会让美国踩吗？踩上去还会感到很稳固吗？在旁观者看来，值得怀疑。因为以安倍晋三为首的日本右翼势力对第二次世界大战的结局，不是心服口服，而是多有不满。

第一，其不满美国投下的两颗原子弹。1945 年 5 月 8 日，德国法西斯签署了无条件投降书。而日本军国主义者不接受盟军要求，没有立即投降，并于 7 月 28 日宣称对《波茨坦公告》“不屑理会”。于是，美国就决定对日本使用新发明的大规模杀伤性武器。8 月 6 日，美国在广岛投下第一颗原子弹。日本仍然不听警告，拒绝投降。8 月 9 日，美国又在长崎投下第二颗原子弹。8 月 15 日，裕仁广播“终战诏书”，宣布投降。9 月 2 日，日本正式签署投降书，二战胜利结束。迄今为止，美国是唯一使用过原子弹的国家，同时，日本也是唯一遭受过原子弹轰炸的国家。日本不断有人要求美国对此进行道歉。据美联社 2006 年 12 月 18 日报道，日本自民党政调会长中川昭一在参观长崎原子弹爆炸资料馆后称：“美国决定向日本投下这种东西是不可原谅的。美国向日本投下原子弹是犯罪。”2007 年 7 月 4 日，安倍晋三以日本首相身份发表谈话，他强调指出：“美国在长崎、广岛投放原子弹，夺走了很多生命，许多受害者在战后一直忍受着原子弹爆炸造成的后遗症之苦，日本不能原谅投放原子弹的心情没有改变。”[②]

第二，其不满东京审判的裁决。东京审判和纽伦堡审判，是对第二次世界大战两个元凶的国际审判，是对德日法西斯首要战犯戈登和东条英机之类的依法惩处，是世界反法西斯战争最后胜利的重要标

① 路透社华盛顿，2013-02-22。
② 共同社东京，2007-07-04。

志。这是正义战胜邪恶的胜利。举世欢庆，大快人心。但是，安倍晋三作为甲级战犯岸信介的外孙却一直耿耿于怀，力图推翻东京审判这个大案。2007 年 8 月，安倍晋三第一次以首相身份访问印度时，“强烈要求”会见当时主张甲级战犯全体无罪的印度法官拉达·皮诺德·帕尔的子孙。这被认为是否定东京审判的行动。[①] 2012 年底，安倍重登首相宝座后，于 2013 年 3 月 12 日在众议院预算委员会上对二战后远东国际法庭对日本战犯的审判再次提出质疑。他说，“对于这一场大战的总结，并不是日本人自己做出的，应该说是战胜国一方做出的裁决”，并称“历史问题的评价，最终还是应该由历史学家去做出”[②]。此前，他的内阁成员文部科学大臣下村博文还狂妄地宣告：“1946 年至 1948 年在东京举行的战时罪行审判的裁决无效。”[③] 日本正、副首相等坚持参拜靖国神社，就是要使东京审判的裁决无效，就是向正义挑战。

第三，其不满美国对日本的军事占领。二战结束后，盟军对日本和德国的整治方式有所不同，它不是几个战胜国分区占领，而是美国一家独占。从 1945 年 8 月日本投降到 1952 年 4 月 28 日《旧金山和约》生效，前后近 7 年时间。安倍晋三把这几年称为“占领时代”。这时的日本，外无主权，内无治权，美国的麦克阿瑟将军就是最高统治者。这对日本帝国的子民来说，是屈辱的、难忘的。安倍忧心地说，现在“越来越多的年轻人不知道日本曾丧失主权，被占领过 7 年”。为了不让后人忘记此事，安倍政府在 2013 年 3 月 12 日通过了一项内阁决议，决定把《旧金山和约》生效日设立为“主权恢复日”。官房长官菅义伟说：“日本摆脱占领，恢复主权，回归了国际社会。这象征日本战后时代的主权恢复。”4 月 28 日，日本政府为纪念《旧金山和约》生效 61 周年，在东京宪政纪念馆举行了“主权恢复·重

① 参见《每日新闻》（日本），2007-08-23。

② 《历史不容翻案，正义不容挑战》，载《人民日报》，2013-03-14。

③ 《安倍晋三对右翼内阁的任命对该地区而言是个凶兆》，载《经济学家》（英国），2013-01-05。

返国际社会纪念典礼”，以纪念摆脱美军统治的日子。天皇和皇后以及参众两院议员与政要 400 余人出席了纪念活动。安倍晋三在致辞中谈了战后日本重建的历史，但他未提侵略战争，不讲日本为何丧失主权。最令人惊异的是，在活动结束时，安倍和最高法院院长等要员都举双臂三呼：“天皇陛下万岁!”使参会人员都感到惊慌失措。随后，安倍又身穿迷彩服，头戴坦克帽，登上战车，向自卫队员挥手。此举属战后日本历任首相的“首创”，这似乎是要留下一个印象：回到了战前的“帝国时代”。

第四，其不满麦克阿瑟审定的“和平宪法”。1946 年由麦克阿瑟审定的《日本国宪法》，于 1947 年 5 月 3 日生效。日本右翼势力最不满意的是第 9 条。该条规定，日本“永远放弃以国家权力发动的战争与武力威胁或行使武力，作为解决国际争端的手段”，“不保持海空军及其他战力，不承认国家的交战权”。概言之，就是“放弃战争，禁止拥有军队”，故称“和平宪法”。它对热爱和平的民众而言是福音，对军国主义遗族而论则是“紧箍咒”，被视为“美国乌托邦式幻想与日本战败失去独立相结合的产物”。所以，“护宪”与“修宪”就成了战后日本政治斗争的一个重要内容。2006 年 9 月 26 日，安倍晋三出任日本首相后发誓，要在他当政期间实现修宪。他说，他的国家将在“全世界”发挥更大的安全作用，日本宪法中有些条款已经“跟不上时代”，将用一部“新宪法”来支持这一目标。为此，他做了努力，参议院还通过了一个《国民投票法案》。但他当政未满一年，就在 2007 年 9 月 12 日因“胃肠紊乱”而宣布辞职。修宪未成，强军大有进展。2007 年 1 月 9 日，防卫厅正式升格为防卫省。4 月 23 日，准航母“日向”号下水。日本已拥有世界排名第五的军队。

第五，其不满联大通过的“侵略定义”。1974 年 12 月 14 日，第 29 届联合国大会根据《联合国宪章》的宗旨，以协商一致的方式通过了“侵略定义”，结束了战后 20 多年关于侵略定义的讨论。这是世界公认的对侵略行为的最权威的解释。定义明确指出：“侵略是指一个国家使用武力侵犯另一个国家的主权、领土完整或政治独立，或以本定义所宣示的与《联合国宪章》不符的任何其他方式使用武力。”定义共分8条，其中第5条第2项还明确规定，“侵略战争是破坏国际和平的罪行。侵略行为引起国际责任”。国际责任不仅包括“国家的责任”，也包括有关责任人必须承担的“刑事责任”。但是，2013年4月23日，安倍晋三竟然在参议院预算委员会上提出了他的“侵略定义未定论”。他说：“关于侵略定义，不管是学术界还是国际上都尚无定论。其定义会因国与国关系中各国所处的立场而有所不同。”[①] 5月8日，他在同一场合又解释说，我的意思是，“侵略”在学术上有各种观点，“并没有绝对的定义”，并称：“在安全环境不断变化的形势下，迄今的解释是否还恰当呢？”[②]

安倍的言论，不仅是对联合国权威的挑战，也是对其前辈的不尊。1951年日本与美国片面缔结的《旧金山和约》中，承认“联盟国战争罪行法庭”的判决，接受了对其侵略事实的认定。1986年9月，中曾根康弘首相表示，日本进行的那场战争“是侵略战争”。1993年8月细川护熙首相的讲话和1995年8月的“村山谈话”，都承认日本的侵略行为并表示道歉。现在，安倍晋三首相为什么唱反调，抛出一个“侵略定义未定论”？20世纪就带头对美国说“不”的现任日本维新会共同党首石原慎太郎对此已做了回答：二战时期的日军行为“不是侵略”[③]。“不是侵略”，也就没有犯战争罪，也就无须谢罪、道歉，因而战后形成的国际秩序就被颠覆了。

安倍晋三在2006年出任首相时，就想“摆脱美国而自立”，“二进宫”之后，也难说他会对美国言听计从。2013年4月14日，美国新任国务卿克里到访，安倍不是先会见克里，而是先去拜鬼，先到冲绳祭拜了琉磺岛战役战亡者，下午才会见克里。琉磺岛战役，是美日太平洋战争的转折点之一，美国也付出了巨大牺牲。5月13日，安倍派遣饭岛勋秘密出访朝鲜，事先也没有知会美国。16日，当媒体

① 《日本首相重新诠释二战历史》，载《华尔街日报》（美国），2013-04-27。

② 共同社东京，2013-05-08。

③ 共同社东京，2013-05-20。

向在日访问的美国朝鲜政策特别代表戴维斯提问此事时，他称："没有听说过。"并说："我的这个回答显示了日美之间有着何种程度的协调。"共同社认为，这表示对日方的"强烈不满"。

中国有句俗语：当局者迷，旁观者清。英国《金融时报》在2012年9月12日发表过一篇署名文章，题为《日本尚未准备好当一个可靠的盟友》。文章说："将日本当成在亚洲一个不可或缺的盟友，美国将迅速促使该区域已经具有爆炸性的局势恶化。"乔治·华盛顿大学教授阿米泰·埃佐尼讲的更深刻，他说，美国推动日本在亚洲发挥重要作用是一项"愚蠢的政策"，"日本正在脱去二战后披在身上的和平羽毛"①。

中国的战略机遇期与美国*

党的十六大报告指出，21世纪头20年，对我国来说，是一个必须紧紧抓住并且可以大有作为的重要战略机遇期。这是根据国际国内形势发展所做出的一个重大决策。但是，能不能争取到、把握住这20年的机遇期，美国是个重要的外部因素。因此，如何处理好中美关系，如何同美国进行周旋，是个需要认真研究、认真对待的大问题。

一

美国是个什么样的国家？它是当今世界上唯一超强的霸权主义国

---

* 畅征：《中国的战略机遇期与美国》，载《领导科学》，2004（4）。

① 《警惕日本脱去"和平羽毛"》，载《人民日报》，2013-04-01。

家，是“新帝国主义”。美国的全球战略目标是，从经济、军事、政治、文化等方面全面地统治世界。唯我独尊，藐视国际法，不尊重联合国的权威，坚持单边主义，反对多边主义。

在经济方面，美国的实力最强。其年国内生产总值已超过 10 万亿美元，占全世界国内生产总值的近 1/3。

在军事方面，美国在力求巩固霸主地位。它拥有最多、最尖端的大规模杀伤性武器，既有先进的“矛”，又在打造坚固的“盾”（导弹防御系统），已占领军事技术的制高点。但是美国并不满足于它既有的“无可匹敌”的军事地位，还在大量增加军费，不断研制更先进、更具杀伤力的武器。它的军费已由 2000 年的 2 911 亿美元，增加到 2004 年的 4 013 亿美元，2010 年将达到 7 000 亿美元，其目的是要实现“美国军事治下的世界和平”。美国到处有驻军，而且是最大的军火商，是最大的军事集团首领。

在国际政治方面，美国推行霸权主义和强权政治。它手中既有胡萝卜，也有大棒，力图依靠这两样东西，摆脱一切束缚，为所欲为。美国在反恐、反邪教和人权问题上，实行双重标准：顺从者，非也为是；不顺从者，是也为非。

在文化方面，美国反对多样化。它利用其综合国力，利用其强大的媒体，强制推行美国文化及其价值观念，挑动“文明冲突”。

美国既富又强，可谓“全能冠军”。这种超强地位，在 21 世纪上半叶大概难以改变。这是我们必须面对的一个严峻现实。我们的哲学是“和为贵”，美国的观念是“以武定天下”。美国的本质是好战的，它的强大是靠战争、靠武力夺得的。现在它决心维持压倒性的军事优势，以打消敌国超越它的念头。对世界来说，美国绝非和善之源。

二

从本质上看，美国是反华的。它是中国发展的一个制约因素，是中国安全的最大威胁。美国统治集团不愿看到一个既富又强的中国出现在他们面前，但他们在近 20 年内将无法集中精力进行反华。

历史已经告诉我们，美国从来就不喜欢中国共产党领导的社会主义中国，它一直图谋消灭中国，搞垮中国，但一直未能得逞。

20 世纪，美国的战略重点在欧洲。经过近百年的争夺，它取得了两大战略性胜利：一是经过两次世界大战，消灭了法西斯主义，基本“征服”了西欧，成了西方世界的盟主；二是经过冷战，搞垮了华约，促成了东欧剧变、苏联解体，“制服”了东欧。2001 年 1 月 20 日，小布什继任美国第 43 任总统后，提出了美国的“战略东移”问题，即由以欧洲为重点转向以亚洲为重点。美国认为，欧洲的问题因苏东各国的易帜而基本解决，其可以集中精力解决亚洲问题了。

小布什一上台，就调整了克林顿的对华政策，宣称中国不是“伙伴”而是“对手”，于是就制造麻烦，升格对台关系。就在中美关系趋于恶化之时，“9・11”事件发生了。此后，美国国会两院授权小布什总统使用武力。2001 年 9 月 15 日，小布什宣布美国进入“战争状态”。他表示，要在外交、军事、金融等所有方面集结力量，与国际恐怖组织战斗到底，要“消灭恐怖主义”。

美国在 2001 年 10 月 7 日发动了阿富汗战争。这场战争取得小胜后，美国政府就立即提出要扩大反恐战争。2002 年 1 月 29 日，小布什在他发表的国情咨文演说中，正式抛出了“邪恶轴心论”，并圈定伊拉克、伊朗和朝鲜三国为“邪恶的轴心”。后来，又将其扩大为七个国家。

在三个所谓的“邪恶”国家中，伊拉克在美国的多年军事打击和经济制裁之下，最为虚弱。为发动对伊战争，小布什于 2002 年 6 月 1 日在西点军校抛出了他的“先发制人”战略。在 2003 年 3 月 20 日，美国公然对一个主权国家——伊拉克发动了一场大规模的侵略战争，宣称要“解放”伊拉克人民，实际上是对伊的军事占领，是要控制中东这块宝地。

小布什政府为缓和阿拉伯人因伊拉克战争而爆发的反美情绪，在其占领伊拉克之后，于 2003 年 4 月 30 日公布了由美国牵头，有欧盟、俄罗斯和联合国参加制定的“中东和平路线图”。其要点是，分三个阶段，到 2005 年建立一个巴勒斯坦国。由于美国偏袒以色列，以致“路线图”计划搁浅。

美国还在不断扩大的反恐战争何时收场？伊拉克局势何时稳定？巴以冲突何时解决？这些都是难下结论的大难题。美国要按自己的设想解决中东问题，20 年时间是不够用的，仅一个巴以冲突，也未必能在 20 年内解决好。解决中东问题，也许比搞垮苏东集团更难。历史告诉我们，美国靠胡萝卜加大棒未必能征服阿拉伯世界，未必能实现中东地区美国化。罗马教皇与西欧封建主搞了八次十字军东征，历时近 200 年，未能成功。小布什发动的反恐战争，如果能在 20 年内以美国的彻底胜利而告终，那将是一个历史奇迹！

三

“9·11”之后，中美关系趋于缓和。现在，中美关系出现了良好的发展势头。高层会晤不断，双方在反恐战争、朝核问题以及东亚地区的和平与稳定等方面均有共同利益，也有较好的沟通、协调与配合。美国国务卿鲍威尔在 2003 年 9 月的一次演讲中说，如今“美中关系是自尼克松总统首次访华以来最好的”，我们希望这种势头能保持下去，两国关系应当也可以做到更好。但能不能使我们如愿，还只能走着看。因为中美建交 25 年来的历史一再告诉我们，中美关系发展这条路，不是笔直的，而是曲折的。我们不可抱有不切实际的幻想，必须具有高度的忧患意识。古人云，思所以危则安矣，思所以乱则治矣，思所以亡则存矣。

中国的最大忧患和世纪难题是台湾问题。这个问题，在很大程度上是美国造成的，也是它遏制中国的一种手段。1979 年中美建交，美国同时又抛出了一个“与台湾关系法”，一方面同中国发展正常关系，另一方面又同台湾地区发展实质性关系。美国表面上是坚持“一个中国”，实际上是搞“一中一台”，在北京设大使馆，在台北设办事处。美国无视三个联合公报，竭力武装台湾地区，以致李登辉、陈水扁敢于提出“两国论”和“一边一国论”，敢于“以武拒统”。美国目前的对台政策是不统不独，所以只谈“和平”，不谈“统一”，要求“大陆不动武，台湾不‘独立’”。原来美国只说“不支持台湾‘独立’”，有意给台湾当局留出想象空间。陈水扁公然抛弃他 2000 年做出的“四不一没有”的承诺，宣称要“公投”，要“制宪”，才迫使美国总统小布什不得不明确表示，反对台湾“独立”，反对台湾当局单方面试图改变台湾地区现状的做法。我们对台湾问题的方针政策是明确的、一贯的，这就是“和平统一，一国两制”。

近年来，国际局势确有很大变化，但美国的两面性没有变，“一超多强”的国际格局没有变，世界多极化、经济全球化的大趋势没有变，和平与发展这两大主题没有变。世界要和平，人民要合作，国家要发展，社会要进步，这是不可阻挡的时代潮流。中国是联合国常任理事国，是五个核大国之一，是最大的发展中国家，拥有 13 亿多人口的巨大市场。改革开放以来，中国的综合国力和国际影响力显著提高。这表明，中国具有同美国进行周旋的巨大空间。

中国新一届中央领导集体坚持奉行独立自主的和平外交政策，高举和平、发展、合作的旗帜，坚持与邻为善、以邻为伴的方针，坚持《联合国宪章》的宗旨和原则，坚持多边主义，积极主动地开展全方位外交，与美国的建设性合作关系有了新的发展，与俄罗斯的战略协作伙伴关系得到进一步巩固和加强，与欧盟的关系已步入全面健康发展的轨道，与上海合作组织成员国的关系进入全面稳定发展的新时期，与印度的关系进入了一个新的发展阶段，与东盟签署了《东南亚友好合作条约》，建立了战略伙伴关系，与周边其他国家的睦邻友好合作关系也取得了积极进展，与亚、非、拉等广大发展中国家的关系在继续巩固和发展。

以上情况说明，随着中国综合国力的增强和外交工作的成功，我国的国际环境在改善，遏制中国的因素在减弱。从目前的国际局势发展来看，党的十六大提出的20年重要战略机遇期，是科学的，是可遇可求的。我们可以聚精会神搞建设，一心一意谋发展。有人说，中国的一切举措都是为了争取时间。这话不错。因为对中国来说，时间就是发展。如果我们可以再争取到20年的发展，就会再上一个大台阶。2003年12月29日，英国《金融时报》上有一篇题为《领先者，亚洲加速崛起》的文章中写道："40年之内，中国经济规模将与美国一比高低。"那时的中国，一定会对人类的进步事业有更大的贡献。那时的世界，将不再是一家独霸，而是多方参与，共谋发展，将迎来一个真正的和平发展新时代。

"美国不谋求遏制中国"?*

2009年1月20日，美国第44任总统贝拉克·奥巴马宣誓就职。那时，始于美国的金融危机正席卷全球，他很需要中国与其携手共同应对危机。奥巴马上台11天后，致电胡锦涛同志："对中美两国而言，没有比两国关系更为重要的双边关系。"这预示着，中美关系开局良好。

同年4月，在伦敦举行的G20峰会上，胡锦涛同志与奥巴马首次进行会晤，他们一致同意，共同努力建设21世纪积极合作全面的中美关系。11月15日至18日，奥巴马应胡锦涛同志邀请，对中国进行了为期四天的国事访问。在他进入中国之前，即14日，他在东京发表对亚洲政策的演讲时宣布："美国不谋求遏制中国。"他说："美国对中国日益崛起的政治和经济影响力表示欢迎"，"一个强大而

---

* 畅征：《"美国不谋求遏制中国"?》，载《领导科学》，2013（8）。

繁荣的中国的崛起将是国际社会力量的源泉”①。16 日，奥巴马在与上海青年对话时再次表示：“美国不寻求遏制中国，美国欢迎中国强大、繁荣和成功。”在访问中，奥巴马与胡锦涛同志进行了坦诚的、建设性的、富有成果的会谈，达成了广泛共识，并于 17 日发表了内容充实的《中美联合公报》。英国《每日电讯报》说：“这是中美关系 30 年来向前迈出的最大一步。”

“美国不谋求遏制中国”这句话，中国人听到了，日本人听到了，世界各国的人民都听到了。听其言，观其行。4 年时间过去了，奥巴马的第二个任期已经开始。他的行动真的如其所言吗？非也！相反，他是在千方百计地牵制中国、遏制中国，阻碍中国的和平发展。

一、拉帮结伙，力图牵制

战略东移，是苏联解体后美国的既定方针。只是因为“9·11”事件后，小布什政府忙于打两场反恐战争，削弱了美国的综合国力，也削弱了它在亚太地区的操控能力。奥巴马上台后，自称是“美国历史上首位‘太平洋总统’”，决定“重返亚太”。他打出的旗号，就是国务卿希拉里·克林顿 2009 年 7 月在泰国举行的东亚地区论坛上高喊的：“美国又回来了！”因为此言遭到了质疑，所以又改称“亚太再平衡”。其实，就美国近来在菲律宾苏比克湾和越南金兰湾的活动看，也可以说是“美国又回来了”。所谓“亚太再平衡”，是美国觉得 21 世纪以来它在亚太地区的影响力减弱了，下降了，失衡了，所以要“亚太再平衡”，要结束伊拉克战争和阿富汗战争，以便加强它在亚太地区的政治、经济和军事存在。

2002 年 11 月 8 日，党的十六大报告指出，21 世纪头 20 年，对我们来说，是一个必须紧紧抓住并且可以大有作为的重要战略机遇

① 法新社上海，2009-11-16。

期。强调要聚精会神搞建设，一心一意谋发展。十年来，由于深化改革，扩大开放，我们的综合国力和国际影响力都大为提高。2008 年金融危机开始后，中国推出四万亿人民币规模的经济刺激计划，既保证了中国经济的高增长，也挽救了世界经济的崩溃。这证明中国已成为世界经济的火车头，显示美国“发挥良性霸主作用”的经济优势在消失。在这场世界金融危机中，发生了一件震撼世界的大事，就是在 2010 年中国的经济规模跃升至世界第二位，日本保持 42 年之久的地位不得不让给中国。日本人对此很闹心，美国人对此也不开心，或者说是很担心。因为有人预言，中国的经济总量将在 2020 年超过美国，成为世界第一大经济体。因此，奥巴马在 2010 年 1 月 27 日发表的首份国情咨文中宣布，他将誓死捍卫美国“世界第一超级大国的地位”，并声称：“我绝不接受美国成为第二。”

由于中国坚定不移地执行与邻为善，以邻为伴的睦邻友好政策，已与周边国家形成了一种和平稳定与发展繁荣的局面。中日韩三国已于 2012 年 5 月签署了投资协定，正准备启动自贸协定谈判，并计划相互用本国货币进行贸易结算和互购国债。或许美国认为，这就是“失衡”。美国很担心“中国货币在美国‘后院’崛起”，出现一个取代美元的人民币集团。所以美国要“亚太再平衡”，要“回来”搅局，要平抑亚太地区非美主导的发展势头。

拉帮结伙，是美国称霸全球的一个法宝，北大西洋公约组织是它的代表作。过去，美国主要依靠它遏制苏联，以致苏联解体；现在，北约一扩再扩，挤压俄罗斯的活动空间。美国也很想搞成一个亚洲版的北约。它“重返亚太”的所谓新战略构想，就是主要依靠旧盟友（以日本、韩国、菲律宾、泰国和澳大利亚为基础），积极发展新伙伴（如新加坡、印度尼西亚、越南、印度以及中亚国家和蒙古国等），力图组织包围圈，牵制中国。但是美国不明言围堵、遏制中国，而是用“中国威胁论”，以正人君子的面貌和保护弱者的身份出现。

美国新保守主义的外交政策权威罗伯特·卡根于 2010 年 10 月 1 日在《华盛顿邮报》上发表了一篇文章，题为《美国：曾经努力融入，现在准备领导》。文中说：“在东亚，奥巴马已从向中国提供‘战略再保证’的模糊想法转为向美国盟友和伙伴提供保证的具体政策，保护它们不被中国日益增强的军事实力所威胁。继今年7月希拉里在河内发表措辞强硬的声明，反对中国控制南海之后，奥巴马也于上周会晤了东南亚领导人。奥巴马即将访问新德里，美国与日本和韩国的关系得到了加强。”

在美国的盟友中，愿意按美国的曲调跳舞的是日本和菲律宾，跳得最欢的是日本。它虽然对美国的霸权不甚满意，但它还是很愿意跟在美国之后当老二，愿意为美国新战略的实施充当尖兵，想借美国的大船出海，想重温它的军国主义旧梦。在美国积极发展的新伙伴中，越南、印度很引人注目。美国力求使越南也能化敌为友。美越两国血战了14年之久，有数百万人丧生。当年，美军扬言要把越南“打回到石器时代”。但是，1995年美越邦交正常化后，特别是奥巴马上台后，两国关系有快速和深入的发展。希拉里说，美越关系是真正和潜在的“伙伴、同事与朋友”。《华盛顿邮报》说，这是“历史性转变”。2011年7月，美越两国海军在岘港举行了联合军演。同年8月，两国签订协议，建立正式军事关系。阔别38年后，美国补给舰“理查德·伯德”号又回到金兰湾，并进行了为期7天的维修。2012年6月30日，美国防长帕内塔在越战后首次访问了越战中使用的金兰湾基地。他对美军官兵说，“这是一次具有历史意义的行程”。据泰国媒体报道，“乔治·华盛顿”号核动力航母于2012年10月20日在越南近海巡航时，越南官员应邀登上了航母。越南官员说：“他们乐于接受曾经的敌人美国的帮助，来防备中国。”该航母舰长芬顿说，这次任务的目的，是增进与越南的关系，确保美国在有争议水域畅通无阻。俄罗斯媒体称：“越南可能继日本之后，成为美国在亚太的又一艘‘不沉的航母’。”

2001年阿富汗战争一开始，美国及其领导的北约就进入了南亚和中亚地区。尽管它们已决定在2014年前结束在阿富汗的军事行动，但美国绝不会放弃阿富汗这个战略据点，不会放弃巴格拉姆空军基地。2012年7月7日，希拉里在喀布尔宣布，美国正式给予阿富汗“重要非北约盟国”地位。这是奥巴马上台以来宣布的第一个“重要非北约盟国”。从此，阿富汗可以在获得美国军事装备以及美国军事培训方面享受特殊待遇，还可以获得在军事规划以及军事采购和租赁等方面的支持。在中亚地区，美军已于2001年12月在吉尔吉斯斯坦的马纳斯国际机场建立了空军基地，2014年租期期满后，仍有可能保留。为拉拢中亚各国，哈萨克斯坦、吉尔吉斯斯坦、塔吉克斯坦和乌兹别克斯坦总统首次被邀请参加2012年5月在芝加哥举行的北约峰会，但他们均未赴会。

东北亚的蒙古国，因其地处中俄两国之间，早已被美国看中。2012年3月，北约与蒙古国正式签署了合作伙伴协议，而且蒙古国应邀派高级代表团首次以北约“全球伙伴关系”框架内的“和平伙伴关系”地位参加了5月的芝加哥北约峰会。7月9日，希拉里在访蒙时说，美蒙两国全球伙伴关系的基础，是双方具有共同的价值观和共同的利益。8月6日，美国《防务新闻周刊》在一篇评论文章中说，“美国继续把蒙古视为一个身处充斥着好斗邻国的地区的可靠伙伴”。

上述情况表明，美国从日本开始，经东南亚、南亚、中亚到东北亚，已画出了一个牵制中国的包围圈，其中，美国对日本和印度的拉拢尤为显眼。从2011年12月在华盛顿启动三边会谈以来，到2012年10月29日，它们已进行了三轮会谈。《印度教徒报》说，“印美日三边会谈，是美国为在一小部分友好国家内部达成共识所建立的一个机制”。日本媒体更明言，这是为了“抗衡中国”。拉美社新德里10月29日电文说：“美国意在将印度作为制衡中国的工具。”

二、调整战略，军事遏制

调整战略，主要是指美国军事战略重点的调整。现在的重点，不是大西洋，不是欧洲，而是太平洋，是亚洲，而且不是西亚，是东亚。随着伊拉克战争的结束和阿富汗战争的即将收场，美国正在把它的军事力量向东北亚、向中国的周边转移。

世人皆知，胡萝卜加大棒，是美国立国以来推行强权外交的传家宝。但今日美国的经济实力已大不如前：过去，它的国内生产总值占全球的50%左右，而今不到1/4；过去，它是世界最大的债权国，而今却成了最大的债务国；过去，它可以拿出数百亿美元，帮助欧洲的经济复兴，而今它已无力帮助各国走出危机。现在，美国的最大优势，是它的军事力量，是它手中的大棒。美国“重返亚太”，不是向亚太各国提供资金，促进其经济发展，而是来亚太地区耀武扬威，要遏制中国的和平发展。

2011年4月28日，奥巴马任命帕内塔为国防部长，7月1日帕内塔宣誓就职。帕内塔上任一个月后，于8月4日举行了首次记者招待会。他在会上宣称：“我们的责任显然是能够将我们的军队投放到世界上，从而让那些崛起的大国明白，美国仍然拥有强大的国防。”同日，法新社的电文认为，这“可能是在影射中国”。

在伊拉克拒绝挽留美国兵之后，帕内塔于2011年12月15日在巴格达宣布“驻伊美军任务结束”。31日，伊拉克政府举行盛大仪式，庆祝美军撤离，并将这一天定为“伊拉克日”。2012年1月5日，奥巴马在五角大楼的记者会上宣布了美国的新军事战略。他说，我们的军队将更加精简，但将维持美国的军事优势，将随时应对各种紧急事态和威胁。据法新社1月5日的电文说，新军事战略“注重与中国日益崛起的军事实力相抗衡”。奥巴马新军事战略的核心内容可以概括为12个字，即“增兵亚太、空海一体、盟友效力”。

（1）增兵亚太。也就是希拉里说的“前沿部署”。美国国防部副部长阿什顿·卡特说，新军事战略的一项主要宗旨是，“具备在冲突激烈或遭到阻绝的战区进行作战的能力”。对这种能力，帕内塔在2012年6月新加坡香格里拉安全对话会上做了较为明确的表述。

帕内塔说，美国海军将在未来8年内把10%的水面舰艇和潜艇移到太平洋。在2020年前，让太平洋和大西洋的军力分配接近6∶4。这意味着，未来10年，6艘航母及大部分巡洋舰、驱逐舰、濒海战斗舰和潜艇将部署在太平洋地区。现在，太平洋和大西洋海军舰艇的分配，大概是5∶5。这表明，美国将在2020年前把它的主要兵力集中部署在亚太地区。目前，美国已在太平洋地区部署了36.5万军队。

2011年11月，奥巴马访问澳大利亚时，与吉拉德总理达成共识，将在达尔文港的罗伯逊兵营轮换部署美国海军陆战队，到2017年达到2 500人，第一批250人已于2012年4月进驻达尔文港。同年同月，美国和新加坡达成协议，将在新加坡轮流部署4艘濒海战斗舰。在菲律宾的苏比克湾也不断有美军轮流进出。

（2）空海一体。空海一体是美国针对和平崛起的中国而提出的一种作战概念和作战方式，它与20世纪80年代冷战时期针对苏联所提出的“空地作战”概念不同。当时，美苏争夺欧洲，美国要遏制苏联西扩。“空地战”的目的是“为了在欧洲遭到入侵时，利用地面部队打贴身近战，并利用空中力量攻击敌人后方，以此战胜苏联”①。中国的对外开放是全方位的，两头在外，进口原材料和能源，出口商品，都需要通过海洋和海峡，所以美国要设法控制海洋和海峡，不愿也无力与中国打地面战争，力图要把中国围堵在第一岛链之内。中国要统一，要维护国家的领土主权，反对美国的介入，反对美国插足干涉。所以美国就利用拉帮结伙、空海一体的办法反“反介入”。因此，我们必须努力建设海洋强国。

空海一体概念，是在中国不赞成G2（中美共治）后，于2009年11月在美国的空军和海军中逐渐形成的。其核心内容是，“我们应怎样整合空军和海军的能力，使之满足需要”，“使我们拥有更强战斗力、耐久力和机动性的能力”，“使我们优化成为一支合二为一的部队”②。

---

① 《战略重心之外的规划》，见英国《简氏防务周刊》网站，2012-10-24。

② 《美国空军与海军将扩大合作》，载《防务新闻周刊》，2009-11-09。

现在，空海战问题在美国仍有争议。布鲁金斯学会外交政策项目研究室主任迈克尔·奥汉隆认为："空海战这种说法过分强调了战争的可能性。"他说："中国不是一个敌人。我们在亚洲的军事政策的核心与其说是为战争做准备，不如说是为防止战争爆发。"[①] 美国国防大学国家安全问题研究所研究员托马斯·X·黑姆斯，10月19日在美国《国家利益》杂志网站上发表文章认为，"空海一体战根本没有一套打赢中国的理论"，"空海一体战理念更多的是规则，而非战略"。同时，他还认为"空海一体战并非针对中国"。但是，我们不可掉以轻心。因为，美国的前沿部署在很大程度上是针对我们的。不仅它的先进的战舰摆在了我们的身边，而且先进的战机F-22、F-35、"全球鹰"无人侦察机、"鱼鹰"直升机等也都来了。我们不能没有忧患意识，有备才能无患。

(3) 盟友效力。新美国基金会高级研究员彼得·贝纳特曾于2011年11月28日在《新闻周刊》网站发表过一篇文章，题为《奥巴马的外交政策理论随着"海外制衡"最终出现》。他把奥巴马鼓动一些国家为美国的利益而效力的行为称作"海外制衡"，又称"海外制衡战略"。他认为，推行这一战略是"美国能够遏制对手的最佳方式"，是"一个减少代价保持影响力的方法"。

贝纳特在文章中谈到了美国与越南一起对抗中国的问题，并强调指出，2011年11月奥巴马"访问澳大利亚发出的核心信息，是美国最终把重点放在遏制中国在太平洋的崛起上"。但他没有论及菲律宾和日本的作用。其实，日本是美国很器重的一个亚洲盟友。希拉里说，与日本的联盟是亚太地区"和平与稳定的基石"，也可以说是美国"重返亚太"的一个不可或缺的垫脚石。日本在配合美国的行动中表现得最积极、最活跃。继2012年11月6日奥巴马连选连任总统后，日本多家媒体8日表态，期待与美国联手遏制中国。日本《产经新闻》发表了两篇文章，一篇题为《期待奥巴马坚持"日美VS中

① 转引自《空海行动，不是空海战》，见美国《防务新闻周刊》网站，2012-10-15。

国”》，一篇是《要贯彻遏制中国战略——世界需要强悍的美国》。《日本经济新闻》发表的文章，题为《日美携手支撑世界稳定》。如此等等。《产经新闻》说：“日本在切实履行同盟国义务的基础上，还应积极参与下届美国政府的亚洲战略制定和完善过程，使美国的战略同时反映日本的国家利益与主张。”《日本经济新闻》甚至提出了一个令人惊异的问题：“如果日美合为一体，将会对世界产生什么影响呢？拥有共同的目标也会有助于同盟关系的强化。”种种事态表明，日本人很想拉住美国，实现美日共治，复活军国主义。

三、频繁军演，搅乱局面

“美国回来了”，这是美国名将麦克阿瑟在太平洋战争中打败日军，重登菲律宾的土地时，留下的一句名言。而今希拉里再用时，加了一个“又”字，也另有含义。现在美军东移，不是立即投入战斗，而是为了“亚太再平衡”，也许是为了准备打一场长期的大规模的战争。根据五角大楼所接受的“长期战争”的学说，其认为：“伊拉克、阿富汗和巴基斯坦只是‘一场宏大战争中的小战役’。”“长期战争”一词，是时任美国中央司令部司令阿比扎伊德在2004年提出来的，2005年得到了时任美国参谋长联席会议主席迈斯尔的认可，并于2006年写入《四年防务评估报告》。[①] 实际上，奥巴马政府的新军事战略，也就是这个：要将美国11艘核动力航母中的至少6艘以及60%的核潜艇部署到太平洋地区。[②]

按照新军事战略部署到亚太地区的美军，目前的主要任务是举行各自不同、规模不等的军事演习，搞军事串联，搅乱中国周边地区已形成的和平稳定的发展局面。

---

① 参见《“长期战争”困境》，载《洛杉矶时报》（美国），2010-03-28。

② 参见畅征：《美国独霸全球的20年》，22页，北京，中国经济出版社，2012。

美国为什么要在亚太地区不断搞军演？这是因为：（1）军演可以证明美军的存在，告诉人们“美国又回来了”。（2）军演可以巩固它的盟友关系，也会争取几个想获得美国支持的伙伴。（3）军演可以帮助军工集团推销军火。据美国《纽约时报》网站 2012 年 8 月 26 日报道，2010 年美国的海外武器销售额为 214 亿美元，而 2011 年猛增为 663 亿美元，约占 2011 年全球武器市场总额 853 亿美元的 78%。（4）军演就是耀武扬威，想借此恐吓其所谓的潜在敌手。这叫“项庄舞剑，意在沛公”。因此，近年来，亚洲特别是中国的周边地区，成了美国牵头的军演密度最高、规模最大的地区。美军太平洋司令部每年举行的军演达 1 500 场次。其中，最值得重视的是 2012 年举行的三场演习。

第一场是美菲“肩并肩 2012”联合军演。美菲两国在 1951 年签订了《美菲共同防御条约》，成了盟友。美国以此为抓手抓住不放，是要重返苏比克湾海军基地和克拉克空军基地。菲律宾将其视为至宝，想靠美国支持抢占中国的固有领土。

这次军演，是美菲第 28 次的年度大型军演。从 4 月 16 日开始到 27 日，持续 12 天，菲律宾参演的军队共计 2 300 人，而美国参加的军队多达 4 500 人，是历届联合军演出动美军最多的一次。军演区域逼近中国的南沙群岛，而且日本、韩国和澳大利亚 2012 年也首次派军事人员参加军演。新加坡《联合早报》认为，美国在此次军演中“既派重兵，又拉别国”，“不仅是为了给菲律宾‘撑场面’，更是出于其重返亚太战略的需要”。日本《共同社》说，“此举意在制约中国”。法新社说，正值中国与菲律宾南海对峙事件尚未结束之时，“肩并肩 2012”军演在向中国传递信息方面具有额外的重要意义。很明显，美国和菲律宾搞的 2012 年联合军演，就是彼此借重，要进一步“搅动南海局势”，打乱本地区的和平发展局面。

第二场是在夏威夷举行的最大规模的环太平洋军演。环太平洋军演始于 1971 年，原为每年举行一次，后来改为两年举行一次，2012 年的军演是第 23 次。2010 年举行的军演只有 14 个国家参加，2012

年的参演国增至22个，故称“世界上最大规模的军演”。这22个国家是：美国、加拿大、墨西哥、智利、哥伦比亚、秘鲁、法国、英国、荷兰、挪威、俄罗斯、澳大利亚、新西兰、汤加、日本、韩国、印度、印度尼西亚、泰国、新加坡、马来西亚、菲律宾。其中，俄罗斯、印度、墨西哥、菲律宾、新西兰、汤加和挪威都是首次参加。美国战略与国际问题研究中心太平洋论坛的执行主任布拉德·格洛瑟曼说：“演习规模的扩大说明各国认识到日益增强的海上合作的重要性。”美国海军第三舰队发言人查利·布朗认为：“这显示出各国对参加环太平洋演习的兴趣以及它们在这种独特的训练机会中看到的价值。”他说：“并未邀请中国参演或观摩。目前对中国接触美国的军演仍有某些禁令。”①

中国是太平洋国家中的重要一员，不邀请中国参演，难免引起各种议论。帕内塔应中国国防部长梁光烈的邀请，在2012年9月17日至19日对中国进行了为期三天的访问。在访问中，他宣布：“为了进一步加强关系，美国已邀请一艘中国战舰参加2014年的环太平洋军演。”②

第三场是美日联合举行的“利剑”军演。这场演习是在石原慎太郎和野田佳彦编导的“9·10”“钓鱼岛国有化”闹剧揭幕、中日关系严重恶化之际举行的一次大规模的军演。美日联合实兵演习每两年举行一次，上次举行的“利剑”演习是在2010年。这次军演于2012年11月5日在冲绳县拉开帷幕，到16日结束。日本参演的陆海自卫队有3.7万人，美国参演的四大部队有1万人，两者相加近5万大军，和驻日美军总数大体相当。参演人数之多，大大超过了所谓“最大规模”的环太平洋军演总兵力（2.5万人）。有美国的“乔治·华盛顿”号航母、“邦霍姆·理查德”号两栖攻击舰，有日本的“岛海”号、“宙斯盾”舰等约30艘军舰和240架飞机参演。日本媒体认为，“演

---

① 《夏威夷即将迎来迄今最大规模的环太平洋军演》，见美国《星条旗报》网站，2012-06-23。

② 路透社北京，2012-09-18。

习意在展示日美联合行动能力，牵制不断进入海洋并加强军备的中国”，“演习的目的有二：一是加强西南诸岛防御；二是深化日美动态防卫合作”。

因日本“购岛”而使中日关系恶化后，美日两国曾于 2012 年 9 月下旬在关岛举行了有针对性的军演，日本自卫队派出的一个步兵团和美国海军陆战队在关岛的提尼安地区，进行了两栖作战演习。这次它们曾计划在冲绳已久无人居住的入沙岛举行夺岛演习。为避免进一步恶化对华关系，日本政府决定不公开演习画面。美国助理国务卿坎贝尔“曾在东京对日本顾虑中国的立场公开表示不快与不解”[①]。

2012 年 11 月 25 日，新华社发表了歼- 15 舰载机在我国第一艘航母“辽宁舰”飞行甲板上成功起降的消息。26 日，美国公布了美日“利剑”联合军演船队的画面。美国国务院发言人维多利亚·纽兰还在记者会上宣称，华盛顿会保持在该地区的军事存在，支持盟友反对中国的任何举动，“我们将继续在需要时帮助我们的盟友，并采取恰当措施”，“美国将继续密切监控中国的军事发展”[②]。美日“利剑”联合军演，剑指何方，一目了然。

大量事实表明，奥巴马在 2009 年说的“美国不谋求遏制中国”这句话，有点言不由衷。中国有句古语：亡羊补牢，未为迟也。奥巴马的第二个任期已经开始，希望他能像第一个任期一样，使中美关系良性运转，希望他如其在 2012 年 11 月写给习近平同志的贺函中、在金边与温家宝同志的会见中所说的那样：继续建设美中合作伙伴关系。

① 英国广播公司网站，2012-11-26。

② 美联社北京，2012-11-26。

3 局部战争

美国成为唯一超级大国后，从 1991 年到 2011 年的 20 年间，就打了五场战争，即海湾战争、科索沃战争、阿富汗战争、伊拉克战争和利比亚战争。平均每四年打一仗，而且阿富汗战争和伊拉克战争又是同时进行的，所以哈佛大学教授斯蒂芬·沃尔特提出："美国是否打仗成瘾?"这五场战争，唯有海湾战争还有点合法性。不合法、不义之战，使美国原形毕露。它公然叫"联合国靠边站"，公然践踏《联合国宪章》的宗旨和原则，滥用武力，干涉别国内政。这是十足的霸权主义。正如美国的亲密盟友英国所说的："美国现在不是（如果它曾经是）世界的灯塔。"

海湾战争与世界政治格局*

海湾战争是二战以来发生的规模最大、耗资最多、武器最精良、损失最惨重的一次“超局部战争”。这次战争发生在雅尔塔体系崩溃，美苏争霸的冷战格局已经结束，新的世界格局有待形成的时候。海湾战争的结果，将对未来世界的格局产生什么影响？这是人们所关注的。

一、海湾战争是特定环境的产物

20 世纪 50 年代初，美军打着联合国的旗帜在朝鲜战场遭到“美国战争史上最大的一次惨败”后，美国的参谋长联席会议主席布莱德雷认为，美国是在“错误的地点、错误的时间和错误的敌人打了一场错误的战争”。长期以来，他们一直在寻找机会，以求得逞。这次，他们总结了朝鲜战争和越南战争的经验教训，可说是在对他们合适的地点合适的时间同合适的敌人打了一场“胜利”的战争。老布什在 1991 年 3 月 2 日的一次讲话中说，“越南战争的幽灵已经被永远埋在阿拉伯半岛的沙漠之中”。

这次战争发生于新旧格局的交替时期。正如李鹏总理于 1991 年 4 月 6 日会见日本外务大臣中山太郎时所说：“美苏关系的缓和对某些国际问题的解决有一定的促进作用，但从根本上说，并没有给世界带来安宁。相反，世界形势变得更加动荡不安，海湾战争就是一个实

* 国家教委高校社会发展研究中心：《海湾战争与世界新秩序》（内部辅导教材），1991。

例。”所谓旧格局，就是第二次世界大战结束时形成的雅尔塔体系，或称两极格局。这一格局，由于东欧剧变、两德统一、华沙条约组织解体而宣告终结。两极控制的传统机制已经失灵，新的国际力量平衡和调节机制尚未建立起来，在这一过渡阶段中，存在某种“真空状态”，过去一直受遏制的各种政治经济力量的矛盾和冲突随之激化，终因失控而爆发战争。

伊拉克和科威特早有领土纠纷和经济矛盾。伊拉克入侵科威特选在1990年，而不是1989年，就是因为萨达姆看到了两极格局破裂所出现的“真空”，想借此机会，在阿拉伯世界称雄。1990年8月6日，法国《费加罗报》发表的一篇文章中引用萨达姆的话说：“过去有两个超级大国的平衡，今天出现了空缺。本地区每个国家都可以根据实力自由行动。”但是，他只看到了问题的一面，而没有注意到问题的另一面，即他有某种行动的自由，同时西方发达国家也有对他进行打击的更大自由。华约解体，欧洲无战事，它们可以把原来准备对付华约的大批欧洲驻军调过来，放手地进行战争。这在过去是不可能的。当时，苏联也不会同意它的盟国去进攻一个亲美国家。如果发生了此类事件，美国等西方国家也得慎重行事，它们不会轻易与苏联迎头相撞。1956年中东战争中，英法因苏联威胁，而迅速停火、撤军，就是一个典型的例子。现在情况不同了，现在不是美苏对抗，而是某种“合作”。

这次，以美国为首的多国部队之所以能轻易取胜，还在于选择了一个合适的敌人。相比之下，萨达姆这个对手太孤立、太弱小。不管他有多少借口，发兵侵吞一个没有防卫能力的主权国家，都是不正义的，是对国际法准则的粗暴践踏，因而受到了全世界的同声谴责。联合国安理会五个常任理事国采取一致行动，连续通过12项决议，谴责、制裁伊拉克，这在联合国的历史上是罕见的。由于他的不义之举，在阿拉伯国家也引起了一致谴责，形成沙特阿拉伯、埃及等八个逊尼派国家联盟反对一个逊尼派掌权的伊拉克，这在阿拉伯历史上也是少见的，而且它们断然拒绝了萨达姆提出的关于科威特问题与巴勒斯坦问题挂钩的建议。这就为美国凭借武力称霸世界，提供了一个千载难逢的良机。

这个孤军作战的伊拉克，又是如此的弱小。国土面积仅有 44 万多平方公里，人口只有约 1 700 万。既无高山峡谷，又无浓密森林，更无多大的回旋余地。萨达姆号称拥有百万大军，在阿拉伯世界可以算无敌的军事强国，但就世界范围看，正如日本《世界周报》杂志所说，伊拉克不过是“三流军事怪物”。虽然也有一些现代化的武器装备，但没有洲际导弹，没有核武器，远不能与美英法等西方强国相比。双方力量对比异常悬殊，有人把它比作刺猬与老虎之战。一个弱小国家对付 28 个强国集团，又非正义之师，再加上萨达姆在政治、军事和策略上所犯的一系列错误，是必然要失败的。即使如此，伊拉克能同如此强大的对手对抗半年多，也说明美国并没有强大到无人敢碰的程度。美国参谋长联席会议主席鲍威尔说，美国这次在海湾进行的军事部署，是第二次世界大战以来最大的一次。美国出动了 75％的战术飞机，40％的坦克。老布什也算费了九牛二虎之力。如果伊拉克是正义之师，不是如此孤立，美国等多国部队与之战斗，可能是另一种结局。作为世界超级大国的美国，取得对第三流军事小国的胜利，并没有什么值得自豪之处。所以日本人警告美国，不要患上“作用意识肥大症”，不要“一味地狂妄自大”。但是，美国毕竟是赢家。

（一）美国摧毁了伊拉克的战争机器，拔掉了一颗反对美国、反对西方国家的钉子

美国出兵海湾的首要目的，是战胜萨达姆、摧毁伊拉克主要的军事能力，特别是摧毁其生产化学武器和发展核武器的设施，现在已经达到目的。萨达姆也曾对他的高级助手们说过，“侵略者企图将伊拉克变成手术台”。这也被他不幸言中。伊拉克正在被宰割，其军队已有一半被打垮，不得不接受 687 号决议。该决议要求伊拉克无条件地接受在国际监督下销毁拆除所有生物和化学武器以及射程超过 150 公里的弹道导弹。还规定，不准拥有或研制核武器以及制造核武器的材

料，并将其拥有的核材料完全置于国际原子能机构的控制之下。现在，老布什正为最后一个目标——搞掉萨达姆而努力。安理会通过的688号决议，要求伊拉克停止对反政府力量的镇压，保证“公民的人权和政治权利得到尊重”。这是不符合《联合国宪章》第二条第七款的规定的，是“干涉在本质上属于任何国家国内管辖之事件”。这一行动可能促使伊拉克走向分裂，成为第二个黎巴嫩。分而治之，乱而治之，是帝国主义惯用的手法。没有这一手，不会有伊科之战和阿以之争。最近美国又提出库尔德人“安全区”问题。这将产生什么后果，值得注意。

（二）美国实现了在海湾建立军事基地的宿愿

美国派兵到沙特阿拉伯执行“沙漠盾牌”行动计划，是切尼到沙特阿拉伯给法赫德国王做了大量工作之后“应邀”而来的。当时美国用的名义是“保卫沙特阿拉伯”，防止伊拉克入侵。从1990年8月7日开始，美国大规模地向海湾调集多国部队。随后，其又提出要把伊拉克军队赶出科威特，并将其十几万军队驻扎在伊拉克南部地区。想当初，美国国防部长切尼答应法赫德国王的条件是“如果沙特阿拉伯要美国人离开，美国人就应该立刻离开”。现在，任务已完成，本应按既定协议撤军。但美国不愿意撤走，先说是撤走地面部队，留下海空军和指挥中心，现在老布什又提出要留下一部分陆军参加联合国维和部队。实际上，美国在派兵时就透露，它要长期赖在海湾不走。《华盛顿邮报》曾宣称：要留在波斯湾“数年或数十年”。看来，还真是请神容易送神难。

（三）美国达到了控制中东石油资源这个主要目的

美国对伊拉克入侵科威特如此神经紧张，反应迅速，绝非单纯为了“恢复科威特的合法政府”，而是为了控制海湾地区的石油资源。海湾地区是“世界的油库”，其储蓄量占世界总储量的60%以上。仅沙特阿拉伯就占世界总储量的1/4，加上伊拉克和科威特的储量，约占世界总储量的44%。如果伊拉克控制了科威特和沙特阿拉伯，就等于卡住了西方发达国家的脖子。被称为“中东通”的基辛格博士认为：“萨达姆的长期战略，是减少海湾石油出口，使油价保持在一种可由他决定升降的水平上。他公开的战略，是把阿拉伯世界团结起来。实质上是要形成一个反北方工业国的联合体。”这个联合体的形成，对美国等依赖中东石油的西方国家来说，无疑是大祸临头。因此，老布什在1990年9月11日对国会发表的政策演说中明确表示：“美国不能允许如此重要的一种资源为伊拉克所控制。”这就是美国出兵动武的根本原因。所以日本人也认为，美国对伊拉克开战，不是为了民主，不是为了自由，而是为了石油。现在打垮了伊拉克，可以比较安全地控制中东石油资源了。美国控制了海湾地区的石油，也就加强了它对欧洲和日本的控制能力。

（四）海湾战争大大加强了美国在中东的地位

过去美国只有以色列一个可靠的盟友，现在又用强大的武力救了沙特阿拉伯的命，使科威特起死回生。无疑，它们会对美国感恩戴德。过去美国在中东只有一个孤立的据点，现在有南北两块可靠的基地。另外，又拉过了海湾六国中的其他四国，拉过了埃及、叙利亚，形成了一个八国集团。阿拉伯地区的逊尼派各国基本上都站到了美国一边。这就大大改善和加强了美国在阿拉伯世界的地位，但这不等于说比过去更“轻松”了，相反，这使美国背上了更加沉重的包袱。过去美苏争霸中东时，巴勒斯坦问题不解决，两国有责任。现在就看美国如何表演了。美国偏袒以色列难，不偏袒以色列这个中东强国，让其退出所占领的阿拉伯领土会更难。

二、海湾战争没有改变世界多极化的格局

美国领导的主要由西方大国组成的反伊联盟和多国部队的胜利，

给人们一种印象，似乎又再现了一战前资本主义一统天下的局面。实际并非如此。当前的世界，仍然是一球两制，但它又和1990年前的情况不同。现在不是两军对垒，旗鼓相当，而是一强一弱，一方有组织，一方无组织。

海湾战争的胜利，是美国领导的多国部队的胜利。因为是美国领导的，因而大大提高了它的声誉，加强了其超级大国的地位，也许会因此使其独霸世界的欲望膨胀起来。但这次胜利，又是多国部队的胜利。美国是靠别国的支持而取胜的，所以要独吞胜利果实是困难的。美国精心设计的“世界新秩序”，不会被大多数国家接受。和平与发展这两大主题不会变，世界多极化的趋势也不会因为海湾战争而改变，相反，将进一步加强。旧的格局已经打破，新格局的形成尚需时日，整个20世纪90年代都将处于“冷战后”的过渡时期，其主要特点是动荡不安，形势多变。在这多变的世界中，将呈现如下几种基本情况：

（一）美国的国际地位有所提高，但不能一统天下

由于苏联的国际地位下降，美国在海湾战争中轻易地获得了胜利，因而大大提高了它的国际影响和国际地位，但是要建立一个美国领导的单极世界是不可能的。

用戈尔巴乔夫的私人顾问普里马科夫的话说，这次战争是“本可避免的战争”，只因老布什不愿意避免而爆发了。实际上，其在1990年8月4日提出的“沙漠盾牌”计划，就不是一个防守计划，而是一个进攻计划。要防守，无须组织反伊联盟，无须组织28国联军，无须调入近70万人的拥有除核武器以外的最现代化武器的军事力量，也无须在经济制裁尚未充分发挥作用时，急于动武。动武，也无须对伊拉克本土、对巴格达炸得那样惨，而且在1990年2月21日苏联和伊拉克提出从科威特撤军的和平计划时，美国还有意取消这项和平建议，按其既定计划发动地面进攻，甚至在2月26日清晨萨达姆下令从科威特撤军时，白宫仍然宣布：“战争将继续进行下去”，以致把伊

军撤走的道路变成了一条“死亡之路”。据《青年非洲》周刊的估计，26 日发生在科伊公路上的那场大屠杀，使长达 10 公里的庞大车队变成了焦炭，至少有 1 000 名逃跑者被歼灭，其中有许多是妇女和儿童。一名英国军官说：“死者肢体不全，烧成焦炭，我从未见过这种场面。”另一名士兵还比喻说：“这就像打猎一样”，“他们就像野兔!”这就是人权卫士们的行径!

美国为什么执意要打？菲律宾《世界日报》在 1990 年 3 月 2 日的一篇文章中，谈了美国在中东要达到的五个目的：(1) 在波斯湾建立一个以美国为首的安全组织；(2) 美国军事力量在波斯湾将继续存在；(3) 海湾的石油资源及世界油价被美控制和操纵；(4) 中东地区将成为美国倾销军火的市场；(5) 美国将获得重建科威特的优先权。但是，美国的目标不仅仅是要控制海湾，而是要控制世界。这一点，美国人是不隐讳的。美国出兵后，《华尔街日报》得意地宣称：“伊拉克危机表明，美国是唯一真正的超级大国”，“只有美国有能力几天内在全球调动大规模军事力量，并号召其他国家响应。所有关于日本和联邦德国已成为新的头号大国的说法已迅速消失”。美国前国务卿舒尔茨也宣称：“我们是唯一……真正能够投入大规模力量的国家。这一点突出了我们在世界上的地位，这个地位非常牢固。”而且海湾危机伊始，老布什就提出了“世界新秩序”的问题。他认为，这是建立美国式“世界新秩序”的真正机会。所以，其四方奔走，到处游说，终于把多数阿拉伯国家和欧洲盟国集结在自己的麾下。老布什在 1991 年 1 月 16 日发表开战演说时，就直率地指出，“这是建立国际新秩序的一个契机”。他把这次战争作为对“世界新秩序”的“第一次试验”，也想把它作为一种模式，对付一切敢于向美国挑战的国家和政治势力，成为巡逻全球的“世界警察”。

老布什说的“世界新秩序”是什么？并无具体内容。1991 年 3 月 5 日，他对国会说，现在存在着“建立一个新的世界秩序的十分真实的前景”。按他的安全顾问斯考克罗夫特的解释，这个新秩序，就是在“美国的领导和苏联的协从下，联合国可以按照其宪章的原则保护世界的安全，惩罚做坏事的人和国家”。美国《新闻周刊》在 1991 年 3 月 1 日曾有一个设想：“布什总统提出‘世界新秩序’，看来是要建立一个许多国家组成的国际警察体制，华盛顿充当国际警察头目。”这不难看出，老布什的设计图，实际上是美国 20 世纪 50 年代那个老版本的再版。美国前国务卿艾奇逊在 1958 年出版的《实力与外交》一书中，曾有过一个设计，就是美国担当领导责任的、具有强大军事力量的“自由国家体系”。这个体系，在美国日行中天之时未能实现。而今美国走向衰弱，重温旧梦，更难成为现实。老布什的“世界新秩序”，不仅遭到了第三世界各国的抨击，而且引起了盟国的愤怒和美国人的指责。法国总统密特朗认为：“不能把美国统治下的和平强加于人。”英国外交大臣赫德说：“谁也不能宣称一个国家可以决定一切。”英国前首相希思尖锐地指出：“美国所说的世界新秩序，只不过是一种新帝国主义。”美国《波士顿环球报》发表的一篇文章也带有几分讥讽地说：“世界新秩序往往跟旧秩序没有什么两样。”美国前国务卿基辛格断言，老布什的“世界新秩序”难以实现。其之所以不能实现，在于老布什错误地估计了他的盟国和其他国际力量，也错误地估计了美国自身的力量。基辛格说，如果伊拉克延后到 1992 年再入侵科威特，美国绝对没有本事展现目前的实力。事实上，美国是半胁迫半央求地取得了外国近 500 亿美元的援助，才能够应付这次海湾战争的开支。美国《时代周刊》发表的一篇文章挖苦地说：“美国是一个超级大国和乞丐的奇怪的结合体。”过去美国是出钱出枪支持别人去打仗，这一次是别人出钱它出人出枪去打仗。所以一些美国议员觉得：“美国在沙特阿拉伯看起来像支雇佣军。”落花流水春去也。美国想指挥一切，命令一切是困难的，“单极趋向论”是没有根据的。

（二）苏联的国际影响力明显下降，但仍处于举足轻重的地位

华约解体，内部动乱，生产下降，已经严重地削弱了苏联的综合国力，大大降低了它的国际影响和作用。这次海湾战争，明显地暴露了它的软弱无力。美国已不再把它视为对手，看作一极，只是把它当

作“伙伴”。用斯考克罗夫特的话说，就是要苏联成为美国的“协从者”。

这次多国部队之所以能大获全胜，是与苏联的支持分不开的。1990 年 3 月 17 日，美国国务卿贝克在接受电视台记者采访时也承认：“如果没有苏联人同我们完全站在一边，也许是不可能取得反对伊拉克的胜利的。”他讲的完全是实情。1990 年 8 月 2 日，伊拉克入侵科威特后，贝克要求苏联和美国共同发表了一个“站在一起”的声明。1990 年 9 月 8 日，戈尔巴乔夫应老布什邀请在赫尔辛基举行会晤。老布什说，他们将为“更加和平、稳定和安全的国际新秩序奠定基础”。在动武问题上，苏美存有分歧，戈尔巴乔夫曾表示，“不能接受”用军事办法解决问题。但是贝克在 11 月上旬出访中东和欧洲七国后，谢瓦尔德纳泽就又劝人们不要在美苏之间“寻找分歧”。1990 年 9 月 19 日，美苏首脑在巴黎会晤后，双方都认为：“不能排除对伊拉克使用武力。”1990 年 11 月 29 日，安理会通过了准许使用武力的 678 号决议，苏联投了赞成票。但是以美国为主的多国部队对伊拉克开战后，却不肯给苏联一点面子，不让它分享“胜利成果”，老布什无情地拒绝了苏伊和平建议。美国的胜利，实际上也是苏联的军事失败。因为伊拉克 80%的武器来源于苏联，这大大损伤了苏联的国际声誉，使苏联人感到耻辱、愤怒。他们说，美苏合作建立“世界新秩序”的美梦已经完结。在中东，埃及、叙利亚和伊拉克都曾属于苏联的势力范围。埃及、叙利亚已相继离去，伊拉克已被打垮，苏联在中东的影响已大大削弱，但这不等于说已完全失去影响。在其他地区、其他领域也是如此。苏联毕竟是军事超级大国之一，除苏联外，现在还没有第二个国家能与美国匹敌。海湾危机以来的事实表明，美国不会心甘情愿地放弃对国际事务的干预。按基辛格的设想，苏联应该是这样一个国家：强大得足以自卫，但又不要权力集中得以致进行地缘政治进攻；团结一致得足以满足各族人民的共同愿望，但又不要处于独裁统治者控制之下去从事国际皈依使命。苏联人有苏联人的特性，绝不会按美国人指的路走，不会甘心充当美国人的小伙计。不与苏联合作，要建立美式“新秩序”是不可能的。当前的问题，是要认真观察苏联的变化。因为今后的“世界新秩序”在很大程度上取决于苏联的动向。

(三) 欧洲、日本已经崛起，它们在国际事务中的作用会加强

欧洲的英法德意四大国，在二战中，两个被削弱，两个被打败，日本也是个战败国。战后，它们在美国的援助和“安全保护”下，羽翼日益丰满，正在成为美国的挑战者。1950 年，美国的国民生产总值占资本主义世界 50%以上，现在美国所占的比重在下降，而欧洲和日本在上升。以 1987 年为例，美国的国民生产总值为 44 730 亿美元，英法意和联邦德国为 34 300 亿美元，加上欧共体其他 8 国，达 42 870 亿美元，已接近美国。日本为 23 760 亿美元，相当于美国国民生产总值的 53.1%。美国已由债权国变为债务国，而日本、德国却成了债权国。随着它们经济力量的增长，与美国分庭抗礼的思想和行动也在发展，美国独领风骚的时代行将结束。

在海湾战争中，英、法、德、意、日各国或出兵或出钱，都不同程度地卷入了战争。但是，它们的想法和做法，并不完全与美国相同。日本的目的是想入股分红。输了，由美国负责；赢了，大家分利。日本政府为了发挥与其经济大国地位相称的政治大国的作用，曾试图通过所谓“联合国和平合作法案”，便于其向海外派兵，只因国内外强烈反对而作罢。但是日本出了 90 亿美元，也为美国的先进武器提供了先进技术。所以日本认为，美国的胜利是靠它的先进技术取得的。法国一直不愿做美国的小伙计。海湾危机发生后，密特朗强调“以自己的方式介入中东危机”，法国支持美国但又与之保持距离。战争开始前和结束后，都提出了召开国际会议解决中东问题的主张。法国国防部长舍韦内芒在战争开始两周后宣布辞职，表明他反对用扩大战争的方式解决问题。他认为，战争正远离安理会决议的目标。意大利比较明显地表现出了“亲阿拉伯”的立场。英国虽然紧跟美国，但也对美国不满。德国和日本一样，以出钱（180 亿马克）代替出兵。

这一方面表明，欧洲各国与美国不一致；另一方面也暴露了它们的弱点，就是未能“形成一个声音”说话，而且影响了它们的一体化进程。这也说明，欧洲或日本在短期内要成为另一极是困难的。但是，美、欧、日争夺建立冷战后国际秩序主导权的斗争已经开始。在它们还缺乏足够力量时，便提出了美欧日共同主宰世界的主张。英国前国防大臣希利认为，“美国应与欧洲和日本联手，运用联合国机制来开创世界新秩序”。一位日本的教授把此种秩序称为“发达国家集体控制的共管体制”。现在值得注意的一个动向是德日两大战败国在接近。1991 年元旦前夕，德国总统魏茨泽克在接受共同社采访时说，德日有“相同处境”和“同样的目标”，他呼吁两国要“共同为 21 世纪做贡献”。今后的美欧日关系，将是又联合又斗争。

（四）第三世界面临的形势严峻，但仍然是不可忽视的力量

第三世界是在两个阵营、两大军事集团的对立斗争中产生发展起来的，是一个地域辽阔、制度不同、情况各异的集合体。它们的命运，一直同社会主义国家的状况有关。它们中的一些国家之所以能和平地获得独立，一个重要原因是原宗主国怕把它逼向“共产主义”一边，而今东欧剧变，苏联收缩，它们已失去了过去左右平衡的能力。

20 世纪 80 年代以来，南北差距越拉越大。13 000 亿美元的债务负担，压的多数第三世界国家透不过气来。资金大量倒流，发展严重受阻。海湾危机与海湾战争，对第三世界来说，更是雪上加霜。美国靠沙特阿拉伯和科威特等国提供的资金在海湾打仗，受损失最大的国家还是第三世界国家。科威特和伊拉克的损失达数千亿美元，埃及、叙利亚、土耳其、约旦以及印度、巴基斯坦、孟加拉国等许多国家都不同程度地蒙受了损失。得益的还是那个善于发战争财的美国。目前，它已拿到了几百亿美元的军火订单，又得到了科威特约 70%的重建合同。现在，西方发达国家要发展自己，要支援波兰等向市场经济过渡的“样板”国家，国际金融市场的资金更加短缺，第三世界获得资金更为困难。因此，20 世纪 90 年代，第三世界的经济形势不容乐观。

不仅经济形势严峻，而且政治形势也相当严峻。欧洲无战事，北方国家的军事力量在南移。海湾危机爆发后，美国政府就提出，军队应有轻而易举地投入遥远地区应付“紧急情况”的能力，并强调说，应付“地区紧急情况”将是在冷战后建立“世界新秩序”的重点。美国在海湾得手后，切尼在 1991 年 3 月 1 日抛出了一份《国防报告》。据透露，美国认为，以苏联为主的华沙条约组织向西欧发动大规模入侵，从而导致一场“世界大战”的危险已经不存在，取而代之的是“地区威胁”。21 世纪美国战略的中心课题，将是如何对付第三世界的不稳定性。他强调，要在亚洲和地中海维持美军的前方部署态势和灵活反应态势，以便对付可能发生的“侵略”。同时他还强调，对付第三世界发生的事件，不仅需要军事手段，还需要采取扶植和加强“民主政府”以及推进经济发展等广泛措施。他特别强调，要推行“强制性外交”，要对所谓破坏国际秩序的国家和领导人采取武力等方法以“恢复秩序”。一句话，就是要用对付萨达姆的办法来对付一切不听从美国指挥的人。

所谓“推进经济发展”，就是要向听话的国家提供一些经济援助。这一举措，将会促进第三世界的分化瓦解。三大经济圈的产生、发展乃至形成，也是对第三世界团结的严重挑战。但是，广大第三世界国家是不会忘记殖民主义、帝国主义那段血腥统治历史的。因而，也不会甘愿再次沦为“新殖民地”。第三世界仍将是一支不容忽视的力量。正如阿根廷前总统阿方辛所说：“我们不能听任帝国主义的残暴，也不应为其获得赞成票而在国际组织跑龙套”，“只有建立在尊重各国合法权利，允许各国参与的法则基础上的国际秩序才是持久的。”

(五) 中国稳定发展，将对世界发挥越来越大的作用

1991 年 4 月 9 日，李鹏总理在答中外记者问时指出：“现在世界旧的格局已经打破，新的格局尚未形成，世界处于动荡不安之中。国际的经济政治形势对我国既有严峻的一面，也有有利的一面。”“考虑到国际经济、政治形势有严峻的一面，我们要进一步强调自力更生、

艰苦奋斗、勤俭建国，在执行对外开放政策的同时，把经济工作的立足点更多地放在依靠自己力量的基础之上。”这是研究实际情况确定的一条非常正确的方针政策。所谓形势严峻，就是在这动荡变化的年代中，我们可能会遇到一些困难或麻烦。因为我们不仅是第三世界国家，而且是社会主义国家。那位写共产主义《大失败》的人，1991年2月又提出，“美国必须把注意力集中在已经放弃共产党统治和仍由共产党统治的世界发生的事情。对于我们未来的历史来说，那里发生的事情很可能比波斯湾正在发生的悲剧历史更加具有决定性的意义”。他提出的这个问题，是每一个共产党人都应该深思的。我们绝不可掉以轻心。我们坚持独立自主，就不可能获得西方国家多少援助，因为它的援助是有条件的，那就是跟它走。

我们是个人口大国，资源丰富，又有一个光荣正确的共产党领导。我国还是联合国安理会常任理事国之一，国际上的任何重大问题，没有中国的参与是很难办成的。我们的朋友遍天下，想孤立我们，也是办不到的。1989年政治风波之后，西方国家制裁我们，不同我们进行部长级官员接触，结果怎样？结果是它们的部长们来了，制裁也在相继宣布解除。西方国家的利益并不一致，在争夺建立国际新秩序主导权的斗争中，我们有很大的活动余地。我们应加强同日本、欧洲等国的关系，积极改善同美国的关系，同苏联发展睦邻友好关系。最重要的还是发展同第三世界的关系。李鹏总理在《关于国民经济和社会发展十年规划和第八个五年计划纲要的报告》中再次强调：“不断加强同第三世界的友谊、团结与合作，是我国对外政策的一个基本点。”

落后就要挨打。摆在我们面前的首要任务，是把我国尽快地建成社会主义强国。我们必须万众一心、千方百计地把经济搞上去。在过去的几十年里，我们已取得巨大成就。现在，十年规划和八五计划又为我们确定了一个振奋人心的宏伟目标。它的实现，将在中华人民共和国的前进道路上建起一座新的里程碑。20世纪90年代，对世界、对中国来说，都是一个关键时期。在这十年中，我国人民将由温饱走向小康，我们的香港、澳门将回归祖国。那时，我们的综合国力将进一步加强，我们的国际地位将日益提高。

震惊世界　影响深远*

2001 年 9 月 11 日，在唯一超级大国美国的经济政治核心地区纽约和华盛顿，发生了一起超级的恐怖事件。其规模之大、策划之周密、伤亡之惨重，令世人震惊。

事件发生在 21 世纪之开端，这似乎预示着：恐怖反恐怖将成为 21 世纪军事斗争的一种主要形式。这是一种特殊类型的战争。作战的一方不是一个主权国家，它没有正规军队，没有明确战线，也没有一定的作战规则。美国《华盛顿邮报》说它是“灰色战争”，既不同于两次世界大战，也不同于冷战。这种新型战争的出现，是现代军事技术的发展和军事力量不对称的反映，因此也可以称之为“非对称性战争”。

这场战争在美国爆发值得深思。冷战结束，苏联解体，失去了制衡它的力量，而且它又获得了十年繁荣期，其经济实力大大增强，军事实力恶性膨胀，世界力量对比严重失衡。

纽约世贸中心大厦被炸，这不是第一次。1993 年 2 月 26 日上午，一声巨响，曾把大厦炸得面目全非，死伤达千人。当时的人们就认为，它是“纽约几十年来从未有过的大悲剧”。现在看来，那时的情况与“9·11”事件相比，只能算是小巫见大巫。当时，《洛杉矶时报》曾提醒美国政府，要制定处理伊斯兰问题的具体政策，认为这是“对付已经在美国登陆的恐怖活动的唯一途径”。事实证明，美国政府

* 畅征：《震惊世界　影响深远》，载《商报》（香港），2001-09-24。

并未采纳这一良策，以致更大的悲剧上演。

中国政府一贯谴责和反对一切恐怖主义的暴力活动。正如江泽民主席同小布什总统的通话中所指出：“这次袭击事件不仅给美国人民带来了灾难，也是对世界人民向往和平的真诚愿望的挑战。中国人民和美国人民一样，强烈谴责这起骇人听闻的恐怖活动。”

发生在美国的“9·11”袭击事件，已对世界经济产生了明显的影响，石油价格波动，各国股市普遍下跌。近期来说，对不景气的美国经济是雪上加霜；长期来看，对一个经济强国来说，不会造成太大影响，这次的损失，不致伤筋动骨。

对美国影响最大的是政治，是全体美国人的心情。他们必然要想：一个军事超强的大国，为什么会受到如此沉重的打击？一个自认为是很安全的国家，为什么竟是这样的不安全？他们也难免要议论：国家导弹防御系统有何用？因为敌人不是来自遥远的国家、来自太空，而是来自美国本土。他们用的不是核弹、贫铀弹，而是美国造的波音飞机。美国中央情报局和联邦调查局装备精良，为什么就没有发现恐怖分子的活动？美国人的信心动摇了，“安全泡沫破灭了”。心灰了，可能要影响社会稳定，影响消费，影响经济发展，继而可能影响资金和人才的流入。

如何恢复和增强美国人的信心，关键要看美国当局对“9·11”事件做出什么样的反应。是以疯狂对疯狂，还是以智慧对疯狂。从现在情况看，可能是前者，而不是后者。9月14日，美国参众两院通过决议，授权小布什总统使用武力，打击“策划、指使、实施恐怖袭击或对其提供帮助的国家、组织和人员以及这些组织和人员的庇护者”。紧急拨款400亿美元和征召的5万名预备役士兵已到位，世界范围的调兵遣将正在忙碌进行。9月15日，小布什总统宣布，美国进入“战争状态”。他命令美国军队做好战争准备，整装待命，同时要求美国人做好对恐怖分子发动长期打击的准备。他发誓“我们将把他们赶出他们的藏身之处”，宣称“主要嫌疑犯本·拉登的日子已经屈指可数”。战争已是不可避免。

如果小布什以沙龙为榜样，过度使用武力，扩大打击范围，造成大量平民死亡，打乱国际现行秩序，其后果将是非常严重的。他所说的“消灭恐怖主义”，也是根本不可能的。美国领导人应该认真听取国际社会的劝告：应该谨慎，应在国际合作的框架下打击恐怖主义。

对美国三年反恐战争的评析*

2001 年 9 月 11 日，美国发生了重大的恐怖袭击事件，美国总统小布什说：“这是一场国家悲剧。”

“9·11”事件发生在 21 世纪的开端，意味着恐怖与反恐怖将是 21 世纪上半叶政治、军事斗争的主要内容。事件发生在超强的美国，意味着美国很难以理智的态度对待恐怖主义，必然是以疯狂对疯狂。三年来，国际政治发展的轨迹基本如此。事件刚一发生，小布什就宣布美国进入“战争状态”，并自称为“战争总统”。9 月 14 日，美国国会两院授权小布什总统“使用武力”。20 日小布什在国会发表演说，这是自 1941 年珍珠港事件以来总统首次在国会发表演说。小布什说，要在外交、军事、金融等所有方面集结力量，与国际恐怖组织战斗到底。小布什还以地球统治者的姿态给全世界划了一条蛮横的界限：要么支持美国，是美国的盟友，否则就是支持恐怖分子，是美国的敌人。以反恐态度画线，非友即敌。很明显，美国已把反恐斗争提升为全面的持久的战争。

从 2001 年 10 月至 2003 年 3 月不到一年半的时间内，美国以反恐为名，相继发动了两场大规模的战争，即阿富汗战争和伊拉克战

* 畅征：《对美国三年反恐战争的评析》，载《领导科学》，2004（18）。

争。这两场战争，都还不能说已完满结束。问题是，通过战争，消灭恐怖主义了吗？美国得到了安全吗？国际反美情绪下降了吗？现在看来，答案都不是肯定的。为何如此，值得分析。

一、反恐不能扩大化

反对恐怖主义必须要准，不准就等于是滥杀无辜。不能以反恐为名，行霸权之实，不能任意扩大化，随便打击、摧毁自己不喜欢的主权国家。美国在反恐战争中出现的重大问题之一，就是反恐扩大化。扩大化就是不准。

恐怖行为，古已有之，但是发展到今天这样登峰造极的程度，则是20世纪以来国际社会政治、经济、科技、军事、文化发展的必然结果，也是国际社会力量严重失衡的一种表现。反恐要取得成功，必须坚持正确的方向和采取有效的手段，不能搞双重标准，不能将恐怖主义与特定的民族和宗教联系等同起来，必须综合治理，努力消除产生恐怖主义的根源。

什么是恐怖主义？《简明不列颠百科全书》中的定义是："对各国政府、公众或个人使用令人莫测的暴力、讹诈或威胁，以达到某种特定目的的政治手段。"并且说："各种政治组织、民族团体、宗教狂热者、革命者和追求社会正义者，以及军队和秘密警察，都可以利用恐怖主义。"英国学者哈利也曾对此下过一个简明的定义，即"恐怖主义是指战争或内战以外，出于政治目的而采取的个别暴力行为"。这两个定义都有一定参考价值。它阐明了恐怖主义的特征、目的、手段和采用者。哈利特别强调，它是战争以外的个别行动。这和美国的理解显然不一致。现在的难题是：如何对待"革命者和追求社会正义者"的恐怖行为，如何看待拥有超强军事力量的国家恐怖主义，如何界定某种恐怖与反恐怖斗争的性质。

目前存在的恐怖主义活动，有一个突出特点，就是反对美国霸权主义与反对以色列扩张主义交织在一起。中东问题的核心是巴勒斯坦问题，而巴勒斯坦问题的实质是被占领土地问题。对巴勒斯坦人民来说，他们是“革命者和追求社会正义者”，他们是在为收复被占领土、建立独立的民族国家而进行顽强的斗争。他们与以色列的“冲突”或“战争”，是不对称的“战争”。不能把巴勒斯坦人民反占领的武装斗争简单地视为一般的恐怖主义，也不能把以色列的定点清除和推倒巴勒斯坦人的住宅简单地视为一般的反恐战争。但是，美国常常是只谴责巴勒斯坦的行为，而不谴责以色列的行为，而且每当联合国安理会要通过决议谴责以色列时，美国总是要使用它的否决权。这正是本·拉登等恐怖主义者反对美国的一个重要原因。

“基地”组织制造“9·11”恐怖事件，滥杀无辜，激起世界公愤。据此，美国发动阿富汗战争，打击“基地”组织，推翻塔利班政权，有其合理性，因而得到了国际社会的广泛支持。但是，美国抓住这面反恐大旗，无限扩大反恐战争，就使自己走上了危险的道路，陷入不义。最典型的事例就是美国发动的“倒萨之战”。因为这不是针对恐怖主义，而是针对其不喜欢的政权和国家领导人的。

美国在阿富汗取得初步胜利之后，便立即提出了扩大反恐战争问题，即由打击“基地”组织，扩大到要打击伊拉克、伊朗和朝鲜三个所谓“邪恶轴心国”，继而又准备对七个主权国家使用核武器。随后又提出了“先发制人论”，为打击“三邪”中的最弱者做准备。2003年3月20日，美国不顾联合国和大多数国家的反对，不顾全球600个大城市上千万人的反战示威游行，一意孤行，发动了“倒萨之战”。这是一场不义之战，是违反《联合国宪章》和国际法准则的。

美国的一位高级情报官员在其所著《帝国的傲慢：西方为何即将输掉反恐战争》一书中说，美在伊拉克进行的是一场“贪婪的、有预谋的和没有理由的”战争。应该说，美国的“倒萨之战”，不是“即将输掉”，而是已经输掉。

二、反恐不能搞单边主义

国际恐怖主义是一种国际现象，是人类的公敌，唯有国际社会采取共同行动，才能使恐怖主义无藏身之地，才能对恐怖主义战而胜之。美国之所以在反恐怖战争中连连受挫，其中的一个重要原因，就是搞单边主义。

2002 年 2 月在慕尼黑召开的第 38 届国际安全政策会议，是多边主义与单边主义在国际安全观方面的一次交锋。由于美国在会上特别强调了其主导作用，宣称在必要时可事先不与北约盟国磋商，致使美欧在反恐问题上的矛盾公开化。

同年 9 月，小布什总统发表了美国的《国家安全保障战略》。他再次强调，如果有必要单独行动，他将毫不犹豫。英国报刊认为，该报告是“美国外交政策的一个分水岭”。德新社说，这项政策“将埋葬已经遵循了 50 多年的以北约为标志的集体自卫政策”。日本报刊则把它视为“布什主义”出台的标志。

从 2002 年 9 月开始，小布什政府更加积极地推行单边行动。10 月 10 日，美国众议院以压倒多数票，通过了总额为 3 554 亿美元的 2003 财政年度军费开支法案最后文本，这一数额比上年度增加了 340 亿美元，增加 10%强。这是美国 20 年来军费开支增幅最大的一次。同一天，众议院又以 296 票对 133 票通过决议，授权小布什总统在必要时对伊使用武力，解除伊拉克大规模杀伤性武器对美国国家安全构成的威胁。从此开始，美调兵遣将，准备对伊动武。伊拉克时间 2003 年 3 月 20 日 4 时 15 分，在未经联合国同意的情况下，美国代号为“斩首行动”的大规模对伊军事进攻开始了。一个半小时后，小布什发表讲话，他说，对伊发动战争是为了“解放伊拉克人民”，但是却遭到了世界上许多国家的谴责。

三、反恐不能绕开联合国

联合国是主权国家间的全球性国际组织，它是当今世界上规模最大、代表性最广、影响最深的一个国际组织。在国际事务中，特别是在维持世界和平与安全方面，它更具有不可替代的作用。美国在反恐战争中之所以到处碰壁，麻烦多多，就是因为它藐视联合国的权威，绕开联合国自行其是。

大量事实证明，联合国在反恐斗争和伊拉克问题上绝不像小布什说的那么“无能”，而是发挥了不可抹杀的积极作用。从 20 世纪 60 年代以来，联合国采取了一系列的反恐措施。“9·11”事件后，2001 年 9 月 28 日，联合国安理会通过 1373 号决议，要求成员国不惜一切代价打击恐怖主义。2002 年 4 月，联大通过的《打击向恐怖主义提供财政资助的国际公约》生效。2004 年 3 月 26 日，联合国安理会通过第 1535 号决议，决定大幅度调整其下属的反恐委员会，在保留 15 个安理会成员参加全会的同时，还专门设立了一个由反恐专家和联合国秘书人员组成的执行理事会，等等。

在伊拉克问题上，从 2002 年 9 月 4 日美国宣布将实行“倒萨行动”开始，联合国做了许多工作，但美国一直不满足。因为它与多数国家所坚持的《联合国宪章》的宗旨和原则相矛盾。多数国家主张在联合国框架内解决伊拉克问题，而美国则坚持单边主义，坚持用武力解决问题。9 月 12 日，美国总统小布什在联合国向各国领导人宣布，要么着手对付伊拉克这个“日益严峻的危险”，要么“靠边站”让美国采取行动。随后，美国国务卿鲍威尔解释说，小布什总统的讲话，“不是宣战”，“只是对联合国发表声明：是采取行动的时候了”，“总统今天把做出反应的重任交给了联合国”。9 月 13 日，五个常任理事国外长就伊拉克问题进行了讨论，他们一致认为，伊拉克必须遵守安理会有关决议。同日，安南秘书长强调指出，当一些国家决定用武力处理国际和平与安全问题时，只有联合国才能提供合法的权力。9 月 17 日，小布什再次对联合国进行威逼，他说："联合国必须采取行动。现在是联合国决定其究竟是联合国还是国际联盟的时候了，是决定其究竟是正义与和平的力量还是进行无效说论的社团的时候了。"

经过近两个月的磋商，联合国安理会于 2002 年 11 月 8 日上午通过 1441 号决议，也就是要在联合国的框架内解决伊拉克问题，即分两步走：第一步进行核查；核查后再决定第二步是否采取军事行动。应该说，这是国际反战舆论与和平力量的一次胜利，为和平赢得了一次机会。但这个机会是十分短暂的。伊拉克已宣布无条件接受 1441 号决议，而美国的"倒萨"战车并未停驶。2003 年 1 月 10 日，美国国防部长拉姆斯菲尔德签署命令，向海湾增兵 3.5 万人。到 3 月初，美英在海湾地区已陈兵 30 万。

2003 年 3 月 20 日，美国绕开联合国发动的"先发制人"的战争开始了。它把这场侵略战争命名为"伊拉克自由行动"，实际上是美国的"自由行动"，是伊拉克人民的一场大灾难。

"倒萨之战"是一场不对称的战争，是超强者对过弱者的战争。美国凭借其先进武器，用 20 天的时间，就打进了伊拉克的首都巴格达。4 月 15 日，即开战后的第 27 天，美国军方就宣布，伊拉克战争的主要军事行动已经结束。5 月 1 日，美国总统小布什在"林肯"号航母上对全世界宣布："我们在伊拉克的主要作战行动已经结束。"但他没有宣布"战争结束"。

实际情况是，从 5 月 1 日起，美国主导的进攻战结束了，而伊拉克人反占领的游击战开始了，而且越战越猛，使拉姆斯菲尔德也感受到了什么是"美国人悲惨的日子"。在 5 月 1 日之前，被打死的美国兵只有 100 多人，从 5 月 1 日至今，被打死的美国兵已超过 800 人。这是自越南战争以来美国死亡人数最多的一次战争。师出无名，损失惨重，死伤数千人，军费开支超千亿，已使小布什政府无法向国人交代，"虐囚事件"更使小布什政府在世人面前无地自容。如何从伊拉克脱身，又成了小布什政府的难题。

开战容易休战难。小布什为了赢得今年的大选，必须首先走出伊拉克战争的困局。于是，2004 年 6 月 7 日，美英向联合国递交了一份关于伊拉克问题的新决议草案。这是两周内美英递交的第四版决议草案。该草案明显地吸收了安理会其他理事国提出的一些意见，因此，在 6 月 8 日以 15 票对 0 票一致通过了这一决议，即第 1546 号决议。这一决议之所以能一致通过，是因为它基本体现了“主权在伊，伊人治伊”的政治原则，表达了国际社会帮助伊拉克人民掌握自己命运的愿望，它也表明遭美英毁损的联合国权威有所恢复。

决议规定，美英军队应在 6 月 30 日之前结束对伊拉克的占领。6 月 28 日上午 10 时 26 分，美国驻伊行政长官布雷默“出人意料”地提前两天在巴格达举行政权移交仪式，把其蓝色文件夹中的一份代表政治权力的文件交给了伊拉克最高法院的法官。这标志着联军对伊拉克 14 个月的占领在法律意义上已经结束。

四、反恐不能单凭武力

国际恐怖主义是个复杂的国际问题。它的产生与发展，既有看得见的表面因素，也有看不见的深层原因。对付恐怖主义的上上之策，是既使用硬实力，也运用软实力，既要治标，更要治本。美国在反恐战争中之所以受挫，就在于它迷信武力，只治标，不治本。其结果只能是以暴易暴，冤冤相报，没完没了。

以理服人，还是以力服人，是个长期争论的问题。中国的传统观念是以理服人。美国的历史证明，它一贯坚持以力服人，是靠武力崛起的。靠武力，美国由 13 个州变成了 50 个州；靠武力，它取得了第二次世界大战的胜利；靠武力和军备竞赛，它搞垮了苏联集团；靠武力，它在冷战后又打赢了两场战争。所以它们每年都要拿出数千亿美元搞军事。殊不知使用武力越多，树敌越多。如此反恐，只能是“越反越恐”。现在世界上有很多人对美国的霸道行径是敢怒不敢言。这股怒气一旦化为行动，就可能成为恐怖活动。这些人没有飞机，没有导弹，只能靠汽车炸弹和人体炸弹。

单凭武力反恐，充其量只能是治标不治本。所谓治标，就是摧毁已经暴露的某些恐怖主义组织，消灭某些恐怖主义分子或捕获某些恐怖主义首领，将其绳之以法，但它绝不能消灭恐怖主义。所谓治本，就是要找到产生恐怖主义的真实根源，挖出根子，铲除滋生恐怖主义的土壤。

对小布什政府领导的三年反恐战争如何评估，结论还得美国人来下。现在看来分歧很大。小布什不认输，有识之士则批评甚多。美国前白宫高级顾问理查德·克拉克说，小布什“在反恐战争问题上干得一塌糊涂”。美国前总统克林顿在 2004 年 7 月谈到大选问题时说：“小布什处理反恐战争的方式可能会使他输掉大选。如果他竞选失败，原因将会是他在‘9·11’之后作出的决策。”一个由 26 名前高级外交官和军官组成的团体发表联合声明，称小布什总统损害了美国的国家安全，应该在 11 月大选时被赶下台。

现在，小布什也可能意识到了他的反恐战争的失当。他在 2004 年 8 月 6 日说：“实际上，‘反恐战争’这一名字取得不恰当，它应当是‘打击不笃信自由社会，碰巧以恐怖活动为武器，试图动摇自由世界道德体系的意识形态极端分子的斗争’。”这就是说，他可能要把反恐战争改名为“反恐斗争”。能反思就是一个进步。但是，他至今拒绝制定一个从伊拉克撤军的时间表。他说：“驻伊拉克的大约 14 万美军将根据需要留驻在这个国家，在帮助伊拉克成为民主国家之前不会撤离。”看来，他还是想要长期占领伊拉克，因为伊拉克不可能在短期内变成美国设想的“民主国家”。伊拉克的武装反抗者已对小布什的讲话做了回答：“我们不能将民主与占领混为一谈”，“占领者必须离开，只有在结束占领后，伊拉克才能开始民主进程”。

现在的问题是，美国领导人是否意识到了问题的严重性。希望他们审时度势，能有尼克松从越南撤军那样的勇气。

美国对伊拉克两场战争的差异辨析*

所谓对伊拉克的两场战争，是指 1991 年老布什主导进行的海湾战争和 2003 年小布什发动的伊拉克战争。这两场时隔 12 年、跨越两个世纪的战争，称呼不同，实际上都是对伊拉克这个文明古国进行的摧毁性打击。经过这两场战争，昔日称雄中东而又比较富裕的伊拉克已经风光不再。目前，伊拉克局势十分严峻，并且正日益恶化，美国公众对伊拉克战争的不满情绪也越来越强烈。

小布什是怎样把伊拉克弄成现在这个样子的呢？对此，有必要把他发动的这场失败的战争和老布什主导的那场“胜利”的战争加以分析比较，看看二者究竟有何不同。

一、动武理由不同

世人皆知，美国在 1991 年 1 月对伊拉克动武，是因为萨达姆编造理由于 1990 年 8 月 2 日对科威特进行了军事占领。这是违反国际法的侵略行为。如果这件事发生在 19 世纪，美国肯定不会出兵干涉，因为当时美国正在门罗主义护卫下，大肆吞并邻国领土。然而，伊拉克在 20 世纪 90 年代美国正力图称霸全球的时候占领产油国科威特，确实是美国所不能容忍的。因为这不仅威胁到石油王国沙特阿拉伯的安全，更威胁到了美国的石油供应安全。所以，老布什在 1990 年 9 月 11 日的演说中强调指出：“美国不能容许如此重要的一种资源为伊

* 畅征：《美国对伊拉克两场战争的差异辨析》，载《国际政治》，2007（7）。

拉克所控制。”于是美国开始制定“沙漠盾牌”计划，决心“保卫沙特”，解放科威特。

伊拉克发兵侵吞一个没有防卫能力的主权国家，是不正义的，是对国际法准则的粗暴践踏，因而受到了全世界的同声谴责。联合国安理会五个常任理事国采取一致行动，连续通过12项决议，谴责、制裁伊拉克，这在联合国的历史上是罕见的。萨达姆的不义之举，也在阿拉伯世界受到了强烈谴责，沙特阿拉伯、埃及等八个逊尼派国家形成联盟反对一个逊尼派掌权的伊拉克，这在阿拉伯历史上也是少见的。这就为美国武力打击伊拉克提供了一个千载难逢的良机。

因为美国动武是为了解救弱小国家科威特，这就使它的行动具有了正义性；又因为联合国秘书长德奎利亚尔给美国开了绿灯，这就使它的行动又具有了合法性。

如果说老布什在1991年发动的海湾战争具有正义性和合法性的话，那么，小布什在2003年发动的伊拉克战争，就不具有正义性和合法性了。从1991年2月至2003年2月的12年中，伊拉克在联合国的制裁下和美国的反复军事打击下，没有挑动战争和侵略别的国家，没有能力研制和购买大规模杀伤性武器，也没有任何迹象表明萨达姆与本·拉登有“合作关系”。但是，在2001年的“9·11”事件后，小布什就把伊拉克定为阿富汗之后的一个反恐战争目标。

美国为攻打伊拉克，大造“伊拉克威胁论”，说伊拉克拥有大规模杀伤性武器，说萨达姆与“基地”组织有联系。但是，美国《纽约时报》在2006年3月28日的一篇报道中说：“美国情报机构和总统委员会很久以前就得出结论说，在2003年美国入侵伊拉克之前，萨达姆没有非常规武器，与‘基地’组织也没有实质性联系。”但是，小布什还是执意要对伊拉克动武，并且在2002年1月29日抛出了“邪恶轴心论”，把伊拉克列为“三邪”之首，同年6月1日，小布什又提出了“先发制人论”。这些都是在为进攻伊拉克做准备，并于2003年3月20日发动了伊拉克战争。

现在，小布什也不能不承认，他的情报有误，他开战的理由“搞错了”。但他并不认输，仍然强调“萨达姆是个威胁”，强调他发动这场战争的目的，不仅仅是为了“推翻一个残暴的独裁者”，而且是要在那里留下一个“自由民主的伊拉克”。不论小布什怎样狡辩，他都无法为其发动伊拉克战争找到一件正义与合法的外衣。联合国原秘书长安南在当时不肯为他开绿灯，现在仍然认为小布什发动的伊拉克战争“是非法的”，因为它是 21 世纪以来头一桩绕开联合国对一个主权国家进行的无理的侵略战争。

二、指导思想不同

这里所说的指导思想，主要是指布什父子在领导海湾战争和伊拉克战争中的外交思想究竟是多边主义还是单边主义，而非其全球战略思想。

海湾战争，是美国在特定的历史条件下发动的一场大规模的局部战争。所谓特定历史条件，就是美苏已经宣布冷战结束，东欧的一些社会主义国家已改旗易帜，德国已经统一，华约即将解散，雅尔塔体系濒临彻底崩溃，但是苏联尚未宣告解体，因此，美国还不能说它是唯一的超级大国。所以那时的老布什还没有像现在的小布什这样狂妄傲慢，而是比较谦逊沉稳，比较尊重联合国，比较尊重包括阿拉伯国家在内的世界各国的意见。因此可以说，老布什所实行的基本上属于多边主义外交。

1990 年 8 月海湾危机发生后，老布什一面调兵遣将，准备打仗；一面积极在联合国内外开展外交活动，争取国际社会支持美国的军事行动。美国在联合国争取到安理会五个常任理事国采取一致行动，通过十几项决议，谴责、制裁伊拉克，并于 11 月 29 日通过了准许使用武力的 678 号决议。因为我国不同意大国用武力解决问题，所以投了弃权票。为了取得这场战争的全面胜利，老布什千方百计地组成了由欧美和阿拉伯地区国家参加的 28 国联军，调集了近 70 万人且拥有最先进武器的反伊大军，其中美国兵就有 50 万。时任美国参谋长联席会议主席鲍威尔说，这次在海湾进行的军事部署，是第二次世界大战以来最大的一次。

这次战争也是一场典型的不对称的战争，有人把它形容为刺猬与老虎之战，是超级大国对三流军事小国之战。号称拥有百万大军的伊拉克同美国较量，等于鸡蛋碰石头。战争从开始到结束，共历时 42 天。

海湾战争胜利后，有一位日本人曾警告美国，不要因为这次胜利而患上“作用意识肥大症”，不要“一味地狂妄自大”。现在看来，他说得很对。海湾战争后，特别是由于苏联的解体，由于克林顿时期美国经济的高速发展，美国国内生产总值超过了 10 万亿美元，成了唯一的超强的超级大国。美国既有胡萝卜，又有大棒，军事力量天下无敌，因此，“作用意识肥大”，力图用美国的面貌改变世界，霸权主义、强权政治猖獗。小布什上台后，这种表现尤为突出。他藐视联合国和其他国际组织，看不到世界各国及其人民的作用，顽固地推行单边主义外交。伊拉克战争就是其单边主义的代表作。

伊拉克战争爆发前，全球的反战运动已风起云涌。但是小布什对美国国内的反战运动充耳不闻；对几十个国家上百万人的反战示威游行视而不见；对联合国安理会态度傲慢，声言安理会不批准其动武要求，就要联合国靠边站；对其欧洲盟友是有打有拉，把支持他的国家封为“新欧洲”，把不支持他的法德等国称为“旧欧洲”。他一意孤行，美国、英国加上几个影响不大的国家组成“志愿联盟”，终于绕开联合国，在 2003 年 3 月 20 日伊拉克时间 5 时 35 分，打响了这场世人痛骂的不义不法之战。

老布什打的海湾战争，历时 42 天，获得全胜，班师回国。小布什也在伊拉克战争进行到第 42 天（即 5 月 1 日）时，在“林肯”号航母的回国途中宣布：“在伊拉克的主要作战行动已经结束。”但他没有说“战争结束”，更没有说“取得全面胜利”。实际上是美军从此逐渐陷入了伊拉克泥潭。

到 2007 年 3 月 20 日，伊拉克战争已满四周年，小布什仍未看到胜利的曙光。他能看到的是，跟他来伊拉克打仗的“志愿联盟”成员的相继离去，帮他筹划这场战争的温和派国务卿鲍威尔已知错告退，美国民众对他的支持率已降至不到 30%。他已成为被世人嘲笑的孤家寡人，美国也成了一个“孤独的超级大国”。赖斯接替鲍威尔担任国务卿后，就提出了“转型外交”的概念，她强调要植根于伙伴关系，而不是家长式作风，必须基于“与人们一起做事，而不是替他们做”。这就意味着小布什的“单边主义”和“先发制人论”宣告失败。

三、战争目标不同

在对伊拉克的两场战争中，老布什和小布什所设定的目标有很大不同：（1）推翻不推翻萨达姆政权。老布什的决定是：不推翻萨达姆政权。他认为，推翻萨达姆政权，可能造成地区力量失衡，可能造成伊拉克国家分裂。而小布什则决心要推翻萨达姆政权，实现“政权更替”，所以他把他发动的这场战争叫“伊拉克自由行动”，准备推翻萨达姆政权后，在伊拉克建立一个美式的民主国家。但是，海湾战争时期老布什和鲍威尔所担心的问题，现在已经出现了。（2）是否消灭萨达姆的军队。军队是政权的重要支柱。不推翻萨达姆政权，也就不应该消灭他的军队，因此，老布什和鲍威尔为了保卫沙特阿拉伯、解放科威特，必须击溃萨达姆的共和国卫队。小布什和拉姆斯菲尔德为了打碎萨达姆的政权，决心要消灭萨达姆的军队，而且彻底解散了萨达姆的军队和警察，还解散了其执政党——阿拉伯复兴社会党。现在，小布什已认识到此举是错误的。（3）要不要除掉萨达姆。老布什不推翻萨达姆政权，就是无意除掉萨达姆。因为萨达姆在未入侵科威特之前与美国的关系还是不错的，所以他还幻想着美国不会真打他。然而，海湾战争之后，萨达姆仍不肯顺从美国，这就使得小布什决心要除掉他。伊拉克战争中，美军采取“斩首行动”，四处寻找萨达姆的藏身之处，大肆轰炸，力图消灭他。萨达姆在被活捉之后，既没有像诺列加那样被抓到美国去蹲 40 年监狱，也没有像米洛舍维奇那样交由海牙国际法庭审判定罪，而是由美军亲自看管 3 年多后交给伊拉克的马利基政府绞死了。（4）要不要对伊拉克实行军事占领。老布什不搞“政权更替”，也就没有军事占领问题；而小布什一心要搞“政权更替”，而且解散了萨达姆的军队和警察，彻底打碎了伊拉克原有的国家机器，这就必须要由美国占领军来维持局面，这也就为伊拉克武装分子提供了一个合理的生存条件——反抗美国的入侵和军事占领。

对伊拉克实行军事占领，是美军继越南战争之后再次受挫的一个重要原因。

四、战争结局不同

海湾战争与伊拉克战争结局之不同是显而易见的。前者是代价少而收益多，是大胜；后者是代价高而未见收益，是大败。

海湾战争虽然也属于不对称的战争，但它还是两军对阵的常规性战争。28 国联军在美军主导下凭借最先进的武器，在 72 小时之内就取得了完全的胜利。伊拉克军队伤亡人数不下 10 万，美军只牺牲了 148 人。

美国在这场战争中所获得的利益主要有四点：（1）大大加强了其在中东的政治地位。过去在中东美国只有以色列一个可靠的盟友，现在解救了沙特阿拉伯，并使科威特起死回生，而且形成了一个反萨达姆的八国集团。（2）美国实现了其在海湾建立军事基地的夙愿。美国至今仍在科威特等海湾国家有大量驻军。（3）美国达到了控制中东石油资源这一重要目的。美国控制了海湾这个“世界的油库”，也就增强了其称霸世界的实力。（4）美国得到了巨大的经济利益。美国原定的军事消耗为 1 000 亿美元，实际用了不到 700 亿美元，仅沙特阿拉伯一国就提供了 500 亿美元，科威特、阿联酋、日本、德国等国都有不少贡献。有人认为，美国是赚了钱的。再加上它得到了科威特约 70%的重建合同，以及海湾国家数百亿美元的军火订单，真是大发横财。

伊拉克战争和海湾战争相比，不仅是得不偿失，而且是大蚀血本。

伊拉克战争从 2003 年 3 月 20 日开始，到 2007 年 3 月 20 日，已经持续整整四年了。美国得之不多，失之不少。它究竟失去了什么？概括起来主要有下列五点：(1) 失去了四年多的宝贵时间。伊拉克战争持续的时间已经超过了美国在第二次世界大战中的作战时间。(2) 丧失了 3 000 多名美军官兵的生命。截至 2007 年 1 月 20 日，已有 3 050 名美军官兵命丧伊拉克。(3) 消耗了数千亿美元的军费。据哥伦比亚大学和哈佛大学的两位专家估计，伊拉克战争的最终费用可达 2 万亿美元。2 万亿美元，是今后 10 年内为所有没有医疗保险的美国人提供医疗保险所需费用的 4 倍。(4) 大大削弱了美国的国际影响力。由于小布什政府推行霸权主义和强权政治，实行单边主义外交政策，绕开联合国发动不正义、不合法的伊拉克战争，成千上万地杀害无辜百姓，以及美军在阿布格里布监狱和关塔那摩监狱虐待囚犯等，已使美国的国际形象和国际影响力大大受损。美国前国家安全顾问布热津斯基认为，进攻伊拉克是美国最大的外交失败，削弱了美国的可信度。(5) 共和党已失掉了在美国国会两院的控制权。美国民主党在 2006 年 11 月的中期选举中从共和党手中夺走了 30 多个众议院议席，牢牢控制了众议院，而且以 51 对 49 的优势取得了参议院的多数党地位，成了大赢家，从而结束了它长达 12 年的弱势屈辱。这是美国政治版图的一次大变迁。美国《国民新闻报》专栏编辑查克·托德断定，“伊拉克战争在此次选举中起了 70%的作用”。《日本经济新闻》评论说：“布什政府事实上遭到了选民的不信任。”

小布什已意识到美国公众以投票方式表达了他们对伊拉克灾难性

情况的不满，也看到了国会两党组成的伊拉克问题研究小组在2006年12月6日提交的79条建议。但是，我们从他1月10日提出的“新政策”及其行动中也不难看出，他不准备接受这些建议，他不想在2008年的大选中以一个失败的总统卸任，还幻想“能打赢这场战争”。所以他不是如建议要求的那样在2008年初之前分阶段撤军，而是要增兵2.15万人；不是同伊朗、叙利亚“协商”解决伊拉克问题，而是在1月11日袭击了伊朗在伊拉克埃尔比勒的领事馆，并抓走了5人，“约翰·斯滕尼斯”号航母已于1月16日开始驶向波斯湾与那里的“艾森豪威尔”号航母会合。与此同时，赖斯也在中东地区加紧活动，力图组建“温和国家联盟”，对抗“恐怖阵营”，力图在以巴和平问题上也有所收获。事态如何发展，值得关注。

美国打了八年的阿富汗战争如何收场?*

阿富汗战争是美国作为唯一超级大国继科索沃战争之后发动的第二场战争，也是它在21世纪伊始以反恐为名发动的第一场战争。为了打赢这场战争，它动员了英、法、德等北约和非北约的47个国家参加。美国领导的联军和它们的对手塔利班相比，不论是装备还是人数，都占有绝对优势。但是，从2001年10月7日开战至今，阿富汗战争已经打了八年了，“基地”组织首领本·拉登没有落网①，保护他的政治军事组织塔利班非但没有被消灭，还大有卷土重来之势。2005年7月26日的《今日美国报》说，这是一场“意志的较量”。这场战争结局如何，很值得分析研究。

---

* 畅征:《美国打了八年的阿富汗战争如何收场?》,载《领导科学》,2009(9Z)。

① 2011年5月2日，本·拉登被美国特种部队在巴基斯坦阿伯塔巴德的一所建筑物中打死，尸体被葬入大海。

一、美国兵来了，塔利班走了

美国总统奥巴马 2009 年 6 月 4 日在埃及开罗大学演讲时说：“阿富汗战争不是美国的错，而是‘9·11’事件所导致的。”

2001 年 9 月 11 日，在美国的经济、政治中心发生了一起堪与 1941 年日本偷袭珍珠港事件相比的恐怖袭击事件。恐怖分子经过周密策划，劫持了 3 架美国民航客机，其中两架先后撞击了纽约世贸大厦，摧毁了双子塔，另一架撞击了华盛顿的五角大楼，共造成3 200 人死亡和失踪，这与死伤 4 500 多名美军的珍珠港事件相差无几。

这是一起震惊世界的前所未有的恐怖事件，对谋求“绝对安全”的美国来说是个沉重的打击，因而激怒了美国的当权者。时任总统小布什说，这是“一场国家悲剧”，并宣布美国进入“战争状态”。9 月 20 日，小布什在国会发表的演说中强调，“要在外交、军事、金融等所有方面集结力量，与国际恐怖组织战斗到底”。他还对各国首脑说，“你们要么支持我们，要么支持恐怖分子”，非友即敌。这是 1941 年以来美国总统首次在国会发表演说。

美国认定“9·11”事件是“基地”组织头目本·拉登所为，后来本·拉登自己也承认，他是“2001 年在纽约和华盛顿发生的致命袭击的唯一负责人”[①]。由于他受到了阿富汗塔利班政权领导人奥马尔的庇护，所以小布什总统决定对阿富汗开战，摧毁塔利班政权，消灭本·拉登和奥马尔。因为美国获得了国际社会的同情和支持，又有阿富汗反塔利班的北方联盟的配合，而且有巴基斯坦、俄罗斯以及中亚国家提供方便，所以战争进行得很顺利。从 2001 年 10 月 7 日进行第一次大轰炸，到 11 月 13 日北方联盟军攻入阿富汗首都喀布尔，塔利班政权就基本上被打垮了。2001 年 12 月 5 日，卡尔扎伊被出席阿

① 美联社开罗，2007-11-30。

富汗问题波恩会议的阿富汗各派代表推举为阿富汗临时政府主席，12月22日正式就任。这标志着塔利班在阿富汗的统治宣告结束，美国对阿富汗的占领正式开始。2004年10月9日，阿富汗首次举行了全国大选，美国支持的过渡政府总统卡尔扎伊以55.4%的得票率当选为阿富汗伊斯兰共和国总统。2004年12月7日，阿富汗历史上首位民选总统卡尔扎伊宣誓就职。

塔利班（普什图语的意思为“宗教学生军”）是1989年2月苏联军队撤出后，在阿富汗内部各派斗争中，于1994年下半年涌现出来的一支武装力量，1996年9月攻占喀布尔，取得全国统治权。塔利班基本上代表着约占阿富汗人口40%的普什图族的利益，主张“铲除军阀，重建国家”，奉《古兰经》为最高法律，其领袖是穆罕默德·奥马尔。

美国针对塔利班发动的阿富汗（反恐）战争，主要是以巡航导弹和飞机轰炸方式进行的，实际上是击溃战，而非歼灭战，它既没消灭塔利班的有生力量，更没有迫使塔利班领导核心缴械投降。喀布尔丢失后，奥马尔和本·拉登一起逃至托拉—博拉基地，随后美军对该基地进行了密集轰炸，但他们毫发无损。与其说他们是从首都喀布尔被赶走的，不如说他们是为了保存实力，避免和强敌硬拼，主动撤出了首都和大城市，转入地下，转入农村，转入崇山峻岭和沙漠之间，蓄积力量，准备长期抗战。他们用引蛇出洞的办法，打了就跑，让美军疲于奔命，陷入一场持久战，从而给美国造成了重大的人员伤亡和经济负担。

二、占领军不得人心，塔利班东山再起

小布什总统发动的阿富汗战争，被原国防部长拉姆斯菲尔德称为“无限正义战争”，后来又定名为“持久自由行动”。令人遗憾的是，它的“正义性”越来越小，它的“持久自由”一直没有能够实现。八年的历史表明，美国占领军是不得人心的，主要原因是他们滥杀无

辜，以致阿富汗人民的反美情绪日益高涨。

阿富汗人民曾一度将美国视为救星，但是如今越来越多的人对美国的意图产生了怀疑。2002 年 7 月 1 日，美军空袭了乌鲁兹甘省一个村庄的婚宴现场，共投下 7 枚炸弹，造成 48 位平民死亡、117 人受伤。7 月 4 日，上百名阿富汗人在联合国驻阿援助机构门前示威，抗议美军轰炸无辜平民。这是塔利班倒台后，阿富汗人民第一次举行针对美国的示威活动。但是，美军并未停止其暴力行动。2006 年 11 月 17 日，《纽约时报》以《美国对阿富汗空袭陡增》为题发表文章指出，“空军在过去 6 个月里对阿富汗实施了 2 000 多次空袭”。路透社认为 2006 年是“阿富汗最为血腥的一年”。但是，后来的事实表明这个结论下的过早了。香港亚洲时报在线 2008 年 10 月 22 日报道称，据“人权观察”组织的马克·格拉斯科统计，仅 2008 年 6 月和 7 月间，美国就在阿富汗投下 27 万多千克的炸弹，几乎相当于 2006 年全年的投弹量。平民伤亡最惨重的一起事件是，在 2008 年 8 月 22 日美军对赫拉特省阿齐扎巴德村的空袭中，有包括 50 名儿童和 19 名妇女在内的 95 名平民遇难。2009 年 1 月 20 日的《今日美国报》说，军方记录显示，美军战机 2008 年在阿富汗的空袭次数创下了新纪录，达 19 603 次，2007 年为 13 695 次。

美军无休止地滥杀无辜，不仅激怒了阿富汗的广大民众，也激怒了卡尔扎伊总统，他在 2007 年 5 月 2 日就曾发出警告：“我们不能再接受平民伤亡”，“我们已经忍无可忍”。他要求美军“立即结束这一状况”。他在 2008 年 11 月 25 日与来访的联合国安理会代表会晤时还提出，“阿富汗需要知道什么时候西方的军事干预行动会结束”。英国媒体认为，“这是卡尔扎伊首次明确要求西方部队制定撤出阿富汗的时间表”。美国向阿富汗投掷价值成百上千亿美元的炸弹，炸死成百上千的无辜平民，破坏他们的家园，是不在乎的，是“慷慨”的，但美国对阿富汗的重建事业，对发展经济、改善阿富汗人民生活的投资却是十分吝啬的。据美国《纽约时报》网站 2008 年 3 月 26 日报道西方国家承诺 2002 年至 2008 年向阿提供 250 亿美元援助，但迄今为止，只兑现了150亿美元。美国承诺在此期间向阿提供104亿美元的援助，但目前只支付了50亿美元，还不到承诺数额的一半。美国这种不顾阿富汗人民死活的作为，实际上是帮助了塔利班东山再起。

2007年4月8日，英国《独立报》发表了一篇文章，题为《阿富汗百姓说，我们希望塔利班回来》。文章引用坎大哈一位名叫卡尔加里的居民的话说，塔利班在这里时，我们从不担心家人，但是最近三年，我每分钟都很担心。“我们怎么能原谅美国人呢？我会用一切方法与他们斗争。”2008年9月25日，美国《华盛顿邮报》也发表文章说：“这里的人们越来越怀念1996年至2001年的塔利班统治时期，认为那时的生活是安宁祥和的。”

由于塔利班有一定的群众基础，有贩卖毒品所获得的大量资金（每年可获得5 000万～7 000万美元），又有通过不同方式得到的数十万件美欧式武器，所以它的队伍在壮大（目前约有20 000人），它所控制的地区和活动范围也越来越广。路透社在2007年11月21日的报道中说，阿富汗的冲突已发展到“关键时刻”，卷土重来的塔利班分子已经占领了阿富汗的一大半地区并逼近了喀布尔。

2009年2月11日，塔利班武装分子在首都喀布尔同时向三个政府部门（司法部、教育部、监狱管理局）发动袭击，共造成26人死亡、55人受伤。这是2009年以来在阿富汗发生的一起最为严重的袭击事件。德新社称之为“史无前例的袭击事件”，“将阿富汗首都变成了战场”。美国《基督教科学箴言报》在2月12日的报道中认为，策划周密的喀布尔袭击显示了塔利班的实力。而且，这次袭击是在美国新任总统奥巴马考虑要把驻阿富汗美军人数增加一倍的时候发生的，这被认为是塔利班对奥巴马的一个挑战。它无疑也促成了奥巴马“阿富汗新战略”的出炉。

三、小布什战略失败，奥巴马“新战略”出炉

塔利班卷土重来，是小布什阿富汗战略失败的一个突出标志。值

得研究的问题是，它为什么会失败？现在看来，失败的根本原因是它所坚持的方针路线不正确。具体来说，是由以下三大错误构成的：

一是指导思想错误。它是真反恐，还是以反恐为名谋独霸全球之实？一开始就有人提出了这个问题。几年来的实践证明，是后者，而非前者。它把成建制的北约部队调到南亚来，把没有在《不扩散核武器条约》上签字的印度和日本一样视为“最亲密盟友”，以及大搞“颜色革命”等行为，就很难说与反恐有关。另外，它是反恐，还是反对伊斯兰，这也令人怀疑。以倡导宗教信仰自由为己任的美国总统，为何提出了“新十字军东征”的口号？这分明是要旧根引新仇，是要挑动“文明冲突”。“文明冲突论”的发明人亨廷顿教授说过：“伊斯兰文明是唯一使西方存在受到过威胁的文明。”他在2003年6月与德国《商报》记者的谈话中还肯定地说，阿富汗和伊拉克战争确实是“文明冲突”。而且，他告诉记者，他的《文明的冲突与世界秩序的重建》一书是小布什政府的决策者一读再读的书。小布什使用的“反恐战争”这一概念，也不甚妥当，现在奥巴马政府也和英国政府一样，不再使用它了。

二是战争方略错误。小布什在发动阿富汗战争时，强调要消灭“基地”组织和塔利班，要捉拿本·拉登和奥马尔，但他打的不是歼灭战，而是击溃战，不是乘胜追击，而是贻误战机，另有所谋。2002年1月，他抛出了“邪恶轴心论”，2003年3月，他以两条子虚乌有的理由发动了伊拉克战争，占领了伊拉克，消灭了与本·拉登无联系的萨达姆，把反恐战争的重心由阿富汗转到了伊拉克。英国《独立报》2006年9月10日发表的一篇署名文章认为，“偏离正题出兵伊拉克”使事情变得更加糟糕，“美国式的搜寻并摧毁战术”激怒了阿富汗民众，“考虑到目前北约掌控的资源以及我们寻求的战略，我们根本无法取胜”。

三是反恐方法错误。标本兼治是公认的反恐良方，而小布什却是治标不治本。他重武攻轻文攻、重破坏轻建设、重安全轻发展，宁肯不断伤害阿富汗人的民族感情，也不愿做一点儿安抚民心之事。所以，阿富汗人民对美国和北约军队越来越没有好感，以致反恐越反越恐。英国媒体说："阿富汗战争像伊拉克战争一样，已成为吸引决心与西方军队作战的极端分子的磁石。"

小布什的战略已宣告失败。临危受命的贝拉克·奥巴马既要应对美国次贷危机引发的国际金融危机，又要应对其前任发动的伊拉克战争和阿富汗战争问题。他对这两场战争的基本方针早在竞选时期就有定论，即从伊拉克稳步撤兵，对阿富汗继续增兵。他为什么不同时撤兵？因为阿富汗战争没有偏离反恐正题，还能为美国民众所接受，而且它也符合美国战略东移的需要，所以奥巴马决心要再打一打。如何打法？他从 2009 年 1 月 20 日入主白宫后，经过两个多月的认真调查和精心策划，于 3 月 27 日提出了他的"阿富汗新战略"，又称"新的阿富汗—巴基斯坦战略"，其主要目标是"瓦解、铲除和击败盘踞在阿富汗和巴基斯坦两国的'基地'组织"①。奥巴马的战略和小布什的战略相比，有何新意？概括起来主要有以下四点：

第一，变革理念，确保重点。美国参谋长联席会议主席迈克尔·马伦说，"现在，阿富汗是我们的重中之重"，为扭转败局，必须适时变革理念，抛弃小布什的单边主义和黩武政策。奥巴马和他的国务卿希拉里十分赞赏约瑟夫·奈的"巧实力"论，即"将硬实力手段和软实力手段结合起来的高明政策"。他的政府主张接触、谈判、对话，主张实行多边主义，谋求建立一个多伙伴关系的世界。奥巴马声称，阿富汗问题"是国际社会的共同问题"，力图把各种力量集中起来解决阿富汗问题。他建议成立一个阿富汗问题联络小组，以处理塔利班和"基地"组织的反叛活动问题。这个小组包括北约盟友和其他伙伴，包括中亚国家、海湾国家、伊朗、俄罗斯、印度和中国。奥巴马认为，当前最紧迫的任务是改善同伊斯兰世界的关系，消解那里日益增强的反美情绪。希拉里在 2 月中旬的亚洲之行中，刻意访问了印尼，她是要向这个全球穆斯林人口最多的国家示好。4 月上旬，奥巴马访问了连接西方和伊斯兰国家的桥梁——土耳其。他在土大国民议

① 美国《华盛顿邮报》网站，2009-03-27。

会的讲话中表示，要在“共同利益和相互尊重”的基础上，与伊斯兰世界广泛接触，消除误解。6月上旬，奥巴马访问了在伊斯兰世界中颇具影响力的两个国家——沙特阿拉伯和埃及，并在开罗大学向全球15亿穆斯林发表了40分钟的讲话。他说：“我来开罗是为了谋求美国与全球穆斯林的新开始”，“周而复始的怀疑与不和必须终结”。法新社认为，这是个“具有里程碑意义的演讲”，白宫采取了“史无前例的大公关”。而伊朗最高领袖哈梅内伊则认为这个讲话“一钱不值”，他说：“对美国的深恶痛绝源自中东人民的内心深处。”①

第二，文武并重，依武求成。奥巴马在2月17日的一份声明中表示，他相信阿富汗问题不能单以武力解决，美国将使用外交及发展等手段解决阿富汗问题。白宫国家安全顾问琼斯在解释奥巴马的“阿富汗新战略”时，强调了“军事能力之外”的东西。琼斯说，要加强对阿富汗政府的管理，进行司法改革；强调警察的作用和发动“反毒品战争”；强调要赢得人心，要让人们填饱肚子。驻阿美军最高指挥官麦基尔南在4月初发给官兵的一个指导文件中强调，“在阿富汗取得成功不能依靠单纯用武力开展旨在维持安全的行动”，要求部队“着眼于治理、发展和安全三管齐下”。北约新司令——美国海军上将斯塔夫里迪斯在7月2日的就职仪式上说，“将在阿富汗实行文武并重的策略”，希望这一策略能够奏效。但是文武二者相比，奥巴马政府还是偏重于用武。2月17日，奥巴马批准五角大楼向阿富汗增兵1.7万人。3月27日，他又宣布增兵4 000人。到2009年底，驻阿美军将由去年的3.2万人增至6.8万人，加上北约的3.2万人，总兵力达10万人。在大量增兵的同时，也会有一个“文官潮”，旨在构建阿富汗的公民社会和提高管理水平。为保证在阿的军事行动，军费也在猛增。在2010年的美国财政预算中，用于阿富汗的军费首次超过了伊拉克，前者由470亿美元增至650亿美元，而后者则由870亿美元降为610亿美元。为瓦解塔利班，2009年3月，奥巴马表示有意

---

① 《生意人报》(俄罗斯)，2009-06-05。

和某些塔利班武装分子进行谈判。随后，希拉里提出了与“温和派”谈判的想法。7 月，她再次向塔利班伸出橄榄枝，表示欢迎放下武器的塔利班分子“加入阿富汗宪法中宣告的自由、开放的社会”。但是塔利班不买账，称希拉里的话为“疯狂的设想”。

第三，阿巴互动，两面夹攻。阿富汗问题是奥巴马力图在地区框架内解决的一个问题，而巴基斯坦是否合作，又被认为是他的“阿富汗新战略”能否成功的一个关键因素。他将“阿富汗新战略”定名为“新的阿富汗—巴基斯坦战略”，就凸显了巴基斯坦的重要性。美国参谋长联席会议主席马伦说，“阿富汗新战略”的关键内容是要确保美国在帮助巴基斯坦打击边境部族地区的叛乱分子时发挥更大的作用。由于同一群叛乱分子的存在，使阿富汗和巴基斯坦密不可分地联系在了一起。因此，“我们要与巴基斯坦更密切地合作，以清除这些被叛乱分子作为行动大后方的避风港”。为解决好这一问题，奥巴马任命以强硬派著称的霍尔布鲁克为阿富汗—巴基斯坦问题特使，穿梭于阿巴和印巴等国之间，做了不少促进互相合作的工作。5 月 6 日，奥巴马把卡尔扎伊和扎尔达里两位总统召至华盛顿，进行了三方会谈。为坚定巴基斯坦的反恐决心和信心，美国承诺在未来 5 年内每年向巴提供 15 亿美元的援助。扎尔达里向奥巴马保证将严厉打击塔利班武装分子，还发誓要“完全消灭好战分子”。在此之前，4 月 26 日，巴基斯坦军方代表声明，应西北边境省政府和迪尔居民的请求，安全部队已对迪尔、布内尔和斯瓦特山谷地区开始军事行动。在这次行动中，250 万平民被迫逃离了家园，但武装分子并未停止活动，他们在拉合尔、白沙瓦等大城市不断制造爆炸事件。美国《新闻周刊》网站在 7 月 16 日就巴基斯坦的军事行动发表了一篇评论，其结论是：“这场战斗显然尚未打赢。”

第四，攻占一点，治理一片。奥巴马总统在他的“阿富汗新战略”中提出了三项任务，即向阿富汗大量增派美军，扩大阿富汗安全部队（准备在 2011 年前把阿军从 9 万人扩至 13.4 万人，把警察人数保持在 8.2 万人），争取塔利班“温和派”的支持。美国国防部长盖茨认为，“新战略”需要新的军事思维。所以，他在调兵的同时，也在考虑换将。5 月 11 日，他解除了麦基尔南的职务，并决定由刚晋升为四星的麦克里斯特尔将军担任驻阿美军最高指挥官，罗德里格斯中将任副指挥官。麦克里斯特尔具有尚武精神，有指挥特种部队的经验，曾在伊拉克指挥抓获了萨达姆，击毙了恐怖头子扎卡维。盖茨用他的目的，是要他以更大胆、更具创造性的方式处理阿富汗问题，要在明年夏季之前扭转战局。5 月 15 日，麦克里斯特尔上将走马上任。他说，保护阿富汗人民是我们的任务，我们必须保护他们免遭暴力活动侵扰，必须尊重他们的宗教和传统。他决定调整兵力部署，撤离几乎没有人烟的偏远山地，将兵力集中在最重要的地区，保护人口聚居中心。不难看出，他的作战方针既不是狂轰滥炸，伤害平民百姓，也不是遍地开花，消耗兵力，更不是白天打了就走，晚上让叛乱分子回来报复，而是重点出击，安营扎寨，给阿富汗人提供一个安定的生活区，让人们相信阿富汗政府比叛乱分子更能给人们带来安全与繁荣。简言之，就是攻占一点、治理一片。由于有巴基斯坦方面的配合，美国海军陆战队在武装直升机的掩护下，于 7 月 2 日黎明对阿南部赫尔曼德省河谷地区的塔利班腹地发起了大规模进攻，代号为“匕首行动”，又称“利剑攻势”。这是奥巴马政府在阿富汗采取的首次大规模军事行动。美军试图将这把“利剑”插在塔利班命脉所在处，摧毁其核心力量，切断它的财源和联络网，促进“温和派”势力成长，并为 8 月 20 日的阿富汗大选创造有利条件。塔利班的对策仍然是“你来我走”，不与美军正面交战。所以，“利剑”所到之处，风平浪静，塔利班武装人员有的遁迹于民众之中，有的绕到东部发动攻击。塔利班发言人艾哈迈迪说，他们将用游击战、用“铁网”行动予以回击，“他们的匕首将陷入我们的铁网之中”。塔利班武装分子走了，但他们留下了许多地雷和路边炸弹，已经给美军造成巨大损伤。7 月，驻阿美军死亡人数高达 43 人，这是 2001 年美国发动阿富汗战争以来牺牲人数最多的一个月。对英军来说，7 月也是“最血腥的月份”，共计阵亡 22 人。“利剑攻势”利不利，能不能实现美军的预想目的？这不仅是对奥巴马“阿富汗新战略”的一个严峻考验，也将对阿富汗战局的发展和 8 月 20 日的阿富汗大选产生直接影响。

阿富汗战争打了 8 年，未能收场，说明了什么？首先，它说明，尽管美国是唯一的超级大国，但它的力量仍然是十分有限的。早在 20 世纪 60 年代初，美国前总统肯尼迪就提出准备打两个半战争，其后又修正为打一个半或两个战争，但都没有付诸实践。21 世纪伊始，小布什就在阿富汗和伊拉克做了大胆的试验，结果很不顺利。现在，美国军方已公开承认，在阿富汗和伊拉克打的这两场战争，使其人力物力吃紧，已经很难再在世界其他地方实施任何重大行动。美国政要已表示：放弃两场战争战略。这也算是美国的一大收获。其次，它再次说明，阿富汗人很刚强，从不害怕侵略者强加给他们的战争。阿富汗早有“帝国坟墓”之说。19 世纪，阿富汗和当时的世界头等强国英国较量过，从 1839 年到 1919 年的三次抗英战争，迫使大英帝国低了头，阿富汗赢得了独立。20 世纪，阿富汗又同二号超级大国苏联进行了较量。从 1979 年 12 月 24 日苏联入侵阿富汗到 1989 年 2 月 15 日苏军全部撤出，历时近 10 年，苏联动用了 10.9 万大军，结果牺牲了 15 000 人。这是苏联输掉的唯一一场战争，以致加速了苏联的解体。21 世纪伊始，作为唯一超级大国的美国就以反恐为名，发动阿富汗战争，结果是陷入了阿富汗泥潭。7 月 18 日，美国国防部长盖茨明确表示：“美国无法用一年时间打赢战争。”他说：“美国军队疲惫了，美国人民更加疲惫。”美国会不会成为第三个失败的帝国，历史将做出回答。

令人称奇的利比亚战争*

利比亚战争，也可以称之为“倒卡之战”，它是因为利比亚原领

* 畅征：《令人称奇的利比亚战争》，载《领导科学》，2011（32）。

导人穆阿迈尔·卡扎菲不肯听从西方大国的命令“立即下台”而招致的一场战争。这场战争从2011年3月19日法国战机投下的第一颗炸弹开始，到8月23日利比亚反对派武装攻占首都的黎波里，历时五个月零四天，反卡扎菲势力与西方国家用武力将执政42年的卡扎菲赶下了台，“国家过渡委员会”已成为利比亚执政当局和利比亚人民的代表。截至9月8日，至少3万人死亡，5万人受伤。[①] 9月1日和12日，俄罗斯和中国先后承认利比亚“国家过渡委员会”为利执政当局。9月16日。第66届联大同意利“国家过渡委员会”为利比亚在联合国的合法代表。10月20日，卡扎菲被打死。28日，北约决定，31日结束军事行动。在7个月内，北约共出动战机超过2.6万架次，轰炸了近6 000个目标。[②]

利比亚战争，对美国来说，是美国成为唯一超级大国之后打的第五场战争；对北约来说，是它冷战后在区域外打的第三场热战。这场不大不小的战争，与海湾战争、科索沃战争、阿富汗战争和伊拉克战争相比，有共同点：都是从大轰炸开始，都是发达国家对发展中国家的战争。但也有不同之处，其中，最令人称奇的有四点：

一、在西亚北非地区的动乱中，唯有利比亚引来了外国的武力干涉

从2011年初开始，阿拉伯世界由西向东、从北到南，许多国家相继爆发了大规模的“反专制”“反独裁”的群众运动。有人将其称为“阿拉伯之春”，有人称之为中东的“颜色革命”，也有人称其为“动荡”或“剧变”。笔者认为叫“动乱”，更恰当些。因为衣食无忧的利比亚人，在蒙受战乱之苦；突尼斯、埃及、也门和叙利亚等国的

---

① 参见德新社开罗，2011-09-08。
② 参见法新社布鲁塞尔，2011-10-28。

民众，也没有感受到春天般的温暖。

2 月 26 日，俄罗斯战略文化基金会网站发表过一篇文章，题为《用实战来检验“可控混乱”理论》。文章说，阿拉伯国家“发生的一切与美国提出的‘可控混乱’的理论完全一致”。2010 年底，突尼斯一座小城的街头小贩与城管发生冲突后，“反独裁”风潮迅速地扩散到了整个西亚北非地区。1 月 14 日，执政 23 年的本·阿里被突尼斯民众起义赶走了。2 月 11 日，执政 30 年的埃及总统穆巴拉克被推翻了。邻国发生的这两件事，对利比亚的反对派是个巨大鼓舞。

现在看来，利比亚的反对派似乎更有智慧，更有谋略：他们的大本营不是扎在西部，而是扎在石油资源丰富的东部，不是扎在卡扎菲控制严密的首都，而是扎在第二大城市班加西；他们的行动，不是搞“文斗”，在广场静坐和示威游行，而是搞“武斗”，实行武装叛乱；他们的领导者，不是一般人领导的群众组织，而是前政府部长级人物组建的“新政府”——“国家过渡委员会”，搞两个政权并存，逐步取代卡扎菲政权；更重要的是他们得到了西方国家的大力支持，而且相互配合默契，快速走上了战争之路。

穆巴拉克下台 5 天之后，即 2 月 16 日，利比亚的多个城市发生反卡扎菲的政治骚乱。19 日，一些不明身份的持枪歹徒到中资公司工地打劫，造成几名中国员工受伤。20 日，中资公司员工准备撤离。这天晚上，的黎波里一处韩国的工地遭袭击，造成 18 名外国人受伤。21 日，示威者放火烧毁了首都的政府设施。由于他们搞武装叛乱，不可避免地要遭到政府的武力镇压。正如卡扎菲写给奥巴马的信中所言：“如果你发现他们武力占领着美国的城市，请告诉我你会怎么做?”①

因为卡扎菲采取了镇压措施，也就引起了西方大国的“严重关切”。2 月 21 日，美国媒体报道说，自 16 日爆发抗议以来，“至少有 233 人死亡”。22 日，美国国务卿希拉里表示，将在联合国框架内与其他国家合作，针对利比亚暴力镇压抗议者采取“适当措施”。23

① 美联社利比亚班加西，2011-05-19。

日，法国总统萨科齐呼吁欧盟采取迅速而具体的制裁措施，“切断与利比亚的经济、商贸和金融联系”。24 日，美国总统奥巴马与英法意领导人磋商，立即采取行动，结束利比亚危机。白宫发言人卡尼说：“不排除任何选择，包括制裁和军事行动。”① 25 日，美国政府关闭了驻利比亚大使馆，并宣布冻结卡扎菲政府及其四个儿子在美国的一切资产。而且宣布，“卡扎菲执政的合法性已降到零”。

动乱开始后的第十天，即 2 月 26 日，联合国安理会投票同意，冻结卡扎菲及其四个儿子和一个女儿的资产，并对卡扎菲整个家庭及 10 名与其关系密切的官员实行旅行禁令。联合国 1970 号决议，还要求利比亚领导人卡扎菲停止对抗议者的致命镇压。

该决议的通过，使利比亚反对派增强了胜利的信心。当天晚上，利前司法秘书（部长）穆斯塔法·穆罕默德·阿卜杜勒-贾利勒表示，他们正在班加西组建临时政府——“国家过渡委员会”，确保各地起义在组织的领导下进行。他认为，卡扎菲政权存在的日子不多了。因此他说：“新政府将在举行选举前领导国家三个月。”② 3 月 5 日，“国家过渡委员会”首次召开正式会议，贾利勒被任命为拥有 30 名成员的过渡委员会主席。他们宣称，已在其所控制的东部各城市成立了地方委员会。会议还制定了他们未来斗争的路线图。3 月 10 日，法国正式承认利比亚反对派成立的“国家过渡委员会”，并准备与这个新机构互换大使。法国是采取该措施的首个国家。3 月 11 日，卡扎菲政府宣布与法国断交。法国总统萨科齐后来曾不瞒实情地说：“是我们创造了（反对派的）委员会，如果没有我们的支持，我们的资金和武器，这个委员会根本就不会存在。”③

制裁利比亚的 1970 号决议的顺利通过，也使西方大国看到了从安理会拿到对利动武通行证的希望。因此，它们不是认真贯彻 1970 号决议，而是在千方百计谋求一个为动武开绿灯的决议，并为动武制

---

① 路透社华盛顿，2011-02-24。

② 美联社华盛顿，2011-02-26。

③ 路透社的黎波里，2011-07-11。

造舆论，进行军事部署。

1970 号决议通过的当天，美国总统奥巴马就宣布，利比亚领导人卡扎菲必须马上离开。这是他首次呼吁卡扎菲下台。[①] 27 日，美国国务卿希拉里表示，美国正和利比亚东部的反政府团体进行接触。28 日，她在日内瓦呼吁英法德意等国外长对利比亚政府采取更强硬的措施，并就设立“禁飞区”问题，同俄罗斯和澳大利亚的外长协调了立场。同日，美国财政部宣布，已冻结了利比亚政府在美国的 300 亿美元的资产。另据美联社电称，美国在向利比亚周边调集海军和空军。欧盟考虑在利比亚上空设“禁飞区”。英国首相卡梅伦称，“我们不排除”对卡扎菲政权“动用武力的可能性”。3 月 3 日，奥巴马说，他已授权美国军方对“各种选择”进行研究。美国媒体透露，已有约 400 名海军陆战队员抵达设在希腊的一个海军基地。3 月 7 日，北约秘书长拉斯姆森宣称，“不会任由利比亚领导人卡扎菲的政权继续袭击反政府武装而不加阻止”，但他又强调，“北约只有在得到联合国安理会明确支持的情况下才可能动武”[②]。

3 月 12 日，阿拉伯国家联盟支持在利比亚上空设立“禁飞区”，并承认新成立的试图推翻卡扎菲的叛乱组织“国家过渡委员会”为利比亚合法政府。[③]《纽约时报》网站就此评论说，阿盟“要求西方军队出现在阿拉伯国家领土上，是极为罕见的邀请”，这为美欧要求联合国安理会通过相关决议“扫清了道路”。3 月 14 日，黎巴嫩在安理会散发了一份在利设“禁飞区”的草案。随后，希拉里和美国驻联合国代表赖斯对阿拉伯国家和安理会成员展开了车轮战。17 日晚，安理会以 10 票赞成，5 票弃权勉强通过了第 1973 号决议。决议允许在利比亚上空设立“禁飞区”，要求利比亚停火并允许“采取一切必要措施”，以保护包括班加西在内的利比亚境内可能遭受袭击的平民居住区。因为中国对决议中的一些内容有严重保留，所以同俄罗斯、印

---

① 参见美联社华盛顿，2011-02-26。

② 德新社布鲁塞尔，2011-03-07。

③ 参见美国《华盛顿邮报》网络，2011-03-12。

度、巴西和德国投了弃权票。

决议通过不到三天，美法英等国就在 3 月 19 日（伊拉克战争 8 周年前夕）对利比亚开战了。法国国防部发言人在北京时间 20 日零时 45 分宣布，法国战机已完成首次空中打击。美国国防部 19 日宣布，部署在地中海的美军和英军军舰与潜艇向利比亚发射了 110～112 枚“战斧”巡航导弹。美英法为何执意干涉利比亚反对派与卡扎菲政府的战争？概言之有三条：第一，利比亚拥有非再生的优质石油。1991 年海湾战争时就有人揭露过美国打萨达姆的动机：不是为了民主和自由，而是为了石油。这句话用来分析美英法对利开战的原因，也是一针见血的。第二，利比亚是美欧进入非洲的门户。它们过去统治非洲、奴役非洲，现在仍试图控制非洲、掠夺非洲。美军在 2007 年就成立了非洲司令部，但至今未能找到立足点，其最大的一块绊脚石就是卡扎菲领导的利比亚。第三，卡扎菲不是一阵风就能吹倒的人。卡扎菲的年龄比穆巴拉克小，但资格比后者更老。他在埃及纳赛尔时期就成了利比亚的元首，统治利比亚 42 年，自称是“亚非拉反帝斗争的领导者”①，是利比亚的“革命领袖”。要打倒他，靠利比亚反对派自身的力量，是难以实现的。

二、冷战后，美国主导了四场战争，但在利比亚战争中却有点缩头缩脑

所谓四场战争，是指 1991 年老布什总统主导的海湾战争，1999 年克林顿总统主导的科索沃战争，2001 年和 2003 年小布什总统主导的阿富汗战争与伊拉克战争。在这四场战争中唯有海湾战争（第一次伊拉克战争）师出有名，取得“胜利”。老布什曾得意地说：“越南战争的幽灵已经被永远埋在阿拉伯半岛的沙漠之中。”

---

① 英国《每日电讯报》网站，2011-02-22。

正是这四场战争，给美国人提供了一条经验、一个教训。要打仗，首先要得到联合国安理会的许可，要师出有名。所以，这次希拉里坚持要在“联合国框架内‘采取’适当措施”。伊拉克战争再次证明，不能轻易出动地面部队占领一个国家，陷入持久战。所以美国前国防部长盖茨在 2011 年 2 月 25 日就警告说：“今后任何国防部长如果建议总统再向亚洲或中东或非洲派遣大批美国地面部队，都应该检查一下脑子是否正常。”

二战后，从杜鲁门到奥巴马无不宣称要“领导世界”，在以往的冷战和热战中，美国都是一马当先，唯独在利比亚战争中确实显得有点缩头缩脑。为何如此？这是因为：（1）美国打的阿富汗战争和伊拉克战争很不顺手，至今尚未完全收场，已牺牲 6 300 多名官兵，耗费超万亿美元。盖茨说：“经过十年的战争，部队‘太紧张，太疲劳’了。”（2）2008 年因美国次贷危机引发的世界经济危机尚未完全结束，美国经济复苏乏力而且负债累累，财政赤字惊人。（3）自伊拉克战争以来，美国人民的反战情绪有增无减，况且卡扎菲也不是一个容易拔掉的钉子。（4）奥巴马在 2009 年又被戴上了一顶不合头的“诺贝尔和平奖”的帽子，还要为 2012 年竞选连任总统努力。这一切，都使奥巴马政府对利比亚战争不得不低调，甚至“甘居二线”。

1973 号决议在 17 日通过后，18 日，奥巴马在白宫发表讲话宣称，国际社会将通过军事行动执行决议，并强调说，英、法和阿盟“已致力于在决议执行中发挥领导作用”，美国将紧密合作。这就意味着，美国“不当头”，不是主角，只是配角，只是“有限参与”。19 日，战争开打后，希拉里在巴黎的谈话中特别强调了，“这不是我们发起的”。正如俄罗斯《独立报》网站在 3 月 22 日的报道中所说：“很难想起之前美国在国际事务中如此否认自己积极性的情况。”

由于美国不积极，不想当头，所以就给法国提供了机会。当年，是法国带头反对小布什发动伊拉克战争的，这次是法国带头对利比亚开始空袭。萨科齐为何成了军事行动的急先锋？这也绝非偶然。首先，是因为利比亚具有战略意义，它与阿尔及利亚、突尼斯、乍得和尼日尔四个法语国家接壤。其次，是要保护法国的经济利益，法国的石油巨擘道达尔公司已控制了十分重要的利比亚油田。再次，是要挽回颜面，因为法国未能对突尼斯和埃及的民主运动做出反应，且有援助本·阿里镇压示威者之嫌。所以，在利比亚的行动必须冲锋在前。最后，为了赢得 2012 年的总统大选，需要在国际舞台上显示力量，树立威望。于是，萨科齐就依靠卡梅伦，绕过默克尔，试图填补奥巴马让出的领导地位。

奥巴马“不当头”、“居二线”，也有其中的奥妙。这对萨科齐来说，是个鼓励。法国在 1966 年宣布退出北约军事一体化机构，萨科齐在 2009 年又重返该机构，让他带头，可以固其心态。对美国来说，可以同盟国分担责任，分担费用，减轻自身压力。同时，也便于他规避 1973 年的《战争权力法》。该法律规定，美国出兵参加超过 60 天的战争，必须获得国会批准。5 月 20 日，是美国参与利比亚军事行动 60 天的期限结束日。国会议员指责奥巴马开始违反上述法律。白宫在 6 月 15 日送交国会的报告称，美国军队在北约领导的军事行动中只是在扮演配角，符合《战争权力法》，不需要国会进一步授权。

法国打了头阵，而且它的军方发言人蒂埃里·伯克哈特还宣称，“法国有能力”对参加针对利比亚的军事行动的多国部队进行指挥和控制。[①] 但是，法国的“领导地位”并未获得实施军事行动的“志愿者迷你联盟”的认可。事实上，法国也是心有余而力不足。所以一开始就出现了混乱局面。对这场战争的代号，就有三个：法国称“哈马丹”，美国叫“奥德赛黎明”，英国则称为“依拉米”。法新社在 3 月 21 日的电文中说：“北约成员国法国、英国和美国都是以个别国家身份参与对卡扎菲政权发动的海空攻击。”而美、英等国对法国在“没有详尽通知盟友的情况下”率先对利比亚发动袭击，纷纷表示不满。北约秘书长拉斯穆森批评巴黎阻挠北约介入利比亚行动。挪威表示，只要没搞清楚这次作战行动是由何方主导，该国派出的 6 架战机就不

① 参见《防务新闻周刊》（美国），2011-03-21。

会起飞。结果还是得请最有实力的美国出来指挥。英国首相卡梅伦在3月21日宣布："目前的行动是由美国负责。"日本媒体也认为："目前美军掌控着空袭利比亚行动的实质指挥权。"

美国说是"不当头"，实际上是无事不出头。一切大政方针都是美国人定的。美国人判定卡扎菲政权失去了合法性，卡扎菲应下台；美国人说要通过"联合国框架"解决利比亚问题，促成了1970号和1973号决议；美国人对这次军事行动划出了一条界线：不出动地面部队。美国不仅拿大主意，而且出大力气。20日，美国军方宣布，美国从军舰和潜艇上已发射了124枚"战斧"巡航导弹，有效打击了利比亚的防空系统。"战斧"巡航导弹，每枚约140万美元。美国媒体估计，到22日，美国已花费了2.25亿美元。截至5月中旬，美国已在利比亚战争中花费了6.44亿美元，法国的花费是1.2亿美元，英国也大约是这个数。所以美国国防部长盖茨说它们花的钱"太少了"。

从3月19日开始，美、法、英等国对利比亚的狂轰滥炸，是不折不扣的战争行为，但奥巴马在3月28日的讲话中，故意遮遮掩掩，不肯说明真相，甚至不提"战争"二字，只讲"军事行动"或"干预"。所以德国的国际法教授诺曼·佩希指出利比亚战争是一场奥巴马不愿称为战争的战争。

奥巴马为何不承认这是一场战争？因为"不体面"，因为一开始就遭到了包括美国人在内的严厉抨击和反对。阿盟秘书长穆萨说，现在在利比亚的军事行动，与阿盟要求的设立"禁飞区"完全是两回事，军事行动"超越了"禁飞区的范围，阿盟表示反对。南非总统祖马呼吁各方立即停火。他说，非盟和平与安全理事会强调，尊重利比亚的统一和领土完整，拒绝任何形式的外来军事干涉。因此，美国就在行动开始后便"急于交权"，以免在阿拉伯国家以至全世界激起反美新浪潮。

3月29日，35国伦敦会议决定，利比亚战争由北约统一指挥。3月31日，北约秘书长拉斯穆森宣布，今天北约取得了针对利比亚的国际空袭行动的单独指挥权。同日，北约秘书长的发言人伦杰斯库说，北约已实施代号为“联合保卫者”的军事行动。将遵守第1973号决议，对利比亚实施武器禁运，设立“禁飞区”，保卫平民和平民区。原定从4月2日起，美军战机不再执行空袭任务，应北约“请求”，美军参与盟军利比亚的空袭行动延长48小时。从4月3日22时开始，美国飞机停止执行打击任务，但仍将保持待命状态。美国已由领战者变为监护者。时任美国国防部长的盖茨说，此后，美军将“贡献其他国家没有的军事能力，包括电子战，空中加油，搜救，情报搜集，监测及侦察支援等”。北约秘书长拉斯穆森在9月16日的谈话中说，“在利比亚的军事行动是北约历史上第一次不是由美国领导的行动”，“如果没有美国提供的独特和重要的军事资源，我们无法成功实施这次行动”①。

三、北约指挥的“多国部队”，名为保护平民，实则是为反对派武装保驾护航

参加利比亚战争的所谓“多国部队”，与海湾战争和阿富汗战争参战国的规模相比，只能算是个“迷你联盟”。北约是由28个国家组成的超级军事集团，但其参战国只有8个，它们是：法、美、英、意、比、丹、挪、加。德国和土耳其这两个大国，均未参战。

德国是一战和二战的战败国，现在已然没有美、法、英那样的心气。2011年3月17日，德国同巴西、印度、俄罗斯和中国一起对1973号决议投了弃权票。在该议案表决前，德国外长韦斯特韦勒强调指出，不能做感情反应，重要的是长远意义。他说：“军事干预等于加入一场可能旷日持久的内战。”干预就是要承担责任，不仅要与卡扎菲交战并最终打败他，而且要在这位独裁者倒台后收拾照惯例会

① 《参考消息》，2011-09-20。

出现的复杂局面。[①] 德国总理默克尔在 3 月 19 日的巴黎会议上再次明确地说："德国对联合国决议的部分条款存有顾虑，因此投了弃权票。"

事实证明，德国投弃权票是明智的。同时，美、法、英的行动也表明，它们对 1973 号决议的态度是不严肃的。是掐头去尾，偷梁换柱。1973 号决议第 4 款规定，联合国成员国对利比亚可以"采取一切必要措施，保护受到武力威胁的平民和居民区"。美、法、英最感兴趣的是"采取一切必要措施"这 8 个字，其要害是允许美、英、法对利比亚动武。这也正是默克尔"有顾虑"、中国政府"有严重保留"的根本原因。

法、美、英对利比亚动武的"理由"，就是所谓"保护平民"。这一冠冕堂皇的"理由"，也可以说是它们 1999 年对南联盟动武时用的"人权高于主权"论的发展，使这次的军事行动似乎更具有合法性和正义性。问题在于它们是否真心实意地在"保护平民"。如果是真心而非假意，就应该无偏见地不分地区、不分派别、不分部族地保护利比亚的所有平民。事实并非如此。它们轰炸的重点是利政府控制区，是的黎波里。它们不仅轰炸军事重地、军事设施，也轰炸民用设施、住宅、医院和学校等。它们狂轰滥炸，已造成更多的平民伤亡和人道主义灾难。截至 5 月 31 日，北约轰炸行动已导致 718 名利比亚平民丧生，4 067 名平民受伤。[②] 在反对派统治的地区，也有平民被炸死的。它们承认是"误炸"，但也引起了人们的不满，它们也喊"打倒北约"。利比亚东部部落长老 5 月 24 日致非盟的信中指出，北约打击民事目标，根本不是保护平民，而是"恐吓和杀害平民"。

北约轰炸的一个明显目的，就是为反政府军进攻政府军开路。路透社利比亚卜雷加 2011 年 4 月 5 日的电文说："卡扎菲军队的坦克和大炮在北约空袭面前失去了优势，北约空袭有效地支持了叛军。"用

---

① 参见《为何对利比亚的干预从长期来说是错误的》，见美国《赫芬顿邮报》网站，2011-03-18。

② 参见路透社，2011-05-31。

德国国际法教授佩希的话说，就是“利用炸弹和导弹”，“护送”反对派向的黎波里进军，这与其说是在完成安理会决议规定的保护任务，不如说是为占领开辟道路。

2月26日，安理会通过的1970号决议第9段载明，对利比亚实行全面的武器禁运，但是法国从一开始就不认真贯彻执行。萨科齐曾不加掩饰地说，“国家过渡委员会”是在法国的资金和武器支持下建立的。此后，它们更是一面大肆轰炸，力图消灭卡扎菲的军事力量，一面赤裸裸地违反武器禁运，大力武装反政府军。美国对此不仅不反对，而且公然表示赞同，美国国务院发言人马克·托纳说：“我们认为，把联合国安理会1970号和1973号决议放在一起看，既没有载明也没有排除向利比亚反对派提供防御武器。”[①] 7月4日，利比亚政府军在的黎波里西面海域截获了两艘为反政府军运送武器的船只。俄罗斯外长拉夫罗夫说：“向利比亚供应任何武器及派遣教官以传授作战技艺之举，都是违反联合国安理会决议的，这会使武器禁运形同虚设。”[②]

西方大国不仅用强大的军事力量为反对派保驾护航，而且还在经济上和政治上对反对派加以扶植。“利比亚联络小组”（亦称“反卡联盟”），就是西方国家主导的扶植利反对派的一个组织。它从4月13日建立到7月15日，开了四次会，做了两件事：（1）为反对派集资。在5月5日举行的第二次会议上，宣布建立支持“国家过渡委员会”基金。希拉里表示希望修改美国法律，将其冻结的300亿美元用来援助反对派。6月9日，在第三次会议上正式启动了援助机制，意大利承诺将提供3亿～4亿欧元的援助，还有其他国家也表示要给予资助。（2）动员各国承认“国家过渡委员会”。法国是第一个承认“国家过渡委员会”的。在7月15日举行的第四次“联络小组”会上，来自32个国家的代表决定承认利比亚反对派的政治机构为“合法政权”。希拉里说，美国将承认“国家过渡委员会”为利比亚合法统治

① 路透社的黎波里，2011-06-30。

② 俄罗斯时事评论网，2011-07-05。

机构。7 月 27 日，英国外交大臣黑格表示，英国将承认“国家过渡委员会”为利“唯一政府机构”。这表明，在利比亚已经形成了两个政权并存的局面，而且反对派已获得了包括 3 个常任理事国在内的 30 多个国家的外交承认。

《联合国宪章》规定，所有会员国主权平等，不得干涉各国内部事务，不得对别国使用武力或武力威胁。但是，这些基本原则对西方大国来说，并不具有约束力。它们为干涉别国内政，在 1999 年炮制了一个“新概念”——“人权高于主权”。于是，它们就常常对发展中国家拿“人权”说事，用武力解决问题。它们任意宣布，某国政权“已丧失了合法性”，某位领导人“必须下台”。不下台，就制裁，就动武。伦敦可以以暴制暴，的黎波里则不行。英、法可以打着“保护平民”的旗帜，对利比亚内战的一方进行“军事保护”，但它们在美国南北战争时并没有派战机去“保护平民”。现在，干涉主义已成为西方大国统治世界的法宝。美国传统基金会学者马里昂·史密斯说：“美国人绝不能支持不干涉主义。不干涉主义削弱了军事准备的重要性，并降低了美国支持自由事业的能力，它肯定不属于美国外交政策传统。”①

北约干涉利比亚内战的军事行动，使利比亚人民蒙受了一次巨大灾难，但它对北约自身而言也并非吉兆。开战不到半年，就充分暴露了这个超级军事集团的虚弱。《左传·庄公十年》有语：一鼓作气，再而衰，三而竭。利比亚战争是北约自冷战结束以来打的第三场热战。第一场是科索沃战争。它对南联盟轰炸了 78 天，米洛舍维奇认输了，结果死在了海牙国际刑事法院的监狱里。第二场是阿富汗战争。其参战国超过了海湾战争（共 47 个），其时间之长超过了第二次世界大战。荷兰已于 2010 年 8 月 1 日全部撤走了它的 1 950 名军人。原美国国防部长盖茨也叫苦说：“经过十年的战争，部队‘太紧张，太疲劳’了。”第三场就是利比亚战争。这场战争一开始就有人在给

① 《无论孤立主义或不干涉主义都不是思考外交政策的正确方式》，见美国传统基金会网站，2011-07-05。

北约敲丧钟，英国《金融时报》网站在 3 月 31 日的一篇文章中说：“利比亚战争与其说昭示着新黎明的到来，不如说是标志着自由干预主义的绝唱。”美国《新共和》网站 4 月 15 日的一篇文章中说：“如今在利比亚，北约的失败，将是其寿终正寝的棺材上的又一颗钉子。”英国《独立报》网站 6 月 16 日发表的文章，题为《北约已死——只是我们不承认罢了》，文章写道：“如果说有谁给一个机构敲响了丧钟，那就是美国国防部长罗伯特·盖茨。”他 6 月 10 日在布鲁塞尔说，北约的前景“即便不是凄惨的，也是黯淡的”，即变得在“军事上可有可无”。新任美国国防部长里昂·帕内特 7 月 11 日在巴格达说：“一些在利比亚执行任务的北约联军可能会在 90 天内‘精疲力竭’。”[①] 但是，由于北约战机帮助利反对派推翻并最终除掉了卡扎菲，它又“重新赢得赞扬”。然而，斥责者还是大有人在。美国前总统里根的特别助理道格·班多认为，利比亚战争“并不是一次人道主义行动”，“美国继续作为北约一分子是得不偿失的。”

四、卡扎菲不下台，不投降，不出走，战斗到底

埃及《第七日报》网站在 2011 年 6 月 13 日的一篇文章中说，利比亚战事已近 4 个月，卡扎菲能撑到今天，本身就是个奇迹。从 6 月 3 日到 10 月 20 日，又过了 4 个月，这可谓奇上加奇。奥巴马总统说过，对利比亚的军事行动“只会持续几天，而不是几周”[②]。利比亚反对派成立“国家过渡委员会”时，宣称三个月后进行民主选举，建立新政府。北约也打算在 3 个月内解决问题。6 月 27 日和 9 月 21 日，北约两次宣布延长军事行动 90 天。这说明，反卡势力都是过高

① 路透社巴格达，2011-07-11。

② 《西方加剧了利比亚人痛苦》，见美国《国家利益》双月刊网站，2011-04-18。

地估计了自己的力量，过低估计了卡扎菲。现在美国人承认：“这场战斗拖得比预期的长。”

穆阿迈尔·卡扎菲 1942 年出生，1965 年毕业于班加西军事学院。1966 年被派往英国桑赫斯特军事学院受训。1969 年 9 月 1 日发动军事政变，推翻了伊德里斯王朝。年仅 27 岁的卡扎菲就成了利比亚国家元首，至死已执政满 42 年，掌权时间很长。此人特立独行，举止怪异，外访不住宾馆，住帐篷，其卫队不用男丁，用女士。他自称“是世界上有地位的哲学家”，是“革命先知”。他有三本绿皮书，有所谓的“世界第三理论”。他领导的拥有 175 万多平方公里土地和 600 多万人口的新国家，不叫“民主共和国”，而是定名为“阿拉伯利比亚人民社会主义民众国”。这个国家，有数百个部落，但没有政党，没有政治派别，没有总统，更没有国王，只有人民代表、人民代表大会。他反对多党制和美式两党制。他说，两党制是“把人民像驴一样赶来赶去”①。美国人说，卡扎菲是一个“情绪不稳定，常出怪招的人”，“他做的事常令朋友和敌人都感到惶恐”②。也有人称卡扎菲是“沙漠强人”“沙漠狂人”“无定向导弹”“中东的疯狗”。

卡扎菲一生中最敬佩的人是埃及首任总统纳赛尔。他称纳赛尔为“伟大的父亲”（卡扎菲身边的人也称他为“父亲”）。他说，“纳赛尔主义是阿拉伯发展的唯一道路”。他的“9·1”革命基本上就是按照埃及的 1952 年革命模式进行的。1970 年 9 月纳赛尔病逝时，卡扎菲闭门痛哭三天。他最痛恨的是殖民主义、帝国主义。1912 年意土战争后，利比亚沦为意大利的殖民地，卡扎菲的祖父就是被意大利人杀害的。在二战期间，英法占领利比亚，实行分治。二战结束时，英国把的黎波里附近的惠勒斯空军基地交给了美国，成了美国在非洲最大的空军基地。1969 年革命后，卡扎菲收回了这个基地，更名为阿克巴本基地。

---

① 路透社，2007-02-16。

② 阿拉伯半岛电视台网站，2011-02-23。

冷战时期，卡扎菲依靠苏联，对抗美欧，双方关系很紧张。1986年三四月间，美国总统里根下令两次空袭利比亚，造成41人死亡，其中包括卡扎菲的养女哈娜。冷战结束后，特别是2003年伊拉克战争开始后，卡扎菲积极同美英法改善关系，主动放弃核计划，并表示反对本·拉登的“基地”组织，而且对1986年柏林舞厅爆炸以及1988年洛克比空难丧生者给予高额赔偿。因此，2006年5月利美两国全面恢复外交关系。2007年12月，卡扎菲应萨科齐之邀，对法国进行了为期六天的访问。当年萨科齐坚称：“卡扎菲没有被视为阿拉伯世界的独裁者”，“他是这个地区执政时间最长的国家元首”。双方签署过价值100亿欧元的战机与空客协议。① 2009年9月，卡扎菲第一次访问美国，并于9月23日在联大发表了超过规定时间（15分钟）6倍的“冗长”演说。他大赞奥巴马，诋毁安理会。他说：“作为‘非洲之子’的奥巴马要是能一直担任总统，我们将感到高兴和欣慰。”他对五个常任理事国主导安理会表示谴责，说“安理会不应该叫安理会，应该叫‘恐怖理事会’”。他竟然撕毁《联合国宪章》，并扔到了地上。卡扎菲到处树敌，外交孤立，内政独裁，以致遭到灭顶之灾。

尽管卡扎菲为改善同西方大国的关系做了巨大的努力，但他并未使对方消释前嫌，更未能使美法英三强放弃推翻他的政权的既定方针。所以它们就趁阿拉伯地区动乱之机，联手发动了这场“不光彩”的战争。所谓“不光彩”是指它们言而无信。三年前，萨科齐说卡扎菲不是“独裁者”，而是他们的“朋友”，而今他却支持利比亚反对派打倒他，甚至带头轰炸阿齐齐亚兵营，以致卡扎菲愤怒地说：“我的朋友萨科齐一定是疯子。”② 也正是萨科齐2008年批准出售给卡扎菲的那辆价值350万英镑的四驱奔驰车让他逃出了的黎波里。③

奥巴马一上台，卡扎菲就对他寄予厚望，称他是“非洲之子”，

---

① 参见《萨科齐和卡扎菲闹翻之前》，见英国《每日电讯报》网站，2011-03-19。

② 《卡扎菲撕下了萨科齐和西方的面具》，载《起义报》（西班牙），2011-03-18。

③ 参见《卡扎菲是乘坐萨科齐当年提供的现代化装甲车逃跑的》，见英国《每日电讯报》网站，2011-09-16。

没想到他会和英法一起对他采取军事行动，而且也是言行不一。奥巴马在 3 月 28 日，还信誓旦旦地说："试图通过军事手段推翻卡扎菲是一种像伊拉克战争一样代价高昂的错误。"[①] 事实上，他和萨科齐、卡梅伦不仅要在利比亚搞政权更迭，而且要除掉卡扎菲。4 月 30 日晚，卡扎菲家庭聚会时，遭北约空袭，导致卡扎菲的一个儿子和三个孙子遇难。因为 9 月初，尚未抓到卡扎菲，所以奥巴马 9 月 20 日在会见利"国家过渡委员会"主席贾利勒时强调说："只要利比亚人民仍面临威胁，北约领导的军事行动就将继续下去。"[②]

9 月 21 日，北约决定将其在利比亚的军事行动再延长 90 天。这是继 6 月 27 日宣布延长 90 天之后的第二次延长 90 天。美国《洛杉矶时报》网站就此报道说："这加大了美国及其盟国对利比亚的干预行动将持续到圣诞节的可能性。"这一决定，不仅表明了北约消灭卡扎菲及其残余势力的决心，同时也证明了卡扎菲斗志之顽强。

统治利比亚 42 年的卡扎菲，堪称阿拉伯强人，但他在西方三强面前仍属于弱者。9 月 8 日，美国驻北约代表伊沃·达尔德说，北约在近 6 个月的军事行动中，空袭约 2.2 万次，摧毁了约 5 000 个利比亚的军事目标。[③] 在这一过程中，卡扎菲忍气吞声，并未与北约交火，也未抓它们一个不穿军装的特工，甚至没有同北约支持的反对派武装打几场有一定规模的战役。阿齐齐亚兵营被北约摧毁，的黎波里被反对派武装占领，标志着卡扎菲时代的终结。

从 3 月 19 日战争开始以来，北约和利"国家过渡委员会"都没有给他留出活路。国际刑警组织应国际刑事法院的要求，已于 9 月 9 日以涉嫌反人类罪为由，对卡扎菲及其儿子赛义夫等 3 人发布了红色通缉令。与其出去找死不如在国内战死，卡扎菲是弱者不是软柿子。他的居所阿齐齐亚兵营在 3 月 20 日遭袭击后，卡扎菲 3 月 22 日对民众说，这是西方国家对伊斯兰国家的"无端的侵略"。他强调"自己

---

① 美联社华盛顿，2011-03-28。

② 法新社联合国，2011-09-20。

③ 参见法新社布鲁塞尔，2011-09-08。

的家在利比亚”，不会离开，“不会投降”，他会“战斗到底”。他被迫离开首都后，9 月 12 日再次誓言，要“战斗至最后胜利”。事实是，他未能看到他的胜利，而是实现了他“战斗到底”的誓言。他在遗嘱中说，为了“荣誉和责任”，拒绝了“许多建议”，选择继续“抵抗外国侵略者”。他还号召利比亚同胞们，“今天、现在和将来都要继续与任何外国侵略者斗争到底”①。

卡扎菲对北约采取的持久战方针已取得了一定效果。但是，由于他的敌人过于强大，自己过于孤立，又没有阿富汗塔利班那样的生存环境，所以长期坚持是不可能的。他逃出了的黎波里，逃不出苏尔特。他的行踪已被美国特工掌控。10 月 18 日，即利比亚战争满 7 个月的前夕，美国国务卿希拉里闪电访问利比亚，她说：“美国希望看到卡扎菲尽快被击毙或生擒。”② 20 日清晨 8 时 30 分左右，美国一架“食肉动物”无人机与法国一架“幻影 2000”战机袭击了苏尔特附近载有卡扎菲的车队，卡扎菲受伤后，被过渡政府军抓获打死。欧洲理事会主席范龙佩和欧盟委员会主席巴罗佐发表的联合声明中说，“卡扎菲在苏尔特的袭击中被打死”③。23 日下午，利“国家过渡委员会”在班加西举行的仪式上宣布全国解放。“国家过渡委员会”主席贾利勒说：“我们已经实现了目标，赢得了胜利”，他感谢北约提供的帮助。显然，没有北约的“帮助”，推翻不了卡扎菲政权，更抓不到杀不死卡扎菲。在美国人看来，他死于利比亚人之手，而不是北约之手，“更加干净利落”。

利比亚战争，以卡扎菲的最后据点苏尔特的解放和卡扎菲的死亡而告终。但是，这场战争的回音在短时期内将难绝于耳。首先，依据安理会 1973 号决议开打的这场战争该如何评说？始终存有争议。因为它有悖于《联合国宪章》的宗旨和原则。奥巴马说，它“翻开了新篇章”，为国际社会“提供了经验”，而俄罗斯的战略文化专家谢尔

① 《阿贝赛报》（西班牙），2011-10-23。
② 韩国《朝鲜日报》网站，2011-10-21。
③ 法新社布鲁塞尔，2011-10-20。

盖·布列兹昆则认为是“退回到了‘炮舰外交’的旧时代”。其次，各参战国该如何“论功行赏”，如何承担责任？令人关注。“倒卡之战”费用低，进展顺利，而且无一兵伤亡，是一大“成功”，一大“胜利”。但是参战国的贡献，有大小之分。法国打了头阵，英国出了大力，但美国起了关键作用，美国副总统拜登说，美国花了 20 亿美元（一说超过 10 亿美元）。北约秘书长拉斯穆森也认为：“没有美国提供的独特和重要的军事资源，我们无法成功实施这次行动”。有权分红者，也必须尽义务。正如德国外长韦斯特韦勒所说，干预就是要承担责任，不仅要打败卡扎菲，而且要在他倒台后“收拾照例会出现的复杂局面”。对空袭致死致残的成千上万的无辜平民要有个交代，所造成的断壁残垣要修复重建，打乱的社会政治经济秩序要恢复运行等，北约不能停止军事行动之后就一走了之。再次，“国家过渡委员会”如何过渡为一个有效的新政府，问题多多：（1）“国家过渡委员会”先天不足：它没有一个众望所归的领袖人物，其主席贾利勒是前政府的司法秘书（部长），被认为是与旧政权“有染”；缺少一支有组织有纪律能战斗并立下战功的主力部队；它是靠北约战机、民兵组织和散兵取胜的，所以打江山易，坐江山难。（2）“国家过渡委员会”对要建立一个什么样的国家没谱。对建立一个政教分离的国家，还是建立一个政教合一的国家有争议。10 月 24 日，贾利勒说，我们利比亚人是穆斯林，“要建立伊斯兰教法制度”。这表明，他们可能采用“突尼斯模式”，利比亚的伊斯兰主义者将在过渡期内扮演重要角色。这难免使西方大国担心。（3）要建立一支统一军警安全部队困难重重。三大民兵组织难整合，散落在民众中的武器难收回，各部落统一思想、宽容相处也很难。因此，“国家过渡委员会”公布的路线图如下：一个月内组成临时政府，八个月内举行国民议会选举，一年内选举总统。这一设想，恐难实现。10 月 14 日，在的黎波里发生的交火事件，使人感到，利比亚会不会像阿富汗和伊拉克一样久治而不安，因而使民众产生对往昔平静生活的怀念。卡扎菲的尸体已葬在沙漠深处，但其阴魂将不会被一阵西风吹散。10 月 26 日，“国家过渡委员会”领导人贾利勒请求北约在利比亚的军事行动至少持续到年底。27 日，安理会一致赞成 10 月 31 日取消利比亚的“禁飞区”，结束对保护平民的军事行动的授权。最后，“利比亚模式”对西亚北非乃至世界将产生何种影响值得观察。叙利亚的反对派很兴奋。他们说：“利比亚模式很诱人”，“世界关注的焦点目前转到了叙利亚”。美国参议员约翰·麦凯恩 10 月 23 日说：“鉴于利比亚的军事行动已近尾声，人们将会重新考虑采用何种可行的军事行动来保护叙利亚平民的生命。”美国前国务卿赖斯在卡扎菲被打死的当天发表了一篇文章：《当康迪遇上卡扎菲》，谈了她 2008 年 9 月 5 日到访利比亚与卡扎菲会面的情况。她特意指出：“对于我们解除了卡扎菲最为危险的大规模杀伤性武器，我感到非常非常高兴。毫无疑问，他在掩体中做最后的抵抗时，肯定会用到这些武器的。”[①] 法国历史学家让-皮埃尔·菲利于说，他常听到“占领华尔街”运动的人说：“我们是从突尼斯和埃及那里学来的。”[②] 从“阿拉伯之春”到“华盛顿之秋”说明，世界处于大变革之中，但是，大多数观察家认为，“利比亚模式”的作用是有限的，它是特定对象特定条件的产物，很难复制。

利比亚执政当局发言人巴尼在接受记者采访时说：“未来的非洲将有一个天堂，而这个天堂就是利比亚。”我们希望利比亚尽快开启包容性政治过渡进程，维护国家统一与民族团结。但愿其能建成一个民主、自由、富裕、幸福而稳定的天堂国家。

---

① 美国《新闻周刊》网站，2011-10-20。

② 《阿拉伯革命昭示东方主义结束》，载《解放报》(法国)，2011-10-19。

4 综合论述

美国对二战以及战后建立的以联合国为核心的国际秩序，是做出了重大贡献的。但是，它成为唯一超级大国后，因霸权主义作祟，以致其软硬实力俱损。正如习近平主席所指出的："穷兵黩武……不是人类和平之策。"

一超独霸的二十年*

2011 年是具有标志性的一年，是苏联解体、两极格局终结的 20 周年，同时，又是美国成为世界唯一超级大国、独霸全球的 20 年。

1991 年 1 月 16 日，美国的老布什总统在海湾战争开战前夕宣称："这是建立世界新秩序的一个契机""一次试验"[①]。美国已故总统理查德·尼克松在同年 9 月完稿的《抓住时机》一书中表明："我们的目标是和平，但是，这种和平不止是没有战争——它是一种正义的和平。"[②] 20 年后的今天，我们看到了一个什么样的"世界新秩序"？又看到了一个怎样的"和平"？每个见证者对这个问题的回答，无疑都是见仁见智，甚至美国人之间也难有共识。美国的所作所为留给大多数人的感受，不是王道（仁义治天下），而是霸道（以武治天下），概言之，就是战、乱、利三个字。这在大中东地区的表现尤为突出。

一、发动战争

从 1991 年至 2011 年的 20 年间，美国在不停地发动战争。也可以说是，从头到尾，都是美国的发动战争年。这 20 年，美国换了四位总统，发动了五场大规模的战争。第一场战争是海湾战争（也叫第一次伊拉克战争），是老布什在 1991 年发动的；第二场战争是科索沃

---

* 畅征：《一超独霸的二十年》，是为《美国独霸全球的 20 年》一书出版写的专论，于 2011 年 6 月完稿。

① 畅征等：《国际政治学》，398 页，北京，中国人民大学出版社，1995。

② ［美］理查德·尼克松：《抓住时机》，2 页，北京，新华出版社，1992。

战争，是比尔·克林顿在1999年发动的；第三场和第四场战争叫阿富汗战争与伊拉克战争，是小布什在2001年和2003年发动的，这两场战争至今尚未完全收场；第五场战争叫利比亚战争，是拿了2009年诺贝尔和平奖的贝拉克·奥巴马在2011年3月19日发动的。这五场战争，只有一场在欧洲，其余四场都在大中东的伊斯兰世界。前四场战争，书里已有分析，不再赘述。这里仅就正在进行的利比亚战争，即美国《大西洋月刊》说的"奥巴马的第一场新战争"谈几点奇特现象：

（1）2011年3月19日，北京时间20日0时45分，代号为"奥德赛黎明"的行动开始，法国完成了对利比亚的第一轮空袭。这比8年前美国搞的"伊拉克自由行动"（斩首行动）（北京时间20日10时35分）提前了9个多小时。美国等多国部队打击利比亚，不是因为卡扎菲有大规模杀伤性武器，因为他在2003年底就交出了有关设备，已彻底弃核；也不是因他与"基地"组织有联系，因为他向美国靠近，"基地"组织二号人物艾曼·扎瓦希里在2007年11月已宣布卡扎菲是"伊斯兰教的敌人"，并宣布"利比亚伊斯兰战斗组织"已加入"基地"组织的行列。[①] 一个既弃核又反恐的人，为何遭打击，逼他下台，这就给人们留下了不小的想象空间。近来已有许多国家、许多人对美法英的军事行动表示"遗憾"和"异议"。时任俄罗斯总理普京3月21日发表谈话，严厉批评美国动不动就诉诸武力，对原南联盟、阿富汗和伊拉克采取军事行动，现在轮到了利比亚。这让他"想起了欧洲中世纪十字军东征"[②]。将这次战争称为"十字军东征"的也不止普京一人。德国的国际法教授诺曼·佩希3月30日在德国《青年世界报》上发表了一篇文章，题目就是《在"十字军东征"的狂热中》。文章认为，"巴黎和伦敦陷入了'十字军东征'的狂热之中"。把这次美英法的军事行动比作"欧洲中世纪十字军东征"也不无道理，

① 参见美联社开罗，2007-11-03。

② 法新社莫斯科，2011-03-21。

因为那时的领军者就是法国，这次法国又打了头阵。

（2）美国的五角大楼是专管打仗的，但它对打利比亚不甚积极。国防部长盖茨2月25日在西点军校的讲话中强调指出："经过10年的战争，部队'太紧张，太疲劳'了"，"今后任何国防部长如果建议总统再向亚洲或中东或非洲派遣大批美国地面部队，都应检查一下脑子是否正常"。给人的印象是：美国对利比亚战争将十分慎重，不会轻易出兵。但是白宫和国务院对打利比亚有兴趣，经国务院和美国驻联合国大使的积极活动后，终于促成了联合国安理会的1973号决议，美国终于同法英联手打响了这场"不体面"的战争。但五角大楼一直不承诺派出地面部队。3月31日，盖茨在国会作证时重申，"美国不会派遣地面部队"。这是二战以来特别是20年来打的四场战争的经验总结。海湾战争和科索沃战争，是只轰炸，不占领，速战速决，胜利班师。越南、阿富汗和伊拉克战争是既轰炸又占领，结果是陷入泥潭。手握先进武器者，善于打速决战，没有先进武器者，善于打持久战。美国在阿富汗、伊拉克已被路边炸弹和人身炸弹搞得惶恐不安，损伤惨重。卡扎菲已宣布，准备打持久战、游击战，这也就是盖茨坚持不派地面部队的一个原因。

（3）美国是唯一的超级大国，一直强调要"领导世界"，前几次战争都当仁不让，挂帅出兵，唯独这次有点缩头缩脑，甘愿跟着法国走，形成了法国打头阵，美国做后盾的局面。法国想当头，力不从心，当不了头；美国说不当头，但也只有它能调动指挥联军的陆海空三军，扛大头，发挥大作用。美国出动飞机的比例最高，约为62%，动用B-2轰炸机，用了贫铀弹。从3月19日至4月1日晨，美国共发射了221枚"战斧"巡航导弹，每枚约140万美元，每天开支1亿美元。名义上是不当头，实际是总头，"奥德赛黎明"这个代号，也是美国人起的。美国让法国打头阵，也有利于推动法国重返北约军事组织的进程，有利于实行美国主张的分摊责任制。

（4）美国指挥的多国部队，从19日开始连续轰炸利比亚的军事装备、军事基地、军事及民用设施等，已造成了大量平民伤亡，这分明是一场战争。卡扎菲说，这是“对利比亚的野蛮进攻”，甚至将其与二战时希特勒的军事行动相提并论。但是，奥巴马在3月28日的讲话中，故意遮遮掩掩，不愿讲明真相，甚至不提“战争”，只讲“干预”“袭击”“军事行动”。所以德国的国际法教授佩希说：这是一场奥巴马不愿称为战争的战争。奥巴马对利比亚政府、对卡扎菲如何处置，也是含糊其辞。他早就说过，卡扎菲应下台。4月1日，白宫发言人杰伊·卡尼说：“总统的立场是，卡扎菲不再适合做领袖，他在利比亚人民和世界人民眼中已失去合法性。”可是，奥巴马在28日的讲话中还警告说：“试图通过军事手段推翻卡扎菲是一种像伊拉克战争一样代价高昂的错误。”[①] 奥巴马为何持此种态度？这可能是因为：1）他对利比亚采取行动，事先未征询国会意见；2）他对诺贝尔和平奖有愧疚的心情，现在已有人主张收回其诺贝尔和平奖；3）他是反小布什发动战争而赢得2008年大选的，现在已面临2012年大选；如此等等。

（5）奥巴马进行的利比亚战争与小布什打的伊拉克战争有点不同，因为他拿到了联合国安理会的一张“通行证”。2011年3月17日18时30分，联合国安理会15个理事国以10票赞成、5票弃权的结果通过第1973号决议，决定在利比亚设立“禁飞区”。中国、俄罗斯两个常任理事国和印度、巴西、德国3个非常任理事国投了弃权票。《人民日报》3月19日发文说，我们支持联合国秘书长利比亚问题特使以及非盟、阿盟继续致力于和平解决利当前危机，但是“我们反对在国际关系中使用武力，对决议中的一些内容是有严重保留的”。美英法对该决议是掐头去尾，阳奉阴违。决议规定：“采取一切措施，以保护包括班加西在内的利比亚境内可能遭受袭击的平民居住区。”美英法等国抓住“采取一切措施”这六个字，立即对利比亚动了武，却不认真执行后边的28字，不去保护整个利比亚的平民百姓，以致造成数以百计的包括妇女儿童在内的平民伤亡，造成了严重的人道主义危机。用德国国际法教授佩希的话说，就是“利用炸弹和导弹‘护送’反对派向的

---

① 美联社华盛顿，2011-03-28。

黎波里进军，与其说是在完成安理会决议规定的保护任务，不如说是为占领开辟道路”。奥巴马的作为也引起了美国人的不满，反战示威活动，此起彼伏。美国《华盛顿邮报》3 月 31 日发表了法里德·扎卡里亚的文章，题为《美国真想拥有利比亚吗?》，文章指出：“对卡扎菲军队的空袭现在大大超出了保护平民的范围……如果奥马巴政府不谨慎行事的话，这场战争的结局将与当初的设想大相径庭。”

（6）从 3 月 19 日开战以来，似乎一直是“群龙无首”，十天后，即 29 日 35 国伦敦会议决定，由北约统一指挥。3 月 31 日，北约秘书长拉斯穆森在布鲁塞尔总部宣布：“格林尼治时间今天 6 点，北约取得了针对利比亚的国际空袭行动的单独指挥权。”同日，他在斯德哥尔摩与瑞典首相赖因费尔特会谈后表示：“北约不会武装试图将利比亚领导人卡扎菲赶下台的反对派”，“我们会继续专注于实施武器禁运”①。当天，北约秘书长的发言人伦杰斯库说，北约已实施代号为“联合保护者”的军事行动，取代原有的“奥德赛黎明”行动。将遵守第 1973 号决议，对利比亚实施武器禁运、设立“禁飞区”、保护平民和平民区。原定从 4 月 2 日起，美国战机不再执行空袭任务，应北约“请求”，美军参与盟军利比亚的空袭行动延长 48 小时。从 4 月 3 日 22 时开始，美国飞机停止执行打击任务，但仍将保持待命状态。美国已由领战者变为监护者。美国国防部长盖茨说，此后美军将贡献其他国家没有的军事能力，包括电子战、空中加油、搜救、情报搜集、监测及侦察支援等。

有人认为，指挥权的转移不过是左手转为右手而已，但仍不失为一项重要举措，其妙用是，以北约出面指挥，可以把北约的 28 个成员国都罩进来。目前，在北约成员国中，参与利比亚行动的只有 14 个国家。北约接过指挥权，也标志着它已承担起第三次战争任务，其结果是否会比科索沃战争和阿富汗战争更好些，谁也没有把握。北约接权和美国暂停执行打击任务，也标志着利比亚战争进入一个文武并

① 法新社、德新社布鲁塞尔/斯德哥尔摩，2011-03-31。

举的三方（联军、利政府与反对派）意志较量的新阶段。美国坚持不派地面部队进入，实际上不穿军装的美英法特工早已大量进入利比亚。其任务：一是瓦解卡扎菲政权，二是扶植反对派势力。开战容易，停战难。利比亚战争不会像科索沃战争那样 78 天后停下来，可能要长期化，在长时间的较量中，力量此消彼长。美国执意要卡扎菲下台，如何下台，他下台之后，利比亚还能否保持一个统一、独立的主权国家，值得跟踪研究。

二、制造混乱

战与乱，乱与战，常常是联系在一起的。或因战致乱，如伊拉克，或因乱致战，如利比亚。无论是内战还是外战，总会打乱社会秩序，使百姓不得安宁，以致流离失所，无辜丧生。美国在大中东地区发动战争，就是在制造混乱。

20 年前，中东的主要乱源是美苏争夺、阿以战争，以及两伊战争等，但大多数国家还是相对稳定的，人民的生活也比较安宁。1991 年海湾战争后，在美国主导下的中东地区，矛盾斗争进一步复杂化。有近美的，也有反美的，特别是美军进驻伊斯兰圣地后，更激起了一些穆斯林的愤怒。由于他们无力与强大的美军进行抗争，所以就滋长恐怖主义，以致发生了一系列针对美国的恐怖袭击事件，如 1993 年纽约世贸中心的汽车炸弹爆炸事件，1995 年美国俄克拉何马城中心汽车人爆炸事件，1998 年美国驻肯尼亚和坦桑尼亚大使馆发生大爆炸事件，2000 年在也门发生的美国“科尔”号驱逐舰爆炸事件，以及 2001 年在纽约和华盛顿发生的震惊世界的“9・11”事件等。于是，小布什就先后发动了阿富汗战争和伊拉克战争。

十年战争，又进一步打乱了中东，打乱了整个伊斯兰世界的社会秩序，造成了数百万穆斯林流离失所，成为难民，上百万平民无辜牺牲，他们的平静生活被打乱了。伊拉克已是伤痕累累，四分五裂，至今还没有建立起一个稳定的政府，更谈不上稳定的社会秩序和人民的安定生活，甚至成了恐怖主义的聚集地。阿富汗战争已近 10 年，美国领导的北约部队能否在 2014 年按计划完全撤走，还是个未知数。打了十几天的利比亚战争，也把一个富裕的北非国家搞乱了，炸烂了，外资外企纷纷撤离，40 万难民已逃入周边国家。

现在，阿拉伯地区从西到东，从北到南，几乎所有国家都规模或大或小、时间或长或短地出现了动荡。有人把它同 20 世纪 90 年代东欧出现的情况相比，称为“阿拉伯剧变”，有人说是“阿拉伯之春”“阿拉伯黎明”，甚至称为“阿拉伯革命”。此种混乱浪潮的兴起，也不能说与美国煽动无关。世人皆知，小布什搞的反恐战争，并不是单纯搞阿富汗和伊拉克的“政权更迭”，而是要在以反“暴政”的名义下，推行他的“大中东民主政策”计划，要将美式民主制推广到整个大中东地区。喊着“变革”口号上台的奥巴马总统，并没有抛弃小布什的“民主政策”计划。据美联社开罗 2011 年 3 月 13 日的电文称，是“美国的训练悄悄孕育了年轻的阿拉伯民主派”。电文还引用一个参加过为期 6 个月“青年领袖训练班”的反对派活动分子比拉勒·迪亚卜的话说，“训练班帮助了我们组织革命，当时的人民是涣散的，但我们学过如何把他们团结起来，我们也的确这么做了。走出帐篷时，我们宣布革命青年联盟成立了”。

所谓“大中东地区”除了南亚的阿富汗和巴基斯坦外，大部分属于西亚和北非国家，而北非又主要是指阿拉伯非洲的马格里布国家。马格里布意为“阿拉伯西方”。公元 682 年，阿拉伯人到达北非摩洛哥海岸，被大西洋所阻不能向前进，以为是最西的土地，故此得名。它包括摩洛哥、阿尔及利亚、突尼斯和利比亚四国。现在也有人把西撒哈拉和毛里塔尼亚列入其中。大中东地区原属英、法、意、西等欧洲国家的势力范围。二战后，经过五次中东战争，特别是 1991 年的海湾战争，美国就成了这一地区的主导力量。结果不是更平静，而是更混乱。

现在，大中东地区的“反腐败”风潮，就是从“阿拉伯西方”掀起的，原法国殖民地突尼斯带了头。突尼斯在马格里布国家中是最小的一个，领土面积 16.4 万平方公里，还不到利比亚领土的 1/10。但它的影响确实不小。首先，是法国为它培养了一个“顽强的民族主义战士”哈比卜·布尔吉巴。他 1927 年 8 月大学毕业回国后，组建了新宪政党，同法国殖民当局进行针锋相对的斗争。1934 年 9 月，殖民当局以“煽动骚乱罪”监禁了他两年，但他不低头，不屈服。出狱后，继续进行武装的和非武装的反殖民斗争，终于在 1956 年 3 月取得了突尼斯的完全独立，并于 1957 年 7 月 25 日，废黜国王，宣布突尼斯为共和国。突尼斯民族独立运动的胜利，极大地鼓舞和推动了阿尔及利亚和其他非洲国家民族解放运动的发展。其次，布尔吉巴是突尼斯“宪政社会主义”的倡导者。他就任总统后，用三年时间，稳定了政局，从 20 世纪 60 年代开始，根据两个《10 年发展远景规划》，大力发展经济，国民生产总值年均增长率高达 8%。1987 年 11 月 7 日，执政 31 年的布尔吉巴因年迈体弱，将权杖交给了他的新任总统本·阿里。本·阿里继任后，继续执行布尔吉巴的内外政策，对外实行积极中立的不结盟政策，对内实行稳健的经济政策。其经济成就，在非洲、在大中东地区乃至整个发展中国家都属于稳定发展的典型之一。和 1960 年相比，人均国内生产总值已由 306 美元增加到 2008 年的 3 800 美元。最后，本·阿里作为突尼斯共和国的第二任总统，从 1987 年 11 月至 2011 年 1 月已执政 20 多年，这比美国两个总统连任届满的时间还长，显然不符合美式的民主制标准。因为执政时间长，加上其成就感，也就染上发展中国家常见的痼疾——专权，或曰独裁。也由于近年来国际金融危机的影响，突尼斯经济下滑，失业人数增加，人民生活水平下降，再加上外力影响，所以从 2010 年冬季开始出现骚乱，最终导致本·阿里于 1 月 14 日下台，并出走沙特阿拉伯。这就又成了典型。这就告诉邻国的反对派：坚持斗争，使反抗规模扩大，力度加强，就能把“独裁者”赶下台。

何谓“专制独裁”？在美国人看来，凡是一个政党一个人长期执政的，均为“专制独裁”，不民主，都应推翻之。在突尼斯总统本·

阿里被赶下台的事例的鼓舞下，埃及和利比亚的政治形势急转直下，反对派与政府的斗争日趋激烈。

埃及地跨非亚两洲，领土面积100多万平方公里，现有人口8 000多万，在阿拉伯世界的地位举足轻重，也是一个具有世界影响力的大国。埃及是不结盟运动的创始国之一，纳赛尔与铁托、尼赫鲁并称为不结盟运动的三巨头。穆罕默德·胡斯尼·穆巴拉克，是埃及1952年革命后的第三位总统。1981年10月6日萨达特遇刺身亡，14日，穆巴拉克宣誓就任总统。当时他面临的首要任务是：稳定政局，稳定人心。为此，他宣布了“四不变”，即萨达特的经济开放政策不变；萨达特开始的中东和平进程不变；同美国的伙伴关系不变；不结盟政策不变。

正是在这个“四不变”的基础上，埃及社会趋于稳定，经济不断发展。他执政后取得的突出成就是：（1）稳定了政局，保证了经济的持续发展势头；（2）收回了西奈半岛，完成了国家统一大业；（3）结束了外交孤立状态，恢复了埃及在中东和非洲的大国地位。

穆巴拉克上台时就宣布，繁荣、提高国民收入和生活水平是政府的首要目标。他常对来访者说，他需要把90%的时间花在解决国内经济问题上，在他的努力下，埃及经济也确实取得了不俗的成绩。国内生产总值由1984年的394.22亿美元增至2007年的1 110亿美元，人均国内生产总值由860.4美元提高到了1 518美元。2007年的经济增长率超过7%，达7.2%。在世界银行的报告中，把埃及列为2007年度全球“最佳改革国”之一，名列178个国家的第26位，在中东仅次于阿联酋和以色列。世行行长佐利克在12月中旬访问埃及时指出，“埃及经济改革成绩斐然，值得发展中国家借鉴”[①]。

在外交事务方面，穆巴拉克拒绝与以色列和美国共命运，埃及同以色列保持了正常的外交关系，但至今没有访问过以色列。以色列官员说，埃及人同我们之间是一桩不圆满的婚姻。埃及与美国是“伙

---

① 黄培昭：《埃及要成为“非洲经济之虎”》，载《人民日报》，2008-01-10。

伴”，是“盟友”，但没有“投入美国怀抱”，在巴以冲突等许多问题上有分歧，美联社在2009年8月18日的一份电文中说：“穆巴拉克对美国政策的支持顶多算是不温不火。”

由于穆巴拉克执政时间长，不听美国指挥，在2005年埃及大选时，美国就向穆巴拉克施压，“要求埃及开放政治体制与人权政策”，还对穆巴拉克成为惯例的“一边倒”的得票优势表示怀疑。从此，美国就逐渐加大了反穆巴拉克政权的力度。根据美国驻开罗使馆泄露的一份标注日期为2007年12月6日的电报，美国国际开发署计划在2008年和2009年向推进埃及民主与良好治理的项目分别提供6 650万美元和7 500万美元。另一份标注日期为2007年10月9日的使馆电报说：“穆巴拉克总统极度怀疑美国在促进民主方面的作用”，“这令穆巴拉克总统很失望”。①

从2008年开始的世界经济危机，重创了埃及经济的发展势头，大大减少了它所倚重的旅游收入、运河通行费收入和侨汇收入，以致失业人数增加，物价飞涨，民众生活水平下降。据统计，有40%的人日均生活水平不足1.5欧元。因此，突尼斯总统本·阿里下台的消息传来，立即掀起了“倒穆”浪潮。反对派将2011年1月25日定为“愤怒日”。这一天，他们在开罗、亚历山大和苏伊士等大城市组织了大规模的游行示威，并与治安警察发生冲突，造成3人死亡、10多人受伤。27日，诺贝尔和平奖得主、前国际原子能机构总干事巴拉迪从维也纳回到开罗。他声称，已准备好领导抗议者推动政权更迭。28日，穆巴拉克总统宣布，从当晚开始，在开罗等三个主要城市实施宵禁，并要求军方和警方一同维持秩序。当天，警察动用催泪弹和高压水枪，驱散示威者。示威群众高呼：“穆巴拉克滚下台。”

29日凌晨，穆巴拉克总统发表电视讲话强调，恢复社会稳定，打击腐败，创造就业，改善民生。同时宣布，改组政府，任命前民航部长沙菲克为新政府总理，任命情报局长苏莱曼为副总统。随后，美

① 参见法新社奥斯陆，2011-01-28。

国总统奥巴马就警告穆巴拉克:“不能仅重组政府,而在改革问题上拒绝改变立场。”[①] 30 日,美国国务卿希拉里说,穆巴拉克回应民众关切方面做得远远不够,她同时呼吁埃及“有序过渡”到民主制度。路透社说:“尽管希拉里没要求穆巴拉克下台,但她的坦率评论标志着,到目前为止,奥巴马政府把与穆巴拉克的距离拉到了最远。”[②]

2 月 1 日,穆巴拉克总统在发表电视讲话时说,他不会在今年 9 月的总统选举中竞选连任,但会干完这个任期,并表示,他不会效仿突尼斯总统本·阿里的做法,要死在埃及国土上。他讲话数小时后,美国总统奥巴马与他进行了 30 分钟的电话交谈。随后,奥巴马说,请抗议者放心,“我们听到了你们的声音”,埃及总统穆巴拉克必须立即开始向新政府过渡。[③] 2 月 3 日,82 岁的穆巴拉克在接受美国广播公司记者采访时说:“我感到厌倦。我为公众服务了 62 年,已经受够了。我想离开。”“现在我关心的是我的国家。”当记者问他是否觉得美国背叛了他时,他说他要告诉奥巴马:“你不了解埃及文化,不知道如果我现在辞职,埃及将发生什么。”[④] 4 日,奥巴马驳斥了穆巴拉克关于他下台埃及会混乱的说法。他敦促穆巴拉克“听听民众的诉求”,“扪心自问”该怎样留下政治遗产,呼吁他“给埃及留下和平与民主的机会”,促使他做出“正确决定”。美联社认为,这表明奥巴马总统接受埃及没有穆巴拉克的未来。[⑤]

经过五天(5 日、6 日、7 日、8 日、9 日)执政当局与反对派、执政当局内部与外部(美国)的谈判、协商和斗争后,2 月 11 日,即大规模游行示威的第 18 天,埃及副总统苏莱曼在国家电视台宣布,穆巴拉克已经决定辞去总统职务,把权力移交给军方。另据消息人士称,穆巴拉克已离开开罗到了西奈半岛的旅游胜地沙姆沙伊赫。当天,军

---

① 法新社华盛顿,2011-01-29。
② 路透社华盛顿,2011-01-30。
③ 参见美联社华盛顿,2011-02-01。
④ 路透社开罗,2011-02-03。
⑤ 参见美联社华盛顿,2011-02-04。

方最高委员会在一份声明中宣布，只要当前的局势结束，就将“结束紧急状态”，并承诺“确保穆巴拉克总统的改革”。穆巴拉克时代宣告终结。

穆巴拉克是埃及1952年革命以来三位总统中执政时间最长的一个。首任总统纳赛尔执政18年，在位病故；萨达特执政11年，遇刺身亡；穆巴拉克执政30年，被人赶下台。虽未实现他9月任期届满卸任的愿望，也应该会实现他“死在埃及国土上”的愿望。美国《纽约时报》网站在2月11日发表了一篇评论文章，题为《历史颠覆了埃及稳定的象征》。文章说，穆巴拉克的倒台如他在30年前登上总统宝座一样“突然和出人意料”。这对埃及而言是一个沉重打击。

领导埃及8 000多万人口、40万大军长达30年之久的穆巴拉克，在反对派连续18天的抗议示威浪潮中下台，对利比亚的反对派来说，无疑是个巨大的鼓舞，所以从2月16日开始，包括首都的黎波里和第二大城市班加西在内多个城市兴起了日益强烈的反卡扎菲示威行动，21日达到了高潮，示威者放火烧毁了的黎波里的政府设施，也遭到了镇压。于是，利比亚常驻联合国代表易卜拉欣·达巴希就呼吁卡扎菲下台。22日，卡扎菲发表电视讲话，谴责抗议者是“硕鼠”，是“蟑螂”，要“挨家挨户”、“一寸一寸”地清洗利比亚。他说，他是革命领导人，不是总统，绝不会辞职，他会反抗美国等强权国家，将战斗到“只剩最后一滴血”，自己会像烈士一样死在利比亚。[①]

近年来，卡扎菲让美国最烦恼的有两件事：一是卡扎菲不接受美国的大中东“民主改革”计划，坚持他的“民众国”“无党制”；二是拒绝美国在非洲设立美军非洲司令部计划。这分明是在对抗美国的国际大战略，所以美国就决心要在这场大风潮中搞掉卡扎菲。但卡扎菲不是一阵风就能吹倒的人。他执政以来，重视发展经济，改善民生，人均收入从1951年独立时的35美元，跃升到1980年的10 309.3美元，现在人均收入已达13 800美元。全国实行免费教育、免费医疗，

① 参见美联社开罗，2011-02-22。

学龄儿童入学率 99%，人均寿命已达到 77 岁。只要愿劳动、想工作，就不会失业，没有居无定所的流浪汉，实现了居者有其屋。在他的领导下，人们衣食无忧，所以大多数部落、大多数人都拥护他。①

美国也深知解决卡扎菲问题的难度，所以他们就不能不绞尽脑汁研究对策，调动各方力量，文武并举，内外夹攻，不达目的誓不休。现在我们可以看出，美国在“阿拉伯剧变”中对利比亚和埃及、突尼斯以及巴林、也门和叙利亚等国的做法，确有很大不同：第一，其着力点不在首都的黎波里，而在第二大城市班加西，已形成东西对决的局面，因为这里可以控制利比亚的主要石油资源。第二，反对派的主要行动方式不是抗议示威，而是搞武装叛乱，挑起内战，以便引来国际插手干预。第三，不只是组织抗议活动，而是精心策划由联合国安理会通过 1970 号制裁决议和 1973 号便于动武的决议，使其干预行动披上合法外衣。第四，美国不是搞通常的政权更迭，而是制造两个政权并存，用“国家过渡委员会”这个具有政权性质的机构，逐步取代的黎波里的合法政权。法国已于 3 月 10 日对利“国家过渡委员会”给予外交承认。3 月 11 日，卡扎菲宣布与法国断交。第五，美国不打头，以降低自己的风险，成功了有份，失败了便于推卸责任。它不是带头对利比亚进行轰炸的，但美国驻利大使馆已在 1970 号决议通过的前一天 2 月 25 日就关闭了。

在解决利比亚问题过程中，法国、英国显得很积极，它们是否在重温二战中分区占领利比亚的旧梦也未可知，但利比亚的石油资源，对它们还是很有吸引力的。事实上，定调子，发挥决定作用的还是美国。卡扎菲必须下台、必须动用武力、不派出地面部队，这三条原则，是奥巴马决定并得到了反对派和英法意等国拥护和坚持执行的。2 月 25 日，奥巴马签署了一项命令，冻结利比亚领导人卡扎菲及其 4 个儿子和利比亚政府在美国的一切资产。他说，利比亚的动荡局势对

① 2011 年 5 月 5—6 日，850 个部落的 2 000 多位头领在的黎波里会议上发表声明，不会“放弃”卡扎菲，称反对派为“叛徒”，呼吁人们“解放”被反对派控制的城镇，表示不排除与北约谈判。(法新社的黎波里，2011-05-07)

美国国家安全和外交政策构成了“异乎寻常”的巨大威胁。路透社说，美国今天直言不讳地表示，卡扎菲的执政合法性已“降到零”。26 日，安理会通过制裁利比亚的 1970 号决议。当天，奥巴马说，利比亚领导人卡扎菲必须马上离开。美联社华盛顿 2 月 26 日的电文称，“这是奥巴马首次呼吁卡扎菲下台”。不仅是下台，而且是必须“离开”利比亚，他不离开，反对派乃至北约就不可能控制利比亚。4 月 14 日，奥巴马、卡梅伦和萨科齐联合发表声明称，将继续在利比亚的军事行动，直到卡扎菲下台。同时，这三国都表示，不出动地面部队。进来容易，出去难。这是它们从越南、阿富汗、伊拉克得到的一条教训，“最好”是本国人打本国人。不派地面部队，不等于不派不穿军装的人和军事顾问进去。支持反政府军打内战，是美国新殖民主义的新创造。美国南北战争时，双方死了上百万人，英国那时并没有派军队去“保护平民”。利比亚乱了，大中东乱了，遭灾难的是平民百姓。

三、乱中取利

美国不断发动战争，制造混乱，意欲何为？一言以蔽之：为求独霸世界之利益也。2011 年 4 月 1 日，美国哈佛大学教授斯蒂芬·沃尔特在《外交政策》双月刊网站发表了一篇文章，题为《美国是否打仗成瘾?》，文章扼要说明了美国四处开疆拓土，征服原住民，侵略墨西哥，占领许多海外殖民地的历史。继而谈了美国从 1900 年以来，参与了多场真正的战争，以及不计其数的军事干涉行动。作者评论说，小布什和奥巴马在阿富汗、伊拉克和利比亚发动的战争，均属“愚蠢、无益的战争”。他们之所以能这么干，沃尔特认为有五大理由：(1) 因为我们有能力打仗；(2) 美国没有真正的敌人；(3) 全志愿兵军队；(4) 核心集团才是关键；(5) 国会出局。显然，这五条说的是美国何以能方便地发动起战争，而不是它为何要发动战争。本文所要谈的正是后者。

(一) 控制战略要地

美国人认为，世界上最具有战略价值的地区是欧亚大陆。这里是世界上除北美之外的两个最先进的地区，科技发达，资源丰富，人口众多，地域辽阔，是资本主义的发祥地，也是社会主义的诞生地，同时又是两次世界大战的策源地。因此，控制欧亚大陆，就成了美国称霸全球的重大战略目标。近 20 年来，美国发动的几场大规模的局部战争，都在欧亚大陆。

冷战时期，美苏争夺的重点在欧洲，尽管美国统率的北约拥有较强的军事力量，因为有以苏联为首的强大的社会主义阵营存在，它们一直未敢轻举妄动，所以，40 年无战争。东欧剧变，苏联解体，美国已“没有真正的敌人”，所以就在原南斯拉夫各国放手地搞军事干涉，并于 1999 年发动科索沃战争，打散了南联盟，消除了巴尔干这个“火药桶”。美国又通过北约东扩，吸收多数华约国家入盟，极大地压缩了俄罗斯的战略空间，扩大并巩固了它在欧洲的阵地，所以美国人就乐观地说“我们在欧洲的活儿已经完事了”，其战略重心可以向亚洲转移了。

中东是美国战略东移的必经之路。这里是欧、亚、非三洲的交汇点，是东西方经济、政治、文化交流的中枢，是古代陆上和海上丝绸之路的必经之地，是近现代大国争夺的焦点。这里俗称“五海”（里海、黑海、地中海、红海、阿拉伯海）之地，有四大海峡，即博斯普鲁斯、达达尼尔海峡、曼德海峡和霍尔姆斯海峡，还有一条可以沟通两洋的苏伊士运河。这些咽喉要道，现在都已基本上受到了美军的控制。1991 年海湾战争，沙特阿拉伯“邀请”美军开进了海湾地区。请神容易送神难。现在美军在中东地区就有了 32 处基地，巴林是其第五舰队的驻地。阿富汗战争，使美军进入了南亚和中亚。东亚的日本和韩国一直驻有近 10 万美军。目前正在进行的利比亚战争，如能得逞，美军或许要再次占领惠勒斯空军基地。

（二）控制战略资源

大中东地区，不仅战略地位重要，而且石油资源丰富，美国对此早已垂涎三尺。日本的福岛核危机再次说明，石油仍是现时代最好的能源。天上飞的，海里游的，路上跑的，发电用的，主要是石油。所以，美国就不惜一切代价，一再发动战争，力求控制石油这一中东宝贵的战略资源。

海湾素有“石油海洋”和“世界油库”之称。这里的石油储量占世界已探明总储量的65%，其天然气储量占全球总储量的35%，仅石油王国沙特阿拉伯一国的石油储量就占全球的1/3。因此，海湾就同以色列一样成了美国在中东地区的“重点保护对象”。美国在不到12年的时间内，就两次对伊拉克发动战争。绞死萨达姆，不是为了民主、为了自由，而是为了石油。现在美国伙同法国、英国对卡扎菲大打出手，从利比亚逃出的难民也认为“如果没有石油”，它们也不会对利比亚开战。利比亚的石油探明储量居非洲第一，欧洲10%以上的石油是由利比亚提供的。

现在，世界上凡是有石油的地方，都能看到美国的身影，不是自己先占，就是竭力赶走别人。美国不是贫油国，但石油不是再生资源，会有枯竭之时，因此，美国的原则是：用尽别人的，再用自己的。美国力图要把全世界的石油资源都控制在自己手中，这既可以满足自己的需要，也可以控制其他国家的需要，使之顺从美国，实现其称霸全球之目的。

目前，美国对利比亚的军事打击还未停止，又在开始打印度尼西亚的主意，“和平队”已去开路，是否会有“陆战队”跟进，人们只能拭目以待。

（三）控制军事制高点

美国“领导世界”、称霸全球靠什么？不是靠在世人面前摇晃的“民主、自由、人权”这几面旗子及其所谓的“民主价值观”，而是靠手中握有的大棒（尖端武器）及其所占领的军事制高点。关于美国的大棒政策，在书中已有比较详细的论述，这里仅就美国为何“打仗成瘾”谈几点实情。

（1）美国是个好战的帝国。它是靠战争起家，靠出售先进武器致富的。美国政府首脑对外讲的是谋求和平，实际想的、做的是不断发动战争。他们认为，唯有战争，才能征服世界。所以其往往是一场战争未停，就开始谋划另一场战争，如阿富汗战争初见小胜，就开打伊拉克战争，现在又加上一个利比亚战争。小布什和奥巴马终于实现了其前辈肯尼迪提出的“打两个半战争”的设想。但是，在美国国防部长盖茨看来，同塔利班进行的战争，属于“非正规战争”。因此，他们正花大心思准备要打“正规战争”，F-22 隐形战机和刚试飞的 X-37B 空天战机，都不属于“非正规战争”之武器。其战略东移，也绝非谋求世界和平之举。

（2）战争可以显示美国“领导世界”的能力。从海湾战争到利比亚战争都说明，在西方大国中，只有美国有能力组织号令数十个国家的军队参战，并能持续地展开大规模的军事行动，这在利比亚表现得尤为突出。法国打了头阵，但当不了头，因为法国没有那种实力和协调指挥能力，不得不让位。十天之后，美国把指挥权移交给了北约，美军暂停打击行动，结果就形成了僵局。英、法只好再次求美军帮忙，于是“食肉动物”无人机开始行动了。4 月 30 日晚，卡扎菲住所遭空袭，幼子和三个孙辈丧生。“美国之音”说，卡扎菲“逃过了北约的空袭”。

（3）战争可以使库存武器更新，促进军工生产发展。每次战争都必然要消耗大量的武器弹药。在 1991 年的海湾战争中，美军向伊拉克投下的炸弹就有 885 000 吨。又如在利比亚战争中，从 2011 年 3 月 19 日至 4 月 1 日的 14 天内，美军就向利比亚发射了 221 枚“战斧”巡航导弹，每枚约 140 万美元，价值 3 亿多美元，几乎打完了此类导弹，必须再购买补充库存。

（4）战争可以淘汰旧武器，促进武器不断升级换代。从 1991 年海湾战争以来，美军的装备又有很大提高，有了价值 1.5 亿美元一架的F-22隐形的高性能战机，有了钻地炸弹、激光炸弹，F-35战机、X-37B空天战机也即将投入使用。在阿富汗有了防备路边炸弹的装甲车。过去士兵只穿防弹背心，现在又研制出了防弹裤。军队不断参战，也可以不断提高实战能力。

（5）发动战争，制造混乱，可以发战争财。战争把一个国家打烂了，但美国是不付战争赔款的，而重建这个国家是可以大捞一笔的。而且在战争中又展示了美国的精良武器，所以从1991年以来美国一直是头号军火商。据统计，1991年美国的武器出口总额为489亿美元，中东国家就占了260亿美元。2008年全球军售总额为552亿美元，美国为378亿美元，占总销售额的68.48%。美国为“帮助”沙特阿拉伯抗衡伊朗在中东地区日益上升的影响，2010年10月20日，奥巴马宣布在15～20年内向沙特阿拉伯出售600亿美元的先进武器。这是美国有史以来数额最大的一笔军售。这些武器有F-15战机、阿帕奇直升机等，但是不包括可以卖给以色列的F-35隐形战机。①

以上情况说明，美国“打仗成瘾”是利欲熏心所致。但这并不意味着战争对美国只有利而无害。战争是破坏，是要死人的。死人多，树敌多，反恐就“越反越恐”。20年战争，打烂了几个国家，也打碎了美国招摇过市的几面旗子。美国的亲密盟友英国也认为：“美国现在不是（如果它曾经是）世界的灯塔。”②

美国两位防长的留言*

罗伯特·盖茨和利昂·帕内塔是奥巴马政府中已卸任的两位国防部长。他们都从自己的经历和感受中留下了可圈可点的名言警句。

---

* 笔者作于2014年秋天，未发表。

① 参见“美国之音”电台网站，2010-10-20。

② 《英国人与美国人渐行渐远》，载《每日电讯报》（英国），2006-07-03。

盖茨主要是从阿富汗和伊拉克的战争中感受到："美国军队疲惫了，美国人民更加疲惫"。因而发出了他的肺腑之言："今后任何国防部长如果建议总统再向亚洲或中东或非洲派遣大批美国地面部队，都应该检查一下脑子是否正常。"① 他的话已成为警诫名言，将会在美国军事行动中持续发挥作用。拒绝在利比亚战争中出动地面部队，在奥巴马总统第二个任期开始后实行的"轻脚印"战略，都不能说与盖茨的警言无关。现在，他对叙利亚问题、乌克兰问题，都很谨慎，不仅不敢派出地面部队，也不敢轻易动武。

帕内塔是盖茨的继任者。从2011年7月到2013年2月，在任20个月。他从白宫与国会、民主党与共和党的争斗中感受到："美国政治系统瘫痪"、"党派紊乱"、"议员之间的礼貌崩塌"。因而发出了他的肺腑之言："我认为，眼下的状况太卑鄙了。"② 帕内塔的箴言是对美国内政瘫痪而发出的，如果我们拿它对照美国的外交行为，也是入木三分。

比如，巴以问题。1947年11月，联合国在美国主导下通过了巴勒斯坦分治的181号决议。据此，1948年5月14日，中东的一个新国家以色列诞生了。11分钟后，美国就正式承认了它。现在，以色列已年满67岁，而同时孕育的巴勒斯坦国至今没有出生，而且巴勒斯坦人要求有个联合国观察员地位，也遭到了美国的阻止。美国竟然说，巴勒斯坦要建国，必须征得以色列的同意。以色列立国，并未征得巴勒斯坦人的同意。美国立国，似乎也未征得英国的同意。而今以色列在美国的保护下，已成为手握核武器的中东强国。现在，有人提出要美国从中东抽身，让以色列自己解决巴勒斯坦问题，这实际上是要求永远抹掉巴勒斯坦的建国问题。公理何在？这是不是"太卑鄙了"！

又如，钓鱼岛问题。在二战期间，中、美、英三国首脑商定，苏联参与发表的《开罗宣言》和《波茨坦公告》规定，日本自甲午战争

---

① 美国《陆军时报》网站，2011-02-25。

② 法新社华盛顿，2013-02-13。

以来侵占中国的所有领土包括一切岛屿，必须归还中国，恢复中国的领土主权完整。美国清楚地知道，钓鱼岛自古以来就是中国的固有领土。但它竟然绕开联合国，不顾中国的强烈反对，在 1972 年按照美日《归还冲绳协定》，将钓鱼岛“行政权”私自交给日本。更奇怪的是，美国参议院还在 2012 年 11 月 29 日通过决议，在 2013 年财政国防授权法案中增列补充条款，明确钓鱼岛为《日美安全保障条约》的适用对象。2013 年 4 月 15 日，美国新任国务卿克里在东京重申，他主掌的国务院对钓鱼岛的立场不变，即日本管辖钓鱼岛，美国反对任何单方面改变现状的行动，钓鱼岛属于《日美安全保障条约》的适用范围。4 月 29 日，美国新任国防部长哈格尔同到访的日本防卫大臣小野寺五典会谈后，他不仅重复了克里的说法，并强调说：“美国反对任何寻求破坏日本管辖权的单方面行动。”更严重的是，2014 年 4 月美国总统奥巴马访日时，他在 24 日的记者会上也明确表示：“包括‘尖阁列岛’（即我钓鱼岛及其附属岛屿）在内，都是《日美安全保障条约》第五条的适用对象。”① 他们嘴上说对钓鱼岛主权“不持立场”，实际是在为虎作伥。所以安倍晋三就疯狂起来，以致身穿迷彩服，头戴坦克帽，登上战车，三呼“天皇万岁”。美国拿中国的钓鱼岛作为礼品，拉拢战败国日本为自己的全球战略服务，还甘为否认侵略历史的日本右翼政府当护卫，是不是“太卑鄙了”。②

再如，台湾问题。日本投降，中国收复台湾。此后，因美国插手，又给中国制造了一个 60 多年未能解决的台湾问题。自 1972 年尼克松总统访华发表《上海公报》以来，美国历届政府都承认一个中国原则。1978 年 12 月 16 日，中美发表《中美建交公报》，决定从 1979 年 1 月 1 日起建立正式外交关系，美国承认中华人民共和国政府是中国的唯一合法政府。美国同台湾当局结束了外交关系，却又搞出了一

① 日本《读卖新闻》网站，2014-04-24。

② 目前，美国对菲律宾和对日本的态度如出一辙，就是支持菲律宾继续非法占领中国在南海的岛礁。美国比谁都明白：菲律宾的西部边界在哪？中国在南海的九段线何时形成？中业岛的名称怎么来的？美国作为一个大国，是否应依法行事？

个“与台湾关系法”，继续同台湾地区保持着政治、经济和军事关系。尽管有个“八·一七公报”，美国承诺将限制以至终止对台售武，但20多年来它一直不断大量地向台湾地区出售先进武器。其目的是要不断提高台湾地区的“武力拒统”能力，保住美国在第一岛链的这艘“不沉的航空母舰”。美国嘴上说的是“一个中国”，心里想的却是要保持台湾地区与大陆“分治”的现状，实际行动是“一中一台”，一边有“三个公报”，一边有“与台湾关系法”。1979年前后之不同的是，北京由联络处升格为大使馆，台北由大使馆降格为联络处。此种模式，举世无双。“台上握手，台下踩脚”的行为，也“太卑鄙了”。

以上三例，足以说明，美国的一些外交行为是不光彩的，也就是帕内塔说的“太卑鄙了”。美国学者阿伦·戴维·米勒也认为，美国是“一边口头上支持联合国和国际法，一边在美国利益需要时破坏这二者”[①]。

从杜鲁门以来，美国的历届总统都声言要“领导世界”。这样的领导，有谁能信服？因此，我们真诚地希望美国领导人能遵守法规，信守诺言，做一个国际公理正义的维护者，不要以一己之私，搞乱地区乃至世界的和平与稳定。

评说美国与战后的国际秩序*

国际秩序一般分为国际经济秩序和国际政治秩序，这里谈的是以联合国为核心的国际政治秩序。2015年是世界反法西斯战争胜利70周年，也是《联合国宪章》签署生效和联合国成立70周年。《联合国宪章》是在反法西斯战争的过程中形成的，是人类历史发展的经验总

---

* 畅征：《美国在二战后国际秩序建构中的功过评析》，载《领导科学》，2015（8Z）。

① 《地理如何解释美国》，见美国《外交政策》双月刊网站，2013-04-16。

结，具有很强的针对性，其目的是“欲免后世再遭今代人类两度身历惨不堪言之战祸”。战后的国际秩序，是依据《联合国宪章》的宗旨原则而形成的。70 年过去了，当今世界的秩序如何？美国作为超强的超级大国，它在战后的国际秩序中扮演了什么角色？值得考察研究。

一

人类历史上空前规模的第二次世界大战，是德、意、日三个法西斯国家发动的，其中最重要的是欧洲和亚洲的两大元凶：一个是希特勒领导的德国法西斯，另一个是裕仁天皇领导的日本法西斯（亦称日本军国主义）。事实上，“大日本帝国”比“第三帝国”更老到、更顽固、更残暴，野心更大。日本在 1927 年 7 月就以《田中奏折》的形式规划出了征服世界的蓝图，明确提出：“欲征服中国，必先征服满蒙；欲征服世界，必先征服中国。”这个规划比希特勒当上元首早了七年。日本军国主义发动第二次世界大战的时间也比德国早得多。1931 年 9 月 18 日，日本开始“征服中国”，占领了中国的东北三省，这比德国在 1938 年 3 月出兵占领奥地利早了六年多。1937 年 7 月 7 日，日本又把“征服中国”的战争扩大为全面的侵华战争，并扬言要在“三个月内灭亡中国”。这比德国在 1939 年 9 月 1 日侵略波兰，挑起与英法的战争（英法于 9 月 3 日对德宣战）早了两年多。在此期间，有个值得重视的插曲，就是张伯伦主张的绥靖主义。他在 1937 年 5 月 28 日接替年迈的鲍德温任英国首相，但他认为，德国势力之大，足以统治整个欧洲，英国“除了接受屈辱，没有其他选择”。于是，他采取了绥靖政策，三次飞往德国会见希特勒。1939 年 9 月 30 日，他和法国的达拉第同希特勒、墨索里尼在慕尼黑签订了臭名昭著的《慕尼黑协定》，亲手将捷克斯洛伐克 1/3 的国土和一半的工业割让给了希特勒。但这未能减缓德国法西斯的前进步伐，反而纵容了希特勒的侵略野心。当时，美国对日本法西斯的态度也和英法差不多，它从甲午战争到太平洋战争爆发前，一直对日本军国主义持保护、支持、纵容的态度，想利用日本充当其东亚战略的“清道夫”，为日本侵略中国提供了大量的战争物资和装备。结果美国也和英法一样，搬起石头砸了自己的脚。

1939 年 9 月 3 日，英法对德宣战，实际是宣而不战，等着挨打。1940 年是法国的奇耻大辱年。1940 年 5 月 10 日，德军对荷兰、比利时和卢森堡大举进攻，揭开了入侵法国的序幕，号称拥有 300 万大军的欧洲第一陆军强国法国，不到六个星期就被德国灭亡了。6 月 20 日，贝当政府正式向德国宣布停战投降。法国投降后，希特勒提出入侵英国的“海狮计划”。5 月 10 日，就在德军进攻荷、比、卢三国的那一天，张伯伦被迫辞去首相职务，丘吉尔继任首相，他表示，要“同一个在邪恶悲惨的人类罪恶史上从来还没有见过的穷凶极恶的暴政进行战争”。

在英国人民的顽强抵抗中，德国法西斯入侵英国的“海狮计划”破产了；在中国军民的奋勇反击下，日本军国主义“三个月灭亡中国”的迷梦被粉碎了。但它们没有因此而改邪归正，而是准备进行破釜沉舟、倾家荡产的豪赌。1940 年 9 月 27 日，德、意、日三国为扩大侵略战争，在柏林签订了《德意日三国同盟条约》，结成了军事同盟。因缔约三国自称是“改造世界秩序的轴心”，故统称为“三国轴心协定”，有效期为 10 年。其主要内容是：日本承认并尊重德意两国在欧洲建立新秩序的领导地位；德意承认日本在大东亚建立新秩序的领导地位；三国中任何一国遭到攻击时，须用全部的政治、经济和军事手段互相援助。此协定的签订，促成了苏德战争和太平洋战争的爆发。

当时，苏联是唯一的社会主义国家。为应对迫在眉睫的新的世界大战，苏联在 1939 年 4—8 月曾与英法进行过关于缔结互助条约问题的商谈，由于英法两国缺乏诚意，以致谈判破裂。在紧急情况下，苏联为求自保，同意与德国签订互不侵犯条约。8 月 23 日，德国外长里宾特洛甫与苏联外长莫洛托夫在莫斯科签订了《苏德互不侵犯条约》。该条约规定：缔约双方互不使用武力，不参加直接或间接反对他方的国家集团；在一方遭到第三国进攻时，另一方不给该第三国任何支持；以和平方法解决缔约国之间的一切争端。但德国法西斯背信弃义，在 1941 年 6 月 22 日凌晨 3 时，发动了大规模的侵苏战争。苏联军民在斯大林的领导下，奋起反击，开始了伟大的卫国战争。在这场战争中，苏联人民付出了牺牲约 2 700 万人的惨重代价，最终于 1945 年 5 月攻克柏林，将胜利的红旗插在了柏林国会大厦的顶端。

德国法西斯入侵苏联未满半年，其盟友日本法西斯采用不宣而战的办法，在 1941 年 12 月 7 日凌晨，偷袭了世界第一强权美国在夏威夷的珍珠港。这里是美国的海军基地和太平洋舰队总部所在地，日本出动了 360 架飞机和 55 艘战舰，击毁击伤美国军舰 18 艘（包括 8 艘战列舰）、飞机 260 余架，炸死炸伤美军 4 500 多人，使这个“世界上最强大的舰队”严重受挫。12 月 8 日，美国对日宣战，亚洲的中日战争扩大为太平洋战争，日本称其为“大东亚战争”。日军袭击珍珠港成功后，不到半年时间，日军的铁蹄就踏遍了东南亚和南亚地区，占领了英、法、荷等国的殖民地。1942 年 2 月 16 日，日本首相东条英机在国会的讲话中说：“大东亚战争的目标，就是要使大东亚各国、各民族各得其所，以皇国为中心，确立基于道义的共存共荣新秩序。”这就是 1940 年 8 月 1 日日本内阁提出的要建立“大东亚共荣圈”。

珍珠港事件，就日本而言，可谓忘恩负义。因为从甲午战争以来，美国一直是日本的保护神。在 1904—1905 年的日俄战争中，当日本击溃俄国舰队时，时任美国总统西奥多·罗斯福就公开表示，“我对日本的胜利极为兴奋”。一战后，是美国支持日本取代德国掠夺了中国的领土。1931 年九一八事变后，美国总统胡佛表示，“应该友好地考虑日本的处境”。美国国务卿史汀生对日本大使出渊胜次说，美国不过问“满洲”事变，甚至把日本赤裸裸的侵略说成是“两国的歧见”。1937 年日本侵华战争全面开始后，美国不仅不谴责，还打着中立主义的旗帜，为日本提供了大量的战略物资，如铁砂、铅、锡、锰等。1937年和1938年，美国向日本出售飞机的价值分别为248.4万美元和1 745.4万美元。如果没有美国如此长期的“关爱”，或许日本搞不成珍珠港事件。这就叫“搬起石头砸了自己的脚”，美国不应该忘记这个血的教训。

由于日本军国主义重创了“世界上最强大的”太平洋舰队，真真切切地刺痛了美国人的心，使之不得不放弃于1935年8月31日由国会通过的《中立法》，不得不放弃二战开始以来所采取的坐山观虎斗的政策，毅然决然地对日宣战。罗斯福总统对美国民众说：“我们本不想卷入，可是现在我们卷入了。我们将用我们所能得到的一切去进行战斗。”这一宣布，既表明了美国战胜日本军国主义的决心，也证明了“美国牌的绥靖政策”的失败。

1941年12月16—17日，英国外交大臣艾登访问苏联，两国就联合起来反抗法西斯侵略战争取得了一致意见。随后，英美两国也就此事进行了协商。根据美国的建议，经英国穿针引线，1942年1月1日在华盛顿召开了有26个反法西斯国家代表参加的会议，当即签署并发表了一个《联合国家共同宣言》（又称《二十六国宣言》）。这是一个宣告世界反法西斯力量联合起来的宣言。宣言规定：每一政府保证运用其军事经济之全部资源，以对抗与之处于战争状态的德意日三国及其附从国家；每一政府保证与宣言签字国政府合作，并不与敌国缔结单独之停战协定或和约。宣言的发表，标志着以苏、美、英、中四国为核心的国际反法西斯联盟正式宣告成立。这对于迅速彻底打败法西斯、建立战后国际新秩序具有重大意义。

1943年10月30日，中、美、英、苏四国政府代表在莫斯科正式签署《关于普遍安全的宣言》，首次正式宣告，四大国一致同意战后成立一个维护和平与安全的国际组织，并粗线条地勾画出了未来国际组织的蓝图，为创建联合国迈出了第一步。同年11月23—26日，中、美、英三国首脑在埃及首都开罗举行会议，商讨了联合快速打败日本法西斯的作战计划，以及战后如何处置日本、建立东亚秩序等重大问题，并于 12 月 1 日发表了《开罗宣言》。《开罗宣言》指出，三大盟国对日本作战之目的，在于制止和惩罚日本的侵略，剥夺日本自第一次世界大战开始后在太平洋上夺得或占领的一切岛屿，把日本侵占中国的领土如东北、台湾、澎湖列岛等归还中国，把日本从它用武力或贪欲所攫取的所有土地上驱逐出去，使朝鲜自由独立。日本必须无条件投降。

开罗会议是在莫斯科四国宣言发表后召开的一次具有重大历史意义的三国首脑会议。罗斯福在会议中强调指出，本会的决定是“四国宣言的具体化”。他还明确表示：“中国应该取得作为四强之一的国际地位，并以平等的地位参加四强小组机构和一切决定。”丘吉尔说：“莫斯科会议及四国宣言具有重大意义，影响所及，能奠定将来世界的和平。”蒋介石说：“中国将欣然参加四强的一切机构与制定决定。”中国政府代表傅秉常与赫尔、艾登、莫洛托夫共同签署《关于普遍安全的宣言》，蒋介石出席开罗会议并与美、英首脑共同发表《开罗宣言》，确定了中国的世界大国地位。

开罗会议结束的第二天，美、英、苏三国首脑飞赴伊朗首都德黑兰。在 1943 年 11 月 28 日至 12 月 1 日的四天会议中，他们深入具体地讨论了开辟第二战场的问题、苏联对日作战问题以及战后对战败国的处置和建立国际组织等重大问题。德黑兰会议对反法西斯战争的进程和结局具有极为重要的意义和影响，加速了德日法西斯的灭亡。[①] 1945 年 2 月 4—11 日，苏、美、英三国首脑又在克里米亚半岛的雅尔塔举行了第二次会晤。他们在 8 天的会谈中，就战争末期盟国的作战计划和战后国际事务的安排做出了重大决定，签署了《苏美英三国关于日本的协定》，即《雅尔塔协定》，据此形成了所谓的雅尔塔体系或雅尔塔格局。这次会议的一个突出特点，就是大国主宰世界。它们可以任意勾画世界地图，割让别国领土，践踏别国主权，甚至对参加反法西斯战争的主要成员国中国也不例外。它表现了赤裸裸

① 意大利于 1943 年 9 月 3 日向盟国投降，退出战争。

的大国强权政治。

1945 年 4 月 30 日下午 3 时半，德国法西斯元凶希特勒自杀身亡。5 月 8 日深夜，德国正式签署无条件投降书。至此，欧洲战场的反法西斯战争以盟国的完全胜利而结束。为处理德国投降后的国际事务，促令日本法西斯无条件投降，7 月 17 日至 8 月 2 日，苏、美、英三国首脑在德国的波茨坦举行了重要会议。由于罗斯福因脑溢血于 4 月 12 日下午突然去世，所以就成了斯大林、丘吉尔与杜鲁门的会晤。[①] 这次会议也叫柏林会议，代号为“终点”。会议签署了《柏林（波茨坦）会议议定书》，发表了《柏林会议公报》，统称为《波茨坦协定》。在会议过程中，即 7 月 26 日，中、美、英三国还专门发表了一个促令日本投降的《波茨坦公告》。苏联于 8 月 8 日加入《波茨坦公告》。该公告说：“吾人通告日本政府立即宣布所有日本武装部队无条件投降，并对此种行动之诚意予以适当之各项保证。除此一途，日本即将迅速完全毁灭。”具体内容还包括：《开罗宣言》的条件必须实施；盟国对日作战，直至它停止抵抗为止；日本军队要完全解除武装，日本军国主义必须永久铲除；日本战犯将交付审判，阻止日本人民民主的一切障碍必须消除；不准日本保有可供重新武装的工业；日本之主权限于本州、北海道、九州、四国及盟国所规定其他小岛之内。为使日本人民知道公告内容，从 7 月 27 日至 8 月 1 日，盟国飞机在日本各城市上空共散发 3 000 万张《波茨坦公告》。

但是，《波茨坦公告》发表的第二天，即 1945 年 7 月 28 日，日本首相铃木贯太郎竟然口出狂言：“《波茨坦公告》不过是老调重弹，日本人不屑理会。”杜鲁门认为，“这是公开拒绝接受《波茨坦公告》”。1945 年 8 月 6 日 9 时 15 分，美军飞机向广岛投下了第一颗原子弹。8 月 8 日，苏联宣布，将立即对日本关东军发起全线进攻。8 月 9 日上午 11 时 1 分，美军飞机在长崎投下了第二颗原子弹。8 月 10 日，日本内阁决定接受《波茨坦公告》的要求，无条件投降。8 月

① 会议期间，丘吉尔因选举失利，其位置被艾德礼取代。

15 日，裕仁天皇用电台广播的形式宣读了他的《终战诏书》，而非《投降诏书》，还引用北宋哲学家张载的话说，是“为万世开太平”，这就为其后人翻案埋下了伏笔。不论他们如何对自己进行美化，9 月 2 日，日本外相重光葵和日军参谋长梅津美治郎在投降书上正式签字，就证明日本军国主义发动的这场侵略战争以彻底失败而告终。

日本的无条件投降，既是中国人民抗日战争的胜利，也是世界反法西斯战争的胜利，从此国际社会进入了一个新的历史时期，即战后时期，其重要标志是联合国取代了国际联盟。根据《联合国宪章》的宗旨和原则，形成了不同于二战前的国际秩序。

联合国这个名称，来自 1942 年 1 月 1 日 26 个反法西斯国家签署的《联合国家共同宣言》。成立联合国的理念，是“欲免后世再遭今代人类两度身历惨不堪言之战祸”。根据 1944 年 8—10 月中、美、英、苏四强在敦巴顿橡树园会议上提出的“关于建立普遍性国际组织的建议”，1945 年 4—6 月在旧金山举行了“联合国国际组织会议”，起草并通过了《联合国宪章》，同年 10 月 24 日生效。因此，10 月 24 日被定为“联合国日”。联合国的宗旨是：维护国际和平与安全；发展各国之间的友好关系，促进国际合作；协调各国的行动，制止侵略行为。为实现这一宗旨，《联合国宪章》还规定了联合国的基本原则：各国主权平等；以和平方式解决国际争端；各会员国担保不违背联合国宗旨使用武力或进行武力威胁，不侵犯他国的领土完整或政治独立；联合国不得干涉本质上属于任何国家国内管辖之事件。联合国设置的职能机构有大会、安全理事会、经济及社会理事会、托管理事会、国际法院和秘书处等。联合国总部设在美国纽约市曼哈顿区。

安全理事会是负有维护国际和平及安全责任的机构，由 15 个理事国组成，其中，5 个是常任理事国：中国、法国、英国、苏联（俄罗斯）和美国；其他 10 个是非常任理事国，由大会选出，任期两年。安理会主席由各理事国按月轮流担任。安理会有权采取行动来维护国际和平及安全；调查可能引起国际摩擦的任何事端或局势；为建立军备管制制度拟订方案，促请各会员国执行经济制裁或其他措施以防止或制止侵略，采取军事行动以反对侵略者；为任命秘书长向大会提出建议。安理会每一个理事国有一个投票权。实质性问题的决议须 9 个理事国同意才能通过，其中包括 5 个常任理事国的同意票，这就是“大国一致”规则。但实际上，常任理事国在不损害决议合法性的情况下可以弃权。

现在，联合国由初创时期的 51 个成员国增至 193 个成员国，已成为世界上最大的最具普遍性、代表性、权威性和影响力的政府间国际组织。70 年来，国际风云变幻，联合国走过了风风雨雨的艰难历程。《联合国宪章》作为维护世界和平与安全以及处理国际关系的“黄金法则”，依然光芒闪耀，仍具有强大的生命力和重要的现实意义。历史已经证明：坚持和弘扬《联合国宪章》的宗旨和原则是人类之福，偏离与否定其宗旨和原则会贻害无穷。

二

上述历史事实可以说明，美国对世界人民取得反法西斯战争的胜利、对《联合国宪章》的制定、对以联合国为核心的战后国际秩序的建立，做出了重大贡献。但是，战后 70 年来的国际局势变化也说明，美国因其综合国力特别是军事实力的不断加强，其霸权主义也在日益膨胀。20 世纪 80 年代末至 90 年代初，东欧剧变，苏联解体，美国成为世界唯一超级大国之后，它的单边主义更是发展到了无以复加的地步。它藐视联合国的权威，践踏《联合国宪章》的宗旨和原则，滥用武力，任意干涉别国内政，以致《联合国宪章》所描绘的美好蓝图难以实现，局部战争和各种军事冲突不断发生，恐怖主义等非传统威胁此起彼伏，日本在复活军国主义的道路上越走越远，已经引起了日本广大民众和各受害国人民的担忧。这就给世人提出了一个问题：美国这个超强的超级大国在其中究竟起了什么作用？它究竟是战后国际秩序的维护者，还是战后国际秩序的颠覆者？许多情况表明，是后者，而非前者。这里仅举三例，以供参考。

第一例，是1999年的科索沃战争。科索沃是原南斯拉夫社会主义联邦共和国中塞尔维亚共和国内的一个省。东欧剧变、苏联解体后，以美国为首的北大西洋公约组织软硬兼施、文武并举，将南斯拉夫一分为五。因为米洛舍维奇领导的由塞尔维亚与黑山组成的南斯拉夫联盟不愿跟着美国走，并成为它的“伙伴”，于是美国领导的北约决定设法整垮南联盟。

1998年2月，由于阿尔巴尼亚族分裂主义分子武装袭击南联盟警察，以致塞尔维亚国内局势日益恶化，形成了所谓的科索沃问题。于是，北约议会在同年11月13日以压倒多数票通过了一个修正案：“北约可以无须联合国授权而对其缔约国区域以外地区采取军事行动。”取消了有关北约军事行动“必须得到联合国或欧洲安全与合作组织严格授权”的要求。这就为北约对南联盟动武做好了准备。

1999年3月24日晚8时，北约军事集团绕开联合国，在其“人权高于主权”谬论指引下，以“制止种族清洗”为名，美、英等8个国家出动大批飞机，公然对主权国家南联盟进行首轮大轰炸，从而开始了北约成立以来打的第一场战争，定名为“盟军行动”。因为这是为科索沃独立而发动的战争，故称科索沃战争。在历时78天的战争中，北约共向南联盟倾泻了2.2万吨炸弹，包括禁用的集束炸弹和贫铀弹，造成南联盟约3 500人无辜死亡。最令人愤怒的是，以美国为首的北约悍然违背国际关系基本准则和《维也纳外交关系公约》，用5枚导弹从不同角度袭击了有明显标志的中国驻南联盟大使馆，造成我方人员重大伤亡，馆舍严重毁坏。

正是在这野蛮的轰炸中，北约于1999年4月23日至25日在华盛顿召开首脑会议，庆祝北约成立50周年，并通过了三个文件，即《关于科索沃的声明》《华盛顿宣言》和新的《联盟战略概念》（又称《北约战略新概念》）。在这三个文件中，最引人注目的是含有65条内容的《北约战略新概念》。这个“新概念”新在何处？概言之，有五大特质。一是从苏联解体到 1994 年逐渐形成的“新概念”，是由“不东扩”变为“东扩”。1999 年提出的“新概念”，不仅是“东扩”，而且是不受“红线”限制的“大扩”，甚至可以不惜一切代价，消灭不顺从者。二是北约已从一个集体防御集团变成一个主动进攻的侵略性集团。《北大西洋公约》第五条规定，对北约一个或几个成员国的进攻将被视为对北约所有成员国的进攻。一旦出现这样的进攻，每个成员国都将立即单独或同其他成员国一起采取必要的行动（包括使用武力），以帮助受到攻击的成员国。“新概念”则规定，北约所有成员国无一受到进攻时，也“有权”使用武力。三是北约原有的使命是保卫成员国的领土主权不受侵犯，而“新概念”不仅要保卫成员国的领土主权，更强调要保护西方的民主、自由、人权等“利益和价值观”，强调“人权高于主权”。四是北约是个地区性组织，“新概念”则强调它要执行“跨地域使命”，要由“大西洋化”向“全球化”转型。五是“新概念”认定，北约拥有最高权力，可以不受联合国和国际法的约束而任意行动，“不必非得得到联合国的正式授权”。

一言以蔽之，这个“新概念”乃是唯一超级大国的新霸权主义和强权政治的露骨表现。以美国为首的北约自称取得了科索沃战争的胜利，实际上是把北约永远钉上了耻辱柱。因为它以“人权高于主权”为动武理由，打散了南联盟、整死了米洛舍维奇，违反了《联合国宪章》的宗旨和原则，严重破坏了国际秩序。科索沃在美国的支持下，于 2008 年 2 月宣告独立。俄罗斯总统普京曾警告说：这样做会搬起石头砸自己的脚。2008 年的“俄格战争”已证实了这一点。

第二例，是 2003 年入侵伊拉克的战争。这次战争又称第二次伊拉克战争。第一次伊拉克战争是 1991 年老布什领导进行的海湾战争，其目的是保卫沙特阿拉伯，解放科威特，没有占领伊拉克，没有推翻萨达姆政权。尽管伊拉克的军队“已有一半被打垮”，但反美的萨达姆还在，所以 2001 年“9・11”事件后，小布什总统就计划要在反恐战争中除掉萨达姆。因此，第二次伊拉克战争，亦称“倒萨之战”。

小布什为扩大反恐战争，以武治天下，在 2001 年 10 月 7 日发动的阿富汗战争稍有进展后，就于 2002 年 1 月 29 日提出了他的“邪恶轴心论”。小布什在其首次发表的国情咨文中，将伊拉克、伊朗和朝鲜三国定为“邪恶的轴心”，并把伊拉克列为“邪恶”之首。2002 年 9 月 4 日，小布什宣布：“今天，（倒萨）行动开始了。”5 日，约有 100 架美英战机袭击了伊拉克西部的大型防空设施。

2002 年 9 月 20 日，小布什发表了美国政府的《国家安全保障战略》报告。报告说：“我们的军队必须非常强大，强大到足以让潜在敌手放弃为超过或与美国抗衡而进行任何加强军事实力的行动。”报告再次强调，要在“恐怖分子所构成的威胁还没有完全形成前对其采取先发制人的政策”，并声称“如果有必要单独行动，也将毫不犹豫”。英国媒体认为，该报告是“美国外交政策的一个分水岭”。德国司法部长把小布什与希特勒相提并论。日本媒体说，该报告是“布什主义”出台的标志。

“布什主义”的核心内容，是突出两大目标和两种手段。这两大目标是：第一，确保美国唯一超级大国的霸主地位，不允许任何国家和任何人对美国构成威胁和挑战；第二，力图用各种办法把“美式民主制”推行于全世界。所谓两种手段：一是单边主义，即不受联合国和国际法律规则约束，不听一切组织和个人的谏言而任意行动；二是先发制人，即以超强的军事力量任意打击不跟美国走、不听美国话的国家和组织。小布什为对伊拉克动武，编造了两条理由：一条是说伊拉克拥有大规模杀伤性武器，另一条是说萨达姆与本·拉登有联系。

2002 年 10 月 10 日，美国众议院通过一项决议，授权小布什总统在必要时使用武力，解除伊拉克大规模杀伤性武器对美国国家安全构成的威胁。11 月 8 日，联合国安理会通过了 1441 号决议，决议指出，“如果伊拉克不执行决议，不与核查人员合作，或虚报其大规模杀伤性武器的发展情况，将面临严重后果”。13 日，萨达姆宣布接受 1441 号决议。18 日，联合国核查小组重返伊拉克，开始进行核查。

2003 年 1 月 27 日，核查小组向联合国递交了一份核查报告。报告说，没有发现伊拉克制造核武器的情况。2 月 5 日，美国国务卿鲍威尔在联合国安理会展示“倒萨证据”，力图说服安理会允许美国对伊拉克动武，但他未能使多数成员国改变态度。中国主张“继续核查，有一线政治解决的希望，就要做100%的努力”。10日，德、法、俄三国联合发表声明，反对美国对伊拉克动武。同日，美国向北约提出支援的要求遭否决。

但是，小布什政府对世界大多数国家反对对伊动武的声音听而不闻，对全球600多个大城市的反战示威视而不见，一意孤行，悍然在2003年3月20日对伊拉克发动了先发制人的战争，代号是“斩首行动”，针对萨达姆等五个重要人物进行了连续三波袭击，发射了45枚巡航导弹。一个半小时后，小布什发表讲话，称“这是为了解放伊拉克人民”，“有35个国家支持美国的行动”。实际上，这是违反《联合国宪章》和国际法准则的不义、不法之战，因而遭到了国际社会的严厉谴责。欧盟主席普罗迪说，“今天对于世界各国来说，是悲哀和阴暗的一天”。

2003年12月13日，美军在提克里特以南15公里的达瓦尔镇的一个地窖里活捉了萨达姆。美国驻伊拉克最高文职行政长官布雷默说，“这是伊拉克历史上一个伟大的日子”。但是，美国对萨达姆的处置方式与米洛舍维奇不同，它不是将其交由荷兰海牙的联合国战争罪行法庭进行审判，而是交由伊拉克临时政府审判。2004年6月30日，萨达姆首次出庭受审时，对法庭提出的七项罪名一概否定。他说：“在侵略军依然占领伊拉克的情况下，真正的罪犯是布什。”2006年11月5日，伊拉克高等法庭宣布萨达姆犯有反人类罪，判处绞刑。2006年12月30日6时10分，萨达姆身穿黑衣，带着一本《古兰经》，被送上了绞刑台，终年69岁。

这场不合法的伊拉克战争，对伊拉克、对整个中东地区、对以联合国为核心的国际秩序都造成了极为恶劣的影响，可谓后患无穷。伊拉克学者说，美国是造成伊拉克当前乱局的根本原因。

第三例，是为日本复活军国主义开路。日本是个侵略成性的国家。16世纪的大封建领主丰臣秀吉在1590年完成了日本的全国统一后就声称："吾死之前，将令中国臣服。"日本西化的早期倡导人佐藤信渊在 1823 年也扬言，要"将中国纳入日本版图"。19 世纪末 20 世纪初，日本一个颇有影响力的人物叫福泽谕吉，他在 1885 年写的《脱亚论》中说："我日本国土，地处亚洲之东陲，不幸有邻国，一曰支那，二曰朝鲜，要铲除中国和朝鲜。"日本在甲午战争中获胜，迫使清政府割地赔款。此后，它在日俄战争和一战中，均以胜利者自居，大获其利，于是法西斯主义就在日本滋长蔓延起来。其鼓吹者北一辉在其 1919 年出版的《国家改造案原理大纲》中说："日本是一个领土狭小的国家，作为国家生存权的侵略主义也就是日本的正义。"1927 年 7 月 25 日，日本首相田中义一根据他在 7 月 7 日东方会议上抛出的《对华政策纲领》，向裕仁天皇呈递了一份秘密奏折。这份臭名昭著的《田中奏折》称："欲征服中国，必先征服满蒙；欲征服世界，必先征服中国。"这是日本军国主义发动第二次世界大战的行动纲领和路线图。

1931 年，日本军国主义制造了九一八事变，开始了侵华战争，侵占了我国东北。1937 年 7 月 7 日，日本法西斯又制造卢沟桥事变，发动了全面侵华战争，妄图灭亡中国。1940 年 9 月 27 日，德、意、日三国法西斯军事轴心正式形成。第二年，即 1941 年 6 月 22 日，德国突然袭击苏联，苏联卫国战争开始。同年 12 月 7 日，日本偷袭美国的珍珠港，中国的抗日战争扩大为太平洋战争（日本称之为"大东亚战争"）。从此，二战形成了欧亚两大战场。苏联是第二次世界大战的欧洲主战场，付出了牺牲约 2 700 万人的惨重代价。中国是第二次世界大战的亚洲主战场，中国军民伤亡 3 500 余万人，直接经济损失 1 000多亿美元，间接经济损失 5 000 多亿美元。

1945 年 5 月 8 日深夜，德国正式签署无条件投降书，"德意志第三帝国"寿终正寝。9 月 2 日，日本外相重光葵和日军参谋长梅津美治郎在东京湾的美国"密苏里"号战舰上正式签字投降。德、意、日轴心国之一的意大利，早在 1943 年 9 月 3 日就向盟军投降，退出了战争。日本投降，标志着第二次世界大战以中、美、英、苏等盟国的胜利而宣告结束。

德、日同为战败国，但盟国对它们的整治方式却大不相同。对德国是四个战胜国分区占领，而日本则是美国一家独占，独占就存在着美国整治的任意性。占领之初，美国是把日本视为不共戴天之敌对待的，对其进行军事占领，实行军事管制。麦克阿瑟将军率 26 万美军占领日本全国，解除日本的武装，取缔法西斯团体，取消特务警察，审判战争罪犯，并为防止军国主义死灰复燃而制定了一部“和平宪法”。其中，最重要的是无限期驻军和实施“和平宪法”。

但是，1947 年 3 月“杜鲁门主义”出笼，美苏冷战开始后，美国为了在欧洲打冷战，在亚洲打热战，就改变了对日本的政策，即由遏制变为扶植。美国认敌为友，想把日本改造成它在亚洲的一艘“不沉的航空母舰”。这种变化突出表现在以下几个方面：

第一，顺从日本，保留天皇体制。天皇体制是以神道教教义为指导、以天皇为核心的军国主义与封建主义相结合的帝国体制。神道教说，“天皇是天照大神的直系后人”，是至高无上的，臣民必须誓死保卫之、敬拜之，不得违背天皇的意旨。在日本，称国家为“皇国”，臣民为“皇民”，军队为“皇军”。“皇军”是对天皇效忠的军队。美国保留天皇制，也是想把天皇培植为美国的傀儡，便于它统治日本。现在看来，这并非上策。保留天皇制，就是保留了日本军国主义的精神支柱和政治基础。美国不仅在日本保留了天皇制，还保留了日本军国主义的国旗（太阳旗）、军旗（旭日旗）和国歌（《君之代》），只是把“日本帝国”改成了“日本国”，日本帝国主义的国家机器并未彻底打碎。这就为以安倍晋三为首的右翼保守势力复活日本军国主义提供了充分的条件，所以安倍晋三 2012 年重登相位后，就能在正式场合领唱《君之代》国歌，三呼“天皇万岁”，大有回归战前“大日本帝国”之势。

第二，东京审判，半途而废。东京审判，即远东国际军事法庭审判。这是继欧洲军事法庭（1945 年 11 月 20 日至 1946 年 10 月 1 日）在纽伦堡对德国法西斯进行审讯和判决之后，在东京对日本法西斯的审讯和判决。从 1946 年 5 月 3 日开庭到 1948 年 11 月 12 日终结，历时两年半零 9 天，耗时长，遗留问题多。前者对战争罪犯严惩不贷；后者为私利所驱，半途而废。纽伦堡审判对 21 个首要战犯的判决是：11 人绞刑，3 人无期徒刑，2 人 20 年徒刑，1 人 10 年徒刑。东京审判对 25 名首要战犯的判决是：7 人绞刑，16 人无期徒刑，1 人 20 年徒刑，1 人 7 年徒刑。1948 年 12 月 23 日，东条英机等 7 人在东京巢鸭监狱被执行绞刑。其余在押战犯，除病死者外，根据 1950 年 3 月 7 日盟军统帅部发出的第 5 号指令，陆续被全部释放。从 1950 年 10 月到 1952 年 8 月，在美国支持下，日本政府先后对 18 万左右的军国主义分子解除"整肃"。有些被释放的战犯还被委以重任。最典型的例子，莫过于岸信介的大变身。他作为甲级战犯被捕入狱，1948 年获释后，1957 年当上了日本首相，成了美国的"盟友"，是他于 1960 年在美国的默许下，把东条英机等 7 名甲级战犯封为"殉国七士"。1978 年，靖国神社为 14 名甲级战犯设立了"灵位"。从此，十恶不赦的战犯就成了"为国牺牲的民族英雄"，成了右翼势力崇拜的"神"。

第三，一意孤行签订对日和约。美国讲的是民主，行的是霸道，而且是对它亲自参与或主持制定的公约、协定、宣言，甚至《联合国宪章》等，都不认真遵守。《旧金山和约》就是美国的一个代表作。中国和苏联是反法西斯战争同盟四大国中的两个重要成员，美国竟然不与中苏联系磋商，私下同日本达成交易，自己拟定和约草案，在没有受日本侵略时间最长、受害最严重的中国参与的情况下，拉拢一些对日作战不相干的国家（共 48 个）凑成一方，以日本为另一方，于 1951 年 9 月 4 日至 8 日在旧金山召开对日媾和会议，并签订了《旧金山和约》。印度、缅甸拒绝参会，苏联、波兰和捷克斯洛伐克参加了会议，但拒绝在和约上签字。中国在会前会后两次发表政府声明，不承认这个片面的、非法的和约。首先，它违反了 1942 年 1 月 26 个反法西斯国家在华盛顿签订的《联合国家共同宣言》。此宣言规定："每一政府保证与宣言签字国政府合作，并不与敌国缔结单独之停战协定或和约。”其次，它无视《开罗宣言》和《波茨坦公告》，只说“日本放弃对台湾及澎湖列岛的一切权利和要求”，不提把台湾及澎湖列岛归还中国。最后，它在《联合国宪章》中有关日本的“敌国条款”未废除的情况下，就宣布“终止日本与每一盟国之间战争状态，决定此后之关系将是有主权的平等国家间之关系”。1952 年 4 月 28 日，美国总统杜鲁门颁布公告，宣布《旧金山和约》生效。美国对日本单独占领、片面媾和之目的，是要使美军长期留驻日本合法化。因此，美国就在签订《旧金山和约》的同一天、同一地点，与日本签订了一个《日美安全保障条约》。该条约规定，“美利坚合众国有权在日本国内及周围驻扎美国陆、空、海军”，“未经美国事先同意，日本不得将任何基地给予任何第三国”。这个条约在 1960 年修订为《新日美安全条约》，实行所谓的“共同防卫”。由此，日美关系就由敌国成为盟友。

第四，不顾后果，重新武装日本。日本投降后，为防止日本军国主义东山再起，美国同日本签订了一个“条约”，可以合法地、无限期地在日本驻军；又为日本制定了一部“和平宪法”，规定日本“不保持海、空军及其他战力”，“不承认国家的交战权”，“永远放弃以国家权力发动的战争”。但是，美国为了遏制苏联、制衡中国，从 1950 年开始，逐渐为军国主义残余势力松绑，以致安倍晋三三次当选日本首相，加速了日本军国主义的复活。其做法是：首先，安全部门升格扩大。为维持社会治安，1952 年设“保安厅”，组建了“保安队”。1954 年又将“保安厅”升格成“防卫厅”，将“保安队”改组成陆、海、空“自卫队”。2007 年，安倍晋三将“防卫厅”升格成“防卫省”，力图将“自卫队”改为“国防军”，除陆、海、空三个“自卫队”外，正在建设日式海军陆战队。日本武装力量早已不是 10 万人的限额，而是超过 25 万人，大大超过了“自卫”的需要。其次，军事装备更新换代。“和平宪法”规定，日本不得拥有进攻性武器，但它现在已是攻防兼备，而且很先进。安倍晋三宣称，日本不是“二流国家”。路透社说：“日本军队已十分强大。”最后，借船出海，越走越远。所谓“借船出海”，是说日本自卫队正借用美国的战舰走向世界。《波茨坦公告》规定，战后日本的领土主权“限于本州、北海道、九州、四国及盟国所决定的其他小岛之内”。“保安队”“自卫队”只能在这一区域内活动。这叫“专守防卫”。但是这个侵略成性的国家，不安于“专守防卫”，还想继续对外扩张，美国也在利用日本的好战性称霸全球。为配合美国的“亚太再平衡”战略，安倍晋三宣称：“日本为世界做贡献”的一个重要途径是在亚洲对抗中国。[①] 他以“中国威胁”为借口，以钓鱼岛问题为抓手，增加军费，扩军备战；以内阁决议，修改宪法解释，解禁集体自卫权；用“防卫装备转移三原则”，取代“武器出口三原则”。这是对“和平宪法”第九条的实质性废除。2015 年 4 月 27 日，美日签署的新的《日美防卫合作指针》是美国对安倍政府采取的一系列违宪措施的认可和支持。该指针把日本自卫队与美军的合作扩大到了全球规模，并强调从平时到突发事件发生时的“无缝合作”。现在，日本也在按北约的方针行事。过去，日本是只有本土遭到进攻时，自卫队才可以自卫；现在，日本本土未受到进攻，自卫队也可跟随美军参战。1997 年的“指针”是指向日本的“周边地区”；2015 年的“新指针”是打破地域限制，打遍全球。因此，超过半数的日本民众认为，安倍政府的“安保法案违反宪法”，是安倍的“战争立法”。2015 年 7 月 18 日的日本民调显示，安倍内阁支持率已跌至 37.7%。

有人说，日本是美国的“跟班”，要当世界警察的“二警长”。也有人认为，日本想和美国搞“美日轴心”。在亚投行问题上，美日是“抵制轴心”，随后想搞美日政治军事“轴心”。安倍的想法是：如果过去日本与美国的关系是“1（美国）+0（日本）=1”，那么现在就是“1+1=2”。实际上，在遏制力方面，说是“1+1>2”更准确。[②] 2015 年 5 月 29 日，日本东洋学园大学教授樱田淳在《产经新闻》上

---

① 参见美国《纽约时报》网站，2013-10-25。

② 参见《日美同盟强化的相乘效果》，载《产经新闻》（日本），2015-05-19。

发表了一篇题为《日本非亚洲国家而是太平洋国家》的文章，这可称为新版的“脱亚论”。

20世纪80年代，美国驻冲绳海军陆战队指挥官亨利·斯塔克波尔上将认为，美国是“瓶塞”，能防止日本军国主义死灰复燃，并消除日本军国主义复苏蔓延至整个东亚地区的担忧。现在，日本军国主义的死灰已在冒烟，而美国的决策者却不顾亚太地区各受害国人民的担忧，拔掉“瓶塞”，为之加油助燃，以致日本在复活军国主义道路上快跑。它不仅拥有十分强大的自卫队，而且于2015年6月10日通过《防卫省设置法》，已将过去实行的文官控制武官的“文官统制”完全废除。由于统管驻日美军和太平洋舰队的美军太平洋司令哈里·哈里斯“欢迎”海上自卫队参与南海巡逻，日本自卫队统合幕僚长河野克俊称，日本可能参与美军在南中国海的定期巡逻。[①] 如果安倍政府的安保相关法案（日本民众称之为“战争法”）在众参两院获得通过，将成为日本军国主义复活的一个重要标志。

上述三例说明什么？首先，说明战胜国用数千万人民鲜血换来的反法西斯战争的胜利成果必须坚决维护。因为现在确实有人在否定、歪曲、篡改第二次世界大战的历史。战败国日本首相安倍晋三公然对二战胜利的结果提出质疑，否定1974年12月第29届联合国大会通过的“侵略定义”，并于2013年4月抛出了他的“侵略定义未定”论。他的内阁成员还公然宣布，东京审判的裁决无效。他的亲信百村尚树明言：“美国人发起的战后审判日本领导人的活动是为了掩盖美国的战争罪行。”令人遗憾的是，美国竟然听之任之。其次，说明世界各国必须坚决维护《联合国宪章》的宗旨和原则。《联合国宪章》规定，所有会员国主权平等，各会员国不得对别国使用武力或武力威胁，联合国不得干涉各国内部事务等。以美国为首的北约对科索沃、伊拉克采取的军事行动，是违反《联合国宪章》的。正如习近平同志所说：“穷兵黩武……不是人类和平之策。”再次，说明联合国的权威

---

① 参见美国《华尔街日报》网站，2015-06-25。

和以联合国为核心的国际秩序必须坚决维护，否则，就难有世界的和平与发展。美国绕开联合国对科索沃、伊拉克动武的行为是错误的，对《联合国宪章》中仍保留着将日本等二战战败国定位为“敌国”的条款不遵守，无原则地与日本单独媾和并建立同盟关系的行为是不正常的，因而助长了日本军国主义的复活。美国未经联合国同意，将托管的琉球群岛交归日本是违背《开罗宣言》和《波茨坦公告》的，将中国钓鱼岛的“行政权”交给日本更是错误的，这等于是美国支持日本继续侵吞中国土地。最后，说明联合国所在地美国对《联合国宪章》和联合国的态度不严肃。在所有联合国成员中，唯有超强的超级大国美国敢令联合国“靠边站”。它推行单边主义，滥用武力，任意干涉别国内政，搞乱了国际秩序。环视全球，矛盾冲突多与美国有关。也正是由于美国来亚太搞“亚太再平衡”，以致这个和平稳定发展的地区越来越不平静。如果说美国对战后以联合国为核心的国际秩序的创立发挥了建设性的作用，那么冷战开始以来它所起的作用就是非建设性的，也可以说是起了颠覆性的作用。

2015 年是世界反法西斯战争胜利 70 周年，也是《联合国宪章》颁布和联合国成立 70 周年。联合国应主持召开由各成员国领导人和专家学者参加的大型国际会议，深入讨论世界反法西斯战争胜利的意义，深入讨论 1974 年联合国大会通过的“侵略定义”的现实意义。国际社会有责任对以安倍晋三为首的日本右翼势力进行一次再教育，以免日本军国主义东山再起。唯有如此，方能拨乱反正，让被搞乱的战后国际秩序归位于以《联合国宪章》为指针、以联合国为核心的国际秩序。法国常驻联合国代表弗朗索瓦·德拉特说得对，尽管联合国有不足之处，“但它是我们迄今为止所能找到的最好的一种国际体系”，世界各国都应当尊重之、爱护之，并使其日臻完美。

后记

2015年10月24日是《联合国宪章》生效和联合国成立70周年纪念日。《联合国宪章》是世界反法西斯战争胜利的一个重要成果。70年前，我们的先辈们“欲免后世再遭今代人类两度身历惨不堪言之战祸”，集各方智慧制定的《联合国宪章》奠定了现代国际秩序的基石，确立了当代国际关系的基本准则。但是，现在霸权主义横行，日本军国主义死灰复燃，国际秩序的基石被动摇，国际关系的基本准则遭破坏。中国是联合国的创始成员国，又是安理会五个常任理事国之一，有责任维护《联合国宪章》的宗旨和原则，维护联合国的权威。这就成了我出版本书的动因。

该书除绪论外，共分四篇。绪论是开篇的话，说明了为什么将此书定名为“大赢家的悲哀”。四篇内容，可说是对绪论的充实与深化。第一篇，全球战略。阐明了美国这个超强的超级大国的出现及其本质特征。第二篇，四国关系。说明了美国为独霸全球，不惜颠倒俄、日、中三国的敌友关系。第三篇，局部战争。以战争实例，证明美国不是《联合国宪章》和联合国权威的合格维护者。第四篇，综合论述。为结束语，是对美国在战后国际秩序中扮演角色的评析。

中国人民大学出版社是我国一流的出版社。我以为，它和其他出版社相比，可说是编审工作细，出版质量高。人大出版社，曾为我出过三本书，我非常满意。我的上述设想，同李永强社长交谈后，得到了他的赞许。继而又得到了政治与公共管理分社社长郭晓明博士的大力支持。郭晓明社长和于凯燕编辑的精心策划和编辑，使我这本封笔之作得以及时完美地出版发行，我感到十分荣幸。这里谨向人大出版社为此书出版发行付出辛劳的各位同志，表示衷心的感谢。

畅征

2016年6月24日

图书在版编目（CIP）数据

大赢家的悲哀：美国与战后的国际秩序/畅征著. —北京：中国人民大学出版社，2016.8

ISBN 978-7-300-23136-5

Ⅰ.①大… Ⅱ.①畅… Ⅲ.①霸权主义-研究-美国 Ⅳ.①D771.20

中国版本图书馆 CIP 数据核字（2016）第 158485 号

大赢家的悲哀

美国与战后的国际秩序

畅征 著

Dayingjia de Beiai

出版发行	中国人民大学出版社		
社　　址	北京中关村大街 31 号	**邮政编码**	100080
电　　话	010－62511242（总编室）		010－62511770（质管部）
	010－82501766（邮购部）		010－62514148（门市部）
	010－62515195（发行公司）		010－62515275（盗版举报）
网　　址	http://www.crup.com.cn		
经　　销	新华书店		
印　　刷	运河（唐山）印务有限公司		
开　　本	720 mm×1000 mm　1/16	**版　　次**	2016 年 8 月第 1 版
印　　张	17.25 插页 1	**印　　次**	2024 年 6 月第 2 次印刷
字　　数	238 000	**定　　价**	79.60 元

版权所有　侵权必究　印装差错　负责调换